U0740838

大理大学思想政治理论课改革创新研究

杨增发　杨曙霞　赵金元　编著

中国纺织出版社有限公司

图书在版编目（CIP）数据

大理大学思想政治理论课改革创新研究／杨增发，
杨曙霞，赵金元编著. -- 北京：中国纺织出版社有限公
司，2022.10

ISBN 978-7-5180-9948-1

Ⅰ.①大… Ⅱ.①杨… ②杨… ③赵… Ⅲ.①高等学
校—思想政治教育—教学改革—研究—中国 Ⅳ.
①G641

中国版本图书馆 CIP 数据核字（2022）第 201922 号

责任编辑：张 宏 责任校对：高 涵 责任印制：储志伟

中国纺织出版社有限公司出版发行

地址：北京市朝阳区百子湾东里 A407 号楼 邮政编码：100124

销售电话：010—67004422 传真：010—87155801

http://www. c-textilep. com

中国纺织出版社天猫旗舰店

官方微博 http://weibo. com/2119887771

北京虎彩文化传播有限公司印刷 各地新华书店经销

2022 年 10 月第 1 版第 1 次印刷

开本：710×1000 1/16 印张：17. 5

字数：279 千字 定价：98. 00 元

凡购本书，如有缺页、倒页、脱页，由本社图书营销中心调换

编委会

总策划：李乾夫

编　著：杨增发　杨曙霞　赵金元

副主编：赵善庆　王万平　贺　曦　严　卿

参　编：李乾夫　杨玉春　李鸿昌　李　钢

　　　　张光映　朱瑞华　郭怡梅　凡　丽

　　　　鲍宏光　李戎戎　何燕霞　李　芳

　　　　胡　椿

前　言

2016年12月7日至8日，全国高校思想政治工作会议在北京召开。会议强调，"高校思想政治工作关系高校培养什么样的人、如何培养人以及为谁培养人这个根本问题。要坚持把立德树人作为中心环节，把思想政治工作贯穿教育教学全过程，实现全程育人，全方位育人，努力开创我国高等教育事业发展新局面""思想政治工作从根本上说是做人的工作，必须围绕学生、关照学生、服务学生，不断提高学生思想水平、政治觉悟、道德品质、文化素养，让学生成为德才兼备、全面发展的人才"。

2017年2月，中共中央、国务院印发了《关于加强和改进新形势下高校思想政治工作的意见》（以下简称《意见》）。《意见》强调指出，"高校要把社会服务、科学研究、人才培养、文化传承和创新、国际的交流与合作作为自己的重要使命，要把思想政治工作放在重要位置，还要继续加强和改进高校思想政治工作。这是一项十分重大的政治任务和战略工程，因为它关系着办什么样的大学、怎样办大学的根本问题，事关党对高校的领导，事关中国特色社会主义事业接班人"。该文件不仅全面深刻地解答了高校为何必须重视思想政治理论课建设，而且它为高校如何在思想政治工作中实施改革创新提供了新的思路，更进一步解决了"办一所什么样的大学，怎样办一所大学"的根本问题。

2019年8月中共中央办公厅、国务院办公厅印发了《关于深化新时代学校思想政治理论课改革创新的若干意见》，为从根本上深入贯彻党的十九大思想和习近平新时代中国特色社会主义思想精神，贯彻落实习近平总书记关于教育的重要论述，特别是在学校思想政治理论课教师座谈会上的重要讲话精神，全面贯彻党的教育方针，解决好现如今高校思想政治理论课存在的矛盾与难题，建设新时代新机遇下的新型高校思想政治理论课程提供了若干思路与解决办法。

在"大思政"的教育背景下，大理大学思想政治理论课改革创新是"必须"也是"必需"。"思想政治理论课是落实立德树人根本任务的关键课程。"在面对新形势新背景新挑战时，大理大学对思想政治理论课进行了深度改革与创新。我校要解决思想政治理论课改革创新的问题不仅仅是要在形式与内容上进行改革创新，也要注意结合实际加强实践性进行改革创新，既不"高谈阔论"，也不"纸上谈兵"。

在"十三五"规划时期，全国各地政府部门各类政策频频出台，高校共同推进思想政治理论课改革创新，教育部开展的"思想政治理论课教师队伍建设""思想政治理论课改革创新先行试点""思想政治理论课教学质量年"等系列年度专项工作，均取得较大成效。

高校思想政治理论课改革创新将直接关系到我国立德树人的根本任务，大理大学思想政治理论课的改革创新是"顺势而为"，是在多重情景下的"必须而为"。引导学生自主学习，培养学生学习思想政治理论课的积极性，让学生真正进入到思想政治理论课堂中来。

高校思想政治理论课作为奠基学生思想基础的关键课程，对大学生政治立场的确立、价值观的形成有着重要的影响。只有树立了大学生的"德"，才能培育他们的"才"。办好思想政治理论课，就是要开展马克思主义理论教育，用新时代中国特色社会主义思想铸魂育人，引导学生增强中国特色社会主义道路自信、理论自信、制度自信、文化自信，厚植爱国主义情怀，把爱国情、强国志、报国行自觉融入坚持和发展中国特色社会主义、建设社会主义现代化强国、实现中华民族伟大复兴的奋斗之中"。为培养社会主义优秀的接班人和合格的建设者，在当今新机遇和新挑战下，我们必须对思想政治理论课进行改革与创新。

一、更新教学理念，落实教育实践

思想政治理论课教学要把理论与实践结合起来，要高度重视思想政治理论课的实践性，开设小课堂，把小课堂与大课堂结合起来，发挥学生的主体性作用。大理大学始终将思想政治理论课程作为"第一课"加以建设，马克思主义学院针对教学理念的改革，创新性地以"学生骨干宣讲法"为主要形式来进行思想政治理论课程的实践教学。时代在进步，思想也在进步。这就意味着传统的教师讲学生记的教学模式已经不再适合现如今的课堂，思想政治理论课的教学模式需要创新，而"学生骨干宣讲法"的出现也顺应了这种创新要求。

为满足思想政治理论课教学的实效性以及思想政治理论课改革创新的需求，大理大学马克思主义学院在大理白族自治州内建立了17个实践基地，如王德三、王复生烈士故居，周保中将军纪念馆等红色教育基地。而"学生骨干宣讲法"就是由班级、学校选拔和培训一批学习能力强思维敏捷知识领悟能力强的学生骨干作为代表，组织他们到学校成立的实践基地进行实践与学习。通过在实践过程中的所听、所见、座谈会、问答等现场教学以后返校进行学习成果的总结并面对班级同学进行课堂宣讲。其他学生则以小组汇报的形式分享从学生骨干的实践中所接受到的教育。这一课堂创新解决了实践教学难以全覆盖的问题，参与实践的学生做到次次不重复，扩大了学生覆盖面。"学生骨干宣讲法"更新了教学理念，把知识搬到课堂之外，融入生活中，紧密联系理论知识与实际生活，学生的参与感与获得感加强。使思政知识不再枯燥，更具有亲和力与针对性。同时，学生作为课堂的主讲人也突出了学生的课堂主体地位，改变了传统空洞枯燥化的教学方式，更多的以自主学习，小组合作学习为主，突出了实践教学的理念，提高了教学实效性。2016年《"学生骨干宣讲"法在高校思想政治理论课实践教学中的运用和推广》获教育部教学方法改革择优推广计划项目立项；2020年"行走的课堂——'学生骨干宣讲法'为主的思想政治理论课实践教学"成为云南省一流本科课程。

二、贴近生活，提升思想政治理论课教师素养

在当今的时代大背景下，信息流动速度很快，价值观呈现出多元化趋势。而青少年阶段又是人生的"拔节孕穗期"，这一时期其心智逐渐健全，思维进入最活跃状态。所以这一时期的学生更容易被新兴的价值观所吸引，身处信息时代的思想政治理论课教师就不能忽略信息技术的强大与便捷。运用好信息化技术辅助教学，让教学更加贴近生活。在课堂教学中大多教师尝试运用讲授法与演示法相结合，在课程开始前播放视频材料，先入为主抓住学生的注意力，然后在教学中多以思考问答的形式使学生参与进课程的学习中，通过听、看、想、答，积极调动学生的思维从而提升学生课堂参与度，最大程度地理解并学懂知识。

为了提高思想政治理论课教师的教学素养，大理大学设计并举办思想政治理论课教师技能大赛，马克思主义学院李乾夫院长在赛前讲话中提出：思想政治理论课是学校立德树人、培养时代新人的关键课程，思想政治理论课教师要坚定马克思主义信仰，坚持用马克思主义及其中国化理论成果来教育引导学生，要用社会主义核心价值观涵养学生，要用马克思主义的世界观和方法论启迪学生。思想政治理论课是落实立德树人根本任务的关键课程，它的作用不可替代。并且希望思想政治理论课教师通过教学竞赛的方式，有效地提高思想政治理论课的教学质量和水平。

思想政治理论课教师通过教学竞赛的方式交流授课的技能，查找、改进不足，以此来提高思想政治理论课的教学质量。思想政治理论课教师技能大赛不仅仅是一次比赛，更是教师之间的授课经验交流，大大提高了授课教师的积极性、主动性、创造性。以此来改进思想政治理论课的教学模式，全面提高人才培养的能力。除此以外，融洽的师生关系也是良好的课堂氛围的一大关键。因此思想政治理论课老师在教学中通过多种学习方式，全方位极具亲和力地教育学生，给学生鼓励和温暖，极细心地引导他们形成正确的人生观价值观。提倡思想政治理论课贴近学生、贴近专业、贴近生活，突出教学针对性和实效性。

三、发掘地域性特色，为思想政治理论课改革创新提供新思路

大理大学地处大理白族自治州，民族区域性特点显著。"学生骨干宣讲法"的实践就是结合了本地社会发展与历史文化传承的实际情况，充分利用本土文化资源，红色革命历史资源把地域性特色与时代感融入思想政治理论课程的实践中，极大地丰富了教学内容。例如，到红军长征过祥云纪念馆通过实地参观、听讲解、做问答来了解祥云县的红色文化底蕴，在体会书本知识的基础上，引导学生树立起正确的人生观和价值观，成为能够担当民族复兴使命，建设美丽中国的时代新人。加入了地域性特色与时代感的理论知识会更加富有活力，能更好地被学生接受和理解，更有利于引导正确的价值观与人生观的形成。大理大学以本地红色文化为基础的思想政治理论课理论实践也为思想政治理论课的改革创新提供了新思路，思想政治理论课要走出课堂，将文化特色融入思想政治理论课程，使思想政治理论课教学的内容枝繁叶茂、活力十足。

四、将思想政治理论课融入职业生涯，用"大道理"引导"小道理"

现代社会的高速发展，当下就业压力越来越大，部分大学生对自己的专业信心不足、对未来职业茫无头绪、对未来职业的选择更是犹豫彷徨，目前的首要任务就是要树立大学生的择业观，使其更符合我国社会就业人才市场的方向发展，更能成为合格的社会主义建设者和接班人。思想政治教育工作是我校教育工作实施的重点，对大学生的职业生涯规划也具有重要的意义。思想政治教育的本质是指用理论结合实践的方法，让大学生树立正确的价值观、人生观，正确看待生活中的挫折困难，迎难而上，对自己更有信心、对未来更有规划，提高大学生的优秀品德和社会责任感。

一方面，思想政治教育与职业生涯规划的融合，使学生就业目标和国家就业需求正在走向统一，使大学生理想与社会现实奔向一致，使大学生更加了解社会的需求，对自身发展的要求更加符合社会的需要，使思想政治教育不再是纸上谈兵。因而，思想政治理论课的有效开展，不仅是社会对大学生更高层次的认可，也对大学生的择业观具有积极的引导作用，给予大学生实质性的帮助，故而大学生就更能积极地学习思想政治课程，在一定程度上提高了大学生对思想政治理论课学习的积极性。另一方面，思想政治教育与职业生涯规划教育相结合，教师可借助思想政治课指导学生明确就业方向，树立正确的竞争目标，有利于整体提高学生职业生涯规划水平，达到思想政治教育与职业生涯规划相辅相成的效果。

五、科学构建课程体系，追求思想高度与理论深度

大理大学马克思主义学院作为云南省级重点马克思主义学院，重视思想政治理论课对学生人生观、价值观和世界观的塑造作用，所以构建条理清晰、层次分明的课程体系尤为重要。校共开设 5 门本科生思想政治理论课，连续获得两批省级精品课程。分别为第一批 7 门省级精品课程之一——"马克思主义基本原理概论"，第二批 11 门省级精品课程之一——"毛泽东思想和中国特色社会主义理论体系概论"。还开设了"习近平新时代中国特色社会主义思想概论"这一门课程，同时抓好"形势与政策"的课程教育，通过学校领导带头讲、思想政治理论课教师和专业课教师协同教学，为学生提供紧跟时代的热点，并从这些热点中讨论中国发展的趋势，致力于培养中国特色社会主义事业的合格建设者和可靠接班人。

六、加强思想政治理论课教师集体备课，从示范引领到整体提升

思想政治理论课具有非常强的时效性，且现在处于互联网高度发展和信息大爆炸的时代，国内国际形势发展很快，这就要求思想政治理论课教师对国内国际形势有一个科学的把握和准确的理解。为了提高思想政治理论课教育的实效性我校提出了两个转变：第一，把教材转变为教案；第二，把理论知识转变为实践，这样可以克服课程内容的单调与空洞，更好地增强课程的吸引力与感染力，达到让学生活学活用的目的。教师要把两个转变落到实处，根据教材与国内外形势发展的变化制作教案，不断更新教学内容，争取教案内容体现时代性，保持思想政治理论课的与时俱进。而且把教学内容与实践相结合，扩充了知识，拓宽了视野，也有助于学生更快地接受所学的理论知识，把理论知识运用到社会实践当中。这种备课方式可以使得教师对待课程备课更加积极，也能够提升整体教师的教学水平。

思想政治理论课教育在立德树人方面发挥着无可替代的作用，大理大学在培养方法上推陈出新，不断地进行探索，加快改革创新，修订教学大纲，优化教学内容，规范课堂教学，严格教材选用，改进教学方法，丰富教学资源，发挥课堂育人主渠道的优势，让学生更好、更快地接受课堂理论知识，从而促进人才的培养。

杨增发

2022 年 6 月 6 日

目　录

第三篇　社会实践报告及案例

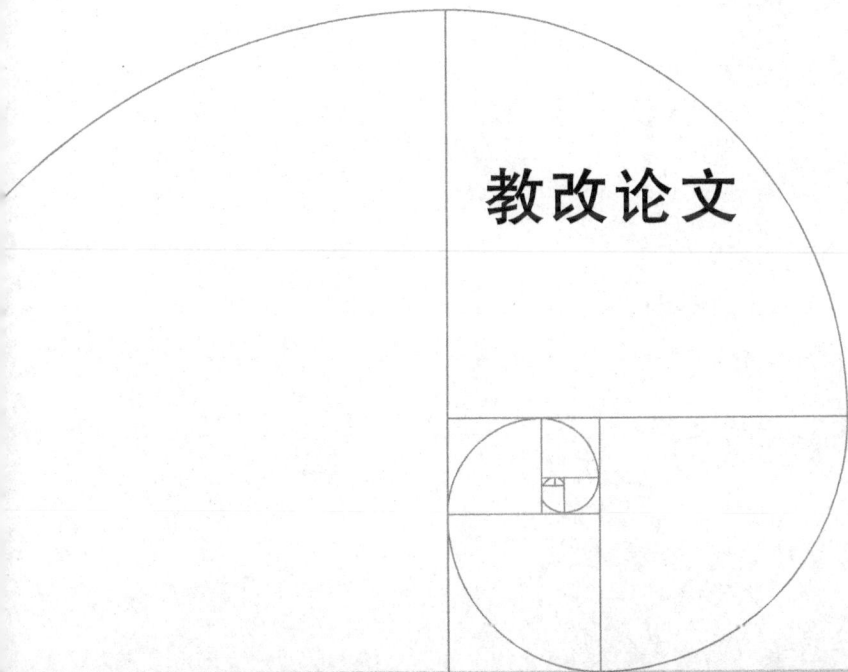

第一篇

教改论文

研究生思想政治理论课专题教学研究

大理大学马克思主义学院　　李乾夫

摘　要：研究生思想政治理论课专题教学作为一种新型的授课方式，具有更突出科学性、注重学术性、强调现实性的特点。这种教学方式利于研究生思想政治理论课的有序推进、体现"以学生为本"的教学理念、符合任课教师研究深入化、精细化的需求，具有可行性。在研究生思想政治理论课授课过程中要强化、细化五个教学环节。把握好专题内容与教学目的的关系、授课内容突出重点与系统性的关系、课堂教学紧与松关系、授课效果的阶段性与发展性关系、智育与德育的关系。

关键词：专题教学；研究生；思想政治理论课

思想政治理论课作为立德树人根本任务的关键课程，是我国研究生教育中不可或缺的部分。研究生思想政治理论课是对其进行思想政治教育主渠道和重要载体，承担着对研究生进行系统的马克思主义理论教育，帮助他们掌握系统的马克思主义理论。把研究生思想政治理论课建设成为"金课"，"对于贯彻党的教育方针、坚持社会主义办学方向、培育高层次的中国特色社会主义建设者和接班人才，巩固马克思主义在意识形态领域的指导地位有着重要的意义"。专题教学作为高校进行研究生思想政治理论课课堂教学的重要方式，成效十分突出，获得老师和同学的认可。新形势下，思想政治教育环境复杂，要加强对研究生思想政治教育，使其保持正确的方向前进，就必须加强研究生思想政治理论课专题教学研究。

一、研究生思想政治理论课教学的特殊性

研究生相对于本科生而言，其知识视野更为宽阔，理论水平相对较高。往往更加关注时事政治、社会现象。在思想政治理论课上更渴望获得对时政

热点问题，社会现实问题等现象的科学性解释，同时也更加注重教学内容对问题学术性的回答。

（一）研究生思想政治理论课更强调科学性

研究生与本科生最根本的区别就在于，本科阶段回答的是"是什么"的问题，而研究生阶段回答的是"为什么"的问题。从这一意义上来说，研究生阶段已经进入到对某一事物的本质及其规律的认识，以及该事物为何存在的问题。比如在进行《中国特色社会主义理论与实践研究》课程"其内容既包括理论，又包括实践，即中国特色社会主义道路的形成和发展以及建立的制度体系"，同学们更加关注，为什么非走中国特色社会主义道路不可？中国特色社会主义道路的发展前景，以及构建完善的制度等问题。因而，在进行研究生思想政治理论课教学时，要解决学生的疑惑，就要更加突出科学性。只有对学生的困惑给予科学的解释，才能让学生信服，使学生真正理解马克思主义，认识马克思主义，从而正确地运用马克思主义。

（二）研究生思想政治理论课更注重学术性

通过本科阶段对《马克思主义基本原理概论》《毛泽东思想与中国特色社会主义体系概论》《思想道德修养与法律基础》《中国近现代史纲要》四门必修课的学习，以及每学期的《形势与政策专题》学习，作为研究生，已经具备了一定的理论基础，可以说已经进入到探索性学习阶段。不再是一味地被动的接受知识，而是会主动地积极接受知识，提出问题，并进行自我内化。他们更加注重教学内容的专业性、学术性，更多地会去考量教学内容是否具有学理性。研究生思想政治理论课也是如此。在实际教学过程中，思想政治理论课是面向不同专业的研究生进行教学的，根据不同专业要设定不同的教学内容，既要坚持政治导向，又要兼顾内容的理论深度。

（三）研究生思想政治理论课更强调现实性

研究生更加关注现实问题，在信息化、智能化快速发展的背景下，研究生能够及时地获取信息，了解当前的社会热点问题。加上研究生相对于本科生而言，更关注现实问题，他们更渴望在课堂上获得的理论知识能反映现实社会、反映当下。因此，研究生思想政治理论课教学更要突出知识的现实性，即突出理论与实际问题的结合。如前所述，研究生的教学是要帮助学生解决"为什么"的问题，要回答这个问题，就必须与实际相结合，这是知其

"因"的必然选择。

二、研究生思想政治理论课专题教学的可行性分析

研究生已经具备了一定的理论基础，他们在新阶段求学的过程中有更高的要求。在认知期望上，更渴望教师讲授知识的深度广度；在认知情感上，更倾向于教师学术魅力；在自身发展上，更希望提升自己的学术水平、探究能力，以及健康人格的构建。因此，本科阶段按照教材依次进行讲授的方法已经不再适合研究生阶段的学习，而以专题的方式进行授课，更能满足研究生的学习要求。专题教学是指按照教学大纲的基本要求，根据课程内容内在逻辑对其进行重新划分、调整、组合，形成承前启后又相对独立的若干专题，从某一问题出发，针对授课对象不同运用诸如研讨模式、实践模拟等形式多样的教学方法、手段，有针对性地对这一问题进行讲授，帮助学生树立问题意识，培养学生发现问题、分析问题逻辑思维和提高解决问题能力的一种教学方式。这种教学方式具有很强的问题导向、主题突出、形式灵活多样、重视受教育者的主体性等特点。当然，要提升研究生思想政治理论课的实效性，就必须对研究生思想政治理论课专题教学的可行性进行分析和考量，更好地推进研究生思想政治理论课教学，提升该类课程对研究生的思想政治教育，实现育人的目标。

（一）专题教学有利于研究生思想政治理论课的有序推进

"术业有专攻"。由于思想政治理论课教师研究的方向、关注点不同，而研究生的思想政治理论课涵盖的内容又十分广泛——比如"中国特色社会主义理论与实践"这门课程，其内容非常多，涵盖的内容更是广——因而，教师不可能对其所有内容都有深入的研究。同时，高校思想政治理论课教师往往还承担着一定的科研工作，或者有行政职务。在这样的现实情况下，专题教学成为研究生思想政治理论课的最佳选择方式。

一方面，研究生思想政治理论课课程内容较多，但课时有限，按照本科阶段的教学方式，不能对知识点进行深度的剖析，突出重点，更不能做到面面俱到。而专题教学以某一问题为导向，能很好地解决这一矛盾。在有限的时间里把知识点讲深、讲透，突出重点，让同学们很好地掌握知识点。当然，这也离不开教师的专业素养。专题教学是在教学大纲要求基础上，对教

学内容的重新整合，提取其中最为精华的部分，形成既有重点，又有深度和广度的有内在联系的不同专题。同时，教师选自己研究专长的专题进行讲授，对所有讲解的内容有很好的把握，或者对学生可能会存在疑惑的知识点也有了解。在遵循教学大纲基本要求下，根据不同专业的学生，设置不同的授课形式或者内容，提高同学学习的兴趣、热情，改变思想政治理论课无趣、没用等观念。另一方面，研究生思想政治理论课并没有统一的教材，在这样的情况下，进行专题教学无疑是最佳选择。授课教师在教学大纲的指导下，将自己研究的专长与当前时政热点问题、社会现实问题相结合，给教师教学提供了更为广阔的空间，同时也能让学生更深入了解社会热点问题，对社会上的一些观点，引导学生做出正确的价值选择和价值判断。最终提高思想政治理论课的实效性。

（二）专题教学体现"以学生为本"的教学理念

专题教学的授课方式，以问题为导向，能够引发学生的思考；"以学生为本"的理念，充分发挥学生能动作用。研究生与本科生的区别就在于，研究生以探索为主，然而，这种探索往往是在研究生发挥主观能动性的过程中进行的。因此，专题教学符合学生探索性学习的要求。通过专题教学方式，课堂不仅仅是教师施展才华、展示学术的舞台，也是学生充分发挥能动性的舞台，研究生有更多的机会与教师与同学进行互动。通过课堂互动，学生与老师，学生与学生进行面对面直接交流。一方面，通过互动交流，教师可以全面地掌握学生对所讲授知识点，或者社会热点问题的理解与看法及其思想动态，引导学生，激发学生对事物本质的追问，这种源自内心的情感，促使研究生主动探究事物本质，主动学习，对知识进行自我内化。另一方面，学生与老师，学生与学生，在激烈的探讨与思想交锋的过程中，极易引发学生的反思，针对自己与同学、老师的不同看法，思考自己对问题的理解，全方位对问题进行全新的认识，并对其进行分析。这样的教学方式有利于研究生创新意识的觉醒、创新能力的提升，也有利于其问题意识的培育，提高其对发现问题、分析问题、解决问题的能力，有利于创新型人才的培养。

（三）专题教学符合任课教师研究深入化、精细化的需求

专题教学的授课方式，教师根据自己研究专长，选择相应的授课专

题，这样既能讲好课，又能更好地结合自己研究内容，使其更加深入、精细，获得两全其美的效果。首先，"教"与"学"本身就是相互作用的一对关系，是一个"教学相长"的过程。授课对教师来说实际上也是一个实践的过程。教师通过授课作用于学生。授课的过程中，通过讨论互动，以及学生课堂的表现，发现学生感兴趣或不感兴趣的内容，学生对哪些知识点有疑惑或者有更新的认识，等等。这些都可能成为授课教师改进教学方式、提高课堂教学质量的有力信息。此外，与学生交流互动的过程，也是锤炼思维能力、深化对一些理论和现实问题的认识和思考的过程。其次，研究生思想政治理论课教师一般还承担一定的科研工作，而这项工作又是长期艰巨的，那么，如何保持科研的活力，这成为教师不得不面对的现实问题，而专题教学要求结合中国特色社会主义实践，将相关的研究动态、成果等传输给学生。这在一定意义上就促使教师主动地去学习、研究相关问题，了解前沿问题，而这是研究创新的源泉和动力，更是"思想政治教育研究不断创新的不竭动力"，从而使研究工作保持活力。最后，科学研究成果往往是集体智慧的结晶，注重团队协作。专题教学倡导集体备课，从教学专题的设置，到教学的组织实施，再到最后教学考核、反馈。整个过程中，教师之间进行资源共享，借助思想文化的交锋，便会产生知识的火花，也会推进教师及其团队水平的提升。

三、研究生思想政治理论课专题教学的五个环节

研究生思想政治理论课专题教学一般包括课前准备、课堂解疑、课后升华、教学评价、教师总结五个环节。

(一) 课前准备 (专题划分及分工、备课)

"思虑熟则得事理，得事理则必成功"，课前准备实际上就是"得事理"的过程。从授课教师的形成、专题的设置及分工、专题内容的选取、备课，直到正式教学实践，都需要课程负责人及授课教师在深思熟虑后进行精、细化的准备，为预期教学效果的实现奠定基础，因此，这一环节在专题教学过程中起着十分重要的作用。

首先，专题教学主题的设置。根据教学大纲的基本要求，课程负责人、学科带头人对课程基本框架进行设定，组织学科教师集体备课，对课程专题

讨论、分析，最后明确专题教学主题，以此保证教学内容的系统性和完整性。其次，教师根据自己的研究专长选择具体的专题，根据授课对象进行内容的选取，从基本理论知识、案例的选取到具体教学方法（讨论式、演讲式、对答式、情景式等）的选择等，对课题教学进行细致的规划。以此提高非专业学生的兴趣，提升思想政治教育的效果。最后，教学管理。每位教师的授课方法不同，有的教师喜欢讨论式、对话式的方法，而有的老师更趋向于提问式，或者情景模拟等。有些教师为了带动学生思考并积极回答问题，营造活跃的课堂氛围往往会采取鼓励的方式。比如由教师提出问题，然后由同学抢答、提问，根据回答的情况给予学生 3 分、2 分、1 分不等，并最终将其纳入学生的平时成绩。为督促学生按时上课，每次授课都要打考勤；检测学生的学习情况，以及提升学生的撰写能力、逻辑思维的能力；课程中及课程结束都有相应的课程作业……所有这些，授课教师无法一力承担，因此需要班委的协助做好这些工作。

（二）课堂解疑（研讨式教学，充分发挥学生的主观能动性）

课堂解疑，就是"传道受业解惑"的过程。在这个环节要突出问题导向。首先，教师在讲解基础原理、理论知识及其内在逻辑，梳理历史脉络的过程中，结合具体的问题，根据授课主题的不同选取案例，做到有理有据让学生信服。其次，针对学生感兴趣的话题，比如，时政热点问题、最新科学发现等引发学生的思考，引导学生积极发言、讨论。并通过讨论、探究、演讲、实践教学模拟等方式，了解学生对知识的接收情况，以及学生的思想动态，及时给予学生指导，解答其疑惑，达到"知"与"行"统一。最后，教师要对学生的回答进行评价和总结，对学生的思维方式、问题指向进行科学合理的补充，锻炼学生思维能力、发现问题、解决问题的能力。

（三）课后升华（考核）

"研究生思想政治理论课专题式教学重视学生运用马克思主义的立场、观点和方法分析、解决实际问题的能力，而不是对理论知识的死记硬背。"因此对学生的考核应注重学生对所学理论知识的运用，提高其解决问题的能力。包括过程考核，即平时表现，如出勤率、课堂讨论、回答问题等参与情况，期中作业的完成度及质量。最终考核，即学生根据课程内容相关的主题撰写课程论文，这种方式既灵活又能很好地将理论与实践联系，培育学生的问题意识。首先，学生在选取论文主题、方向的过程中，必然要查找相关的资料，这个过程实际上是温习理论知识的过程。其次，能帮助学生了解相关主题的学术前沿，探究专家学者对某一问题的认识，并从中厘清他们对问题的看法、思维逻辑。考察相关问题研究还存在的问题，从而找到突破口，对其进行进一步的深入研究，有利于学生创新思维、创新能力的提升。当然，课程负责人作为最终考核者，要对学生的论文进行指导与批阅。研究生的思想政治理论课一般是在研究生一年级开设的，学生刚从一个学习理论的阶段进入研究性、探索性学习阶段，因此对学术要求还不是很了解，很多学生知道"学术规范"，对其具体的要求却不是很了解，并没有很强的学术道德意识。因此要尤其关注学生中存在的复制比问题，以及降低为了进行复制而胡写、乱改。注重文章的质量，以此来帮助学生端正学术态度，自觉遵守学术道德。

（四）教学评价

教学评价作为研究生思想政治理论课的一个重要环节，也是对教师教学质量考核的重要标准。因此不仅仅要对学生进行考核评价，也要对教师进行考核。可以是教师互评、学生评价、督查、教师自评多种评价方式相结合。教师评价主要是其他教师对授课教师听课之后进行评价。教师之间可以相互进行交流，取长补短，提升思想政治理论在研究生心目中的地位。学生评价，可以利用期末网上评价、加强与学生之间的沟通来实现。前者是目前高校运用最广泛的方法，但是网络评价往往只能对课程负责人进行评价，因此无法获得学生对所有授课教师的评价以及认可度。而后者，通过加强与学生之间的沟通，可以获得对授课教师更为全面的评价，这也是教学评价中最为重要的方式。因此在研究生思想政治理论课教学评价环节应注重与学生的直接对话。督察，主要是通过教学督查组随机对研究生思想政政治理论课进行抽查的一种方式。督察组的构成人员一般都是资深的老教师，他们有着丰富的课堂教学经验。因此，这一层级的评价也最具有权威性，尤其是对年轻教师而言更是如此。最后，进行综合评价，可以对专题教学有一个客观的、全面的认识。我们既要看到成功的，做得好的方面，也要看到存在的不足，需要改进的方面，从整体对研究生思想政治理论课专题教学进行完善。

（五）教师总结

总结是为了更好地出发。在学生评价、教师评价基础上在课程结束后对授课过程进行总结，通过总结反思，会发现自己的不足，加深对自己的认识。研究生思想政治理论课教师也是如此，通过对教学实践的总结，从中剖析进行专题教学的过程哪些方面做得好、哪些方面还需要改进，总结归纳"90后"研究生的思想特点，反思是否达到预期的教学效果，从而不断完善专题教学，让思想政治理论课课堂成为研究生精神食粮的大粮仓。

四、专题教学中应把握好的几对关系

（一）把握好专题内容与教学目的的关系

研究生思想政治理论专题教学授课教师对讲授的方式方法、授课内容的选取有很大的自主性，相对比较自由。就"中国特色社会主义理论与实践研究"这门课程来说，为了保证内容的前瞻性、现实性等，教学专题设置、教学内容、教学方法势必要紧跟中国特色社会主义的发展步伐不断地更新，在具体授课过程中对讲授知识点的深浅也要根据具体情况进行改变。然而，一旦没有把握好度，就无法完成教学大纲对研究生思想政治理论的教学目的，无法达到思想政治教育的预期效果。因此，授课教师一定要处理好授课内容与教学目的之间的关系。教育部对研究生思想政治理论课制定了统一的教学大纲，必须要在教学大纲范围内进行调整。遵循任何内容、任何案例都要为教学目的的实现服务的原则。坚持统一性与多样性的协调，既要遵循教学大纲要求，落实教学大纲目标，又要结合专题主题，有针对性，有的放矢地选取教学内容。

（二）把握好授课内容突出重点与系统性的关系

专题教学的优势就在于，它以某一问题为导向，做到重点突出。但是，研究生思想政治理论课不仅要突出重点，也要重视内容的整体性和系统性。因此，在研究生思想政治理论课专题教学的过程中，要处理好授课内容重点、难点与系统性的关系。如上文所述，研究生思想政治理论课教师对授课内容、案例的选取有很大的自主性，因过于关注自己所负责的专题，而很少与其他授课教师进行交流或者互听课，同时每位教师又都有自己的授课风格，这都导致实际教学过程中，只是过分地突出重难点，却很难保证授课内容的整体性与系统性。甚至还会有同一内容、同一案例在多个专题重复情况的出现，而对这些内容或案例的研究视角却没有相应的变化或表现出应用的倾向，致使学生对案例或内容出现"审美疲劳"。在这样的现实下，充分利用手机、微信群等交流平台，每一门授课教师建授课交流群，沟通交流自己负责专题的主要内容（如涉及知识产权问题，可将大概授课内容进行沟通），以此来解决教师之间互不了解的现状。确保课程内容的整体性、系统性，同时又有重点难点。

（三）把握好课堂教学紧与松关系

研究生思想政治理论课专题教学具体教学方法灵活多样，根据不同的内容、不同的授课对象来选择具体的教学方法，往往通过如讨论、对话、情景、演讲、视频等方法使教学内容更具吸引力，以此提高学生的课堂参与度。我们应该引起重视的是，采取这样的一些方法，是否真正符合思想政治理论课的育人目标。当下研究生大多为"90后"，他们思想活跃跳脱，因此，要坚持教师主导性与学生主体性的统一。首先，教师要保证所讨论主题、内容的专业性，突出理论性、探索性，防止娱乐化。一方面，要鼓励学生积极发言，表达自己的观点，提升学生的思考能力；另一方面，在学生讨论探究的过程中，教师要做好引导工作，引导其朝着正确的方向思考。其次，教师课前设定好讨论的主题，避免流于形式。讨论是为了提升学生的课堂参与度，营造活跃的课堂氛围，以求达到思想政治教育的目标。所以，绝不能为了讨论而讨论。在实际的讨论过程中，不免有流于形式的讨论。一种是部分学生对已知的课堂讨论主题没有进行相关资料的查阅，到讨论时要不就是一言不发，要不就是蒙混过关，敷衍了事。一种是对课堂上某一问题展开讨论时，并没有提前设定讨论内容，或对讨论的内容不感兴趣，致使讨论成为少数同学的主场。还有一种是，为了完成任务，小组讨论看似很热烈，实际是纸上谈兵。如果把握不好课堂的紧与松的关系，就会使课堂教学走入庸俗化的深渊。因此，思想政治理论课既要有趣味性，又要在内容的讲解上有深度，体现出学理性；既要营造活跃的课堂氛围，又要避免娱乐化，流于形式，体现其探究性，处于课堂教学的主导地位的教师，要把握好课堂教学的适度张力。用青年学生喜闻乐见的方式引导学生，提升他们马克思主义理论素养，运用马克思主义理论分析问题、解决问题的能力，树立坚定的马克思主义信仰，坚定自身的理想信念。

（四）授课效果的阶段性与发展性关系

专题教学有其优越性，也有其不足。由不同的教师共同分担课程教学任务，具有阶段性。一般而言，一个专题是 3 个课时，120 分钟。授课结束时间到，教师就算完成了课堂任务。但教师根本无法对所有的知识点进行深入的讲解，也不能解决学生所有的疑惑，学生对该主题仍有很多的追问。学生对课堂某一问题或内容产生的疑问、兴趣不会随着课堂结束而戛然终止，相反会持续不断发展。对于课堂上的某一问题，课后往往会引起同学之间的讨论、探究，力求获得正确的答案。学生对于知识的渴求、事实的探索，急需要教师的引导。因此，专题教学决不能止步于课堂，教师要保持与研究生思想政治教育的持续性和发展性。思想政治理论课教师作为办好思想政治理论课的关键，要有强烈的使命感，课后通过微信等网络信息平台，积极主动地加强与学生的联系，解答学生的疑惑，使思想政治理论课发展到课堂外，使思想政治教育持续不断地发展。

（五）把握好德育与智育的关系

研究生思想政治理论课专题教学要坚持德育与智育的统一，"要坚持价值性与知识性的统一，寓价值观引导与知识传授之中"。研究生思想政治理论课更加注重学术探究，但也要"德育为先"，"蒙以养正"，要在学理中加强学生的思想教育、政治教育。要以"透彻的学理分析回应学生，以彻底的思想理论说服学生，用真理的强大力量引导学生"。培养有远大理想，坚定的马克思主义信仰；热爱祖国，让爱国成为研究生同学心之所系、情之所归；勇当时代责任，有担当，有奋斗精神；有高尚品格的时代新人。

总之，研究生思想政治理论专题教学作为一种新型的授课方式，有其独特性，能够促进课程教学的推进，提升思想政治教育的效果。但如果把握不好适度原则，也不能发挥其最大优势。因此，专题教学要把握好上文中提到的五对关系，不断完善专题教学的体系建设，朝着政治性与学理性、价值性与知识性的方向发展，提升专题教学的实效性，发挥思想政治理论课的思想政治教育功能。

参考文献

[1] 孙代尧，李健."中国特色社会主义理论与实践研究"课的教学理念、思路和方法 [J]. 思想理论教育导刊，2014（12）：192.

[2] 黄岩，梁皓. 研究生政治理论课专题研讨式教学模式研究 [J]. 杭州电

子科技大学学报（社会科学版），2017，13（3）：63-67.

[3] 卫志民. 专题式教学在硕士研究生思想政治理论课中的运用与完善 [J]. 思想理论教育导刊，2014（12）：58-63.

[4] 朱院利. "专题式教学" 在硕士研究生思想政治理论课教学中的问题及对策研究 [J]. 社科纵横，2018，33（5）：138-140.

如何改变大学生对
思想政治理论课的消极态度

大理大学马克思主义学院　李芳

摘　要：当前大学生对思想政治理论课普遍持消极态度，这种态度极大地影响着教学的实效性，本文运用社会心理学的态度理论分析大学生对思想政治理论课产生消极态度的原因，并提出如何改变消极态度。

关键词：大学生；思想政治理论课；消极态度

高校思想政治理论课是对大学生进行系统的马克思主义教育的主渠道和主阵地，是帮助大学生树立正确的人生观、价值观和世界观，坚定其理想信念的主要途径。当前各级各类高校都将它设置为必修课。然而，以塑造人的灵魂为主要职责的思想政治理论课在大学生中的反应却不容乐观。目前，大学生对思想政治理论课普遍存在消极态度，这样的态度大大影响了思想政治理论课的教学实效性。因此，探讨大学生对思想政治理论课的消极态度是怎样形成的，如何改变消极态度，将对提高教学实效性具有重要的意义。本文运用社会心理学中的态度理论对此问题进行了初步探讨。

一、关于态度及其改变

社会心理学中的态度理论认为，态度是由心理三要素构成的比较持久的个人内在系统。心理三要素包括认知（对态度对象具有的知觉、理解、信念和评价）、情感（对态度对象持有的情绪）、心理倾向（指个体做出行为之前的一种准备状态）。态度和行为关系密切，态度是一个人行为改变的关键，如果我们能积极改变一个人的态度，就有可能使他的行为向着我们所希望的方向发展。那么如何影响个体态度，从而达到改变其行为的目的呢？

在态度理论中，最著名的是费斯廷格的认知失调理论。费斯廷格认为，每个人的认知系统中同时存在许多认知要素，它们之间可能存在三种不同的关系：不相关（两个认知要素之间在逻辑上彼此毫不相干）、协调（两个认知要素之间在逻辑上彼此相符，一个要素是另一个要素的结果）和不协调（指两个认知要素的逻辑不相符）。他认为不协调的原因有几种：逻辑上的不相容；认知成分与文化模式不协调；某个认知成分与某一更广泛的概念系统不协调；与过去经验不协调。

基于费斯廷格的认知失调理论，心理学家霍弗斯和韦斯提出了影响态度转变的四个要素：劝说宣传者，信息传播，信息传播渠道和被劝说者。这四个要素对调整认知失调起着关键作用。

二、大学生对思想政治理论课消极态度是怎样形成的

大学生对思想政治理论课的消极态度是认识失调的一种表现，那么是什么导致了这种失调？归纳起来有下列几个原因：社会变迁过程中多元化价值观与主流价值观的矛盾；群体规则与个体行为之间的矛盾。

（一）多元化价值观与主流价值观的矛盾导致认知失调

社会变迁过程中多元化价值观与主流价值观的矛盾是大学生对思想政治理论课产生消极态度的根本原因。思想政治理论课是我国宣传主流意识形态，培养学生符合社会要求的价值观的主要渠道。而当今中国社会正"处于深刻的社会变革和体制转型时期，人们的思想观念，价值取向、生活方式、文化需求日益多样化，这种多元化的格局对整个社会都产生了重大而深刻的影响。社会所需求的主流意识的一元化与非主流意识的多元化相混杂，社会评价标准进一步丰富社会价值取向的一元化和个体价值取向的多元化形成了矛盾"。一方面，当代大学生的自主、自立意识更强，独立思考的意识越来越强，他们把全面提升自身的整体素质，尤其是能力发展作为自我发展观的核心内容，更加关注自身个性发展和个性展示。另一方面，受社会主义市场经济和实践与生活方式变化的影响，个人主义、利己主义成为相当一部分大学生的主导价值观，市场经济在一定程度上使部分学生的拜金主义思想意识有所增长。部分大学生不加分析、盲目地推崇西方社会政治制度和价值观，对社会主义、共产主义理想、信念产生怀疑和困惑。一些大学生把西方政治学、哲学、心理学等理论看作解决中国实际问题的灵丹妙药，主张用它

们来取代马克思主义理论，对我国坚持以马克思主义为指导思想的必要性产生怀疑。一些大学生在个人主义价值观念有所增强的同时，他们的祖国、人民的意识有所淡化。

而从我国思想政治理论教育来说，长期以来我国高校思想政治理论课在教学的目的上片面强调其社会价值，过分要求个人对社会的贡献、个人对社会规范地遵从，不能贴近学生的生活、贴近实际。

总而言之，急剧变化的社会环境和多元化价值观的存在使学生的价值取向多元化，而社会需求的价值取向的一元化及其传播方式的片面性最终导致了大学生对思想政治理论课的消极态度。

（二）群体规则与个体行为之间的矛盾导致认知失调

大学生生活在校园这一环境中，他们会自愿组成很多的群体，包括宿舍群体、班级群体、学院专业群体等，每种群体的态度都会影响大学生的态度的选择。

正如前面提到的，大学生非常注重其个性的发展，但这种个性的发展是取得他人、集体以及社会认同的一种重要方式，这种个性是建立在一定群体价值观念上的。大学生的思想正处于走向成熟又还未成熟的时期，还没有形成完整独立的世界观和人生观，在思维方式和行为模式上可塑性很大，因此很容易产生模仿、暗示和顺从的心理，通过互相之间的彼此模仿、暗示和顺从就形成了大学生群体价值规范。大学生群体价值规范是大学生各种行为和个性发挥的重要参照物。作为群体中的个体，希望主动与群体保持一致，并以这种一致获得群体的认同。大学生群体价值规范能够对个体形成一种潜在的制约，迫使个体根据规范来调节自己的行为，和群体保持一致。群体对于成员所具有的影响力的大小主要取决于：群体对其成员吸引力的大小和个体在群体中所处的地位。

在思想政治理论课上，我们通常遇到这样的情况，学生上课迟到、请假、旷课的人数比较多；上课时很难调动课堂气氛，教师提出的问题，学生不愿意思考、主动回答；上课时学生都一致往教室后排挤，不愿坐在前排。如果有同学上课看其他书籍，或者听音乐、聊天，就会有更多同学做类似的事情。从心理层面分析，这是大学生对思想政治理论课课堂教学消极情绪的扩散效应。大学生群体对个体影响力的大小直接影响到思想政治理论课教学能否顺利进行。当前的思想政治理论课随着高校扩招师生比较多，一般都是实行大班授课，少则六七十人，多则二三百人，而且是由多个班级多个专业组成一个大班，庞大的班级一旦形成潜在的规则，对大学生个体的影响也会非常大。

除了班级、课堂的气氛会影响学生学习思想政治理论课的态度，学校对待该类课程的态度同样会影响学生的学习态度。学校对该类课程足够重视，从各方面促进学生学习，学生在外在压力下可能会积极地学习该类课程；但是如果学校本身不重视该类课程，强调学生知识和技能的习得，强调专业课的重要性而忽视思想政治教育，那么学生自然也就将时间和精力用在其他课程上。在思想政治理论课上，学生经常看专业课、学英语，"身在曹营心在汉"是常见的现象。

（三）思想政治理论课教学中存在的问题导致大学生认知失调

除了上述的社会环境因素以外，教学内容、教学模式、教学方法、教师的道德人格等都是导致大学生对思想政治理论课消极态度的原因。

从教学内容来讲，高校思想政治理论课中的很多内容，学生在初中、高中阶段早有接触，有的内容还很熟悉。求知、求新是当代大学生的特点，而长时间对同一知识的重复学习必然使学生产生消极态度。另外，思想政治理论课的内容过于抽象，对于当代大学生来说，那些直观的、具体的和现实联系紧密的内容对他们更具有吸引力。

从教学模式上来讲，灌输式的教学模式和教师的一言堂教学是思想政治理论课中普遍存在的现象，课程考核方式比较单一，主要用分数来评价学生的学习效果，所以很多学生上课不听讲、不思考，考前背教材，目的是获得学分，轻松毕业，这样的教学模式和开设思想政治理论课的初衷是背道而驰的。

教学方法和手段比较单调是导致学生消极态度的又一原因，尽管现在各高校在教学方法和手段上有些新的举动，如开展社会实践活动，进行网络化教学等，但主要还是采用课堂讲授的方式，且师生互动少，照本宣科，对学生关心的当前社会的难点、热点问题避而不谈等现象比较突出。

传统的教师形象遇到挑战。随着时代的发展，传统的价值观念受到很大的冲击，在多元的价值观中，一些思想政治理论课教师出现了多重道德人格，课堂上说的是一套，而课下做的是另外一套，多重的道德人格使教师教授内容的可信度和吸引力大大降低。

三、如何改变大学生对思想政治理论课的消极态度

改变大学生对思想政治理论课的态度，目的是使其能以知识学习为依托培养思维能力和判断能力，从而形成科学的价值观、人生观和世界观。但是现在大学生对思想政治理论课的认知大多处于失调状态。改变大学生的态度就要改变其对思想政治理论课原有的认知判断、情感好恶和行为意向，这三个方面的改变决定了大学生态度的改变。具体而言，如何较少大学生对思想政治理论课的认知失调，我们可以按照社会心理学者霍弗斯和韦斯提出的影响态度转变的四大因素来调控认知矛盾，并按具体情况提出不同的解决方法。

（一）高校思想政治课教师要注重自身的因素

首先，作为大学思想政治理论课教师，应该是道德上的权威者，控制着道德上的话语权。所以思想政治理论课教师应该具有高尚的道德人格，做到表里如一、言行一致。对课程内容做到真信、真学、真懂，用高尚的人格魅力吸引学生。其次，作为高校思想政治课教师要具备广博的知识，掌握正确的价值观赖以确立的相关真理，做到"以理服人"，以专家所应具备的知识和权威来指导学生。最后，思想政治课教师要得到学生的信任，必须处理好与学生的关系。在教学过程中要以一种平等的、朋友式的身份对待学生，使学生在学习思想政治理论课的过程中处于一种平等交流、共同探讨和主动接受的状态。教师必须通过高尚的人格、广博的知识和可信任性，才能激励大学生个体态度的转变进而影响群体态度的转变。

（二）合理设置教学内容和形式

当代大学生是思想最开放、最活跃、最富有激情、眼界最开阔的一个群体，他们求真、求实、求新、求知的意识非常强烈。老师传授给他们的知识，会使他们产生认同，也会使他们产生抵触。尤其是随着网络的普及，信息以铺天盖地之势席卷着社会的每个角落，其丰富性、多样性是前所未有的。当大学生面对复杂多样的信息时往往会显得不知所措。因此对教学信息内容的合理选择显得非常重要。

在思想政治理论课的教学中，教师可以通过合理设置教学内容来影响大学生的态度倾向。社会心理学从信息本身产生的效果将信息分为两类，即单

方面信息和双方面信息。对于思想政治理论课教师来说，在教学内容的选择上要有针对性。如果大学生对思想政治理论课的相关知识认知不足，教师可以以单方面传播为主；如果学生对思想政治理论课的知识有所了解，并习惯于思考和比较，教师可以采用双方面的或多方面信息传播方式。比如我们在介绍自己观点和主张的同时，也介绍别人的观点和主张，让学生能更全面地了解和掌握某一问题。概言之，教师必须深入了解学生，有针对性地采取符合学生认知水平的说理内容和形式、学生喜闻乐见的教育手段、因材施教的教育方法和模式，充分调动学生学习的积极性、主动性和创造性。

比如，对理工科专业的学生和对文科专业的学生在教学内容和形式上的设置就应有所区别。理工科的学生普遍对政治理论课内容缺乏了解，在教学过程中教师单方面的传授要多点，教学内容要做到浅显易懂。而对文科专业的学生来说，他们掌握的思想政治理论方面的知识相对更丰富、更复杂，能更深入地理解相关的问题。教师在教学的内容上也应该更多地关注当前面临的问题，培养他们分析问题和解决问题的能力。

（三）教学内容组织方式及教学方法手段的多样化

按照态度转变理论，信息在传播过程中呈现方式和组织方式也是影响个体态度倾向的重要因素。同时，在信息传播的过程中，不同的传播手段和方法对态度改变的效果也是不一样的。因此，在思想政治理论课教学中，教师既要注重教学内容的组织和呈现方式，又要注重教学的方法和手段。

在教学内容的传授过程中，教师对内容的组织和呈现方式直接关系到学生对思想政治理论课的态度。高校思想政治理论课是宣传我国主流意识形态的，如果教师组织的内容是单一的，用一种灌输的方式进行教学，片面强调该类课程的重要性，而忽视了非主流意识形态的存在及学生的感受，那么这样的课程必将遭到学生的冷落。所以，在思想政治理论课教学中，教师不仅要讲清主流意识形态的内容，同时也要对非主流意识形态一分为二地分析。让学生对当前的社会意识形态有较深入的了解，从而做出自己的选择。

教师在思想政治理论课的教学过程中，也要注意教学方法和手段的多样化，根据不同内容、不同对象使用不同的教学方法和手段。如鼓励大学生通过反复阅读原著来找到一种事物或一种思想存在的合理性，这种方式可以引起大学生内在思维方式的巨大变化，可以改变其既有的态度。使用多媒体教学使课堂教学活动变得活泼、生动有趣，富有启发性、真实性；利用图片、视频、动画使一些抽象难懂的知识变得直观、形象。在方法上可以采取案例教学、分组讨论教学、辩论教学等多种形式，共同探讨、研究、回答和解决时代、社会和人生所提出的热点、难点问题。只有这样，才能让学生不断修正和补充知识，从而转变其既有的态度。

（四）仔细分析大学生对思想政治理论课的态度

在思想政治理论课的教育过程中，教师面对的大多是认知处于失调状态的大学生，他们的既有的态度一般有两种表现方式：一种是既有态度非常顽固，拒绝接受改变，另一种既有态度表现得比较犹豫，有改变既有态度趋向并接受改变的意向。在这两种态度中，特别要注意的是第一种态度。要改变第一种态度，教师必须深入了解大学生个性特征，这种个性特征包括了智力水平、认知需要和性格特征，其中认知需要是态度改变的重要因素。教师要了解这类学生的兴趣，爱好，并根据他们的兴趣爱好和教学内容相结合，使学生乐于接受改变。

参考文献

［1］泰勒，佩普劳，希尔斯. 社会心理学［M］. 北京：北京大学出版社，2004.

［2］林格伦. 课堂教育心理学［M］. 昆明：云南人民出版社，1987.

［3］赵庆杰，刘曙辉. 利用态度理论提高思想政治理论课的实效［J］. 经济师，2007（8）：132-133.

［4］彭未名，余赛凤. 高校思想政治理论课教学有效性研究评述［J］. 武汉工程大学学报，2010，32（6）：14-17.

"专题—实践—讨论"模式

——"思想道德修养与法律基础"教学时效性改革探讨

大理大学马克思主义学院　张光映

思想政治理论课作为大学生思想政治教育的主渠道，对培养大学生树立正确的世界观、人生观和价值观，把大学生培养成为德智体美全面发展的社会主义事业的合格建设者和可靠接班人，具有不可替代的作用。社会的进步，思想政治教育理论的丰富和发展，需要思想政治理论课教学与时俱进，课程教学改革也就势所必然。"思想道德修养与法律基础"（以下简称"思修"）作为高校思想政治理论课的基础课程，与学生思想和社会现实联系最为紧密，应该走在改革的潮头。

一、"思修"课教学时效性改革的必要性

（一）课程建设发展的需要

"思修"课与其他思想政治理论课面临的共同任务，就是帮助学生树立正确的世界观、人生观、价值观。此外，出于具体的教学内容，还要帮助学生树立正确的道德观、法律观。"思修"课教学必须直面社会存在的道德问题和法律问题，必须紧跟社会道德和法制的进步发展，必须联系大学生面临的道德问题和法律问题。通过教学，使大学生做到知荣辱，成长为一个道德高尚、有益于社会的人；使大学生做到学法、知法、守法、护法，做一个遵纪守法、维护社会公平正义的人。提高大学生的道德素养和法律素养，是"思修"课程性质本身所具有的必然性，是社会主义建设发展的内在要求。实现教学目标，提高教学实效，要求"思修"课教学与时俱进。因此，适时进行教学改革，是"思修"课程本身建设发展的需要。

（二）纠正认识偏差的需要

由于种种原因，一些教师和学生对"思修"课等有偏见，存在错误认

识,主要表现为:一种是空泛论,认为"思修"课等太空泛,没有实实在在的内容,对学生没有实际作用;一种是重复论,认为"思修"课等是中小学政治课的重复,课程开设浪费学生的时间和精力;一种是挤压论,认为专业课学习任务重,而"思修"课等由于"三多"(课程门数多、学分多、学时多),挤占、挤压了专业课。要从根本上纠正、消除上述错误认识,重要途径就是在有优秀教材前提之下,作为"思修"课教师,首先,要加强学习,不断提高自身的政治理论素养;其次,要热爱本职工作,认真教书育人;再次,要热爱学生,联系学生,熟悉学生;最后,要走向社会,加强实践锻炼,认识了解社会,将书本理论与社会现实有机联系起来。而达到上述要求,体现在教学中,只有实施教学改革,增强教学实效性,才能纠正人们认识上的偏差和错误。

(三)增强教学活力的需要

高校内部对"思修"课等存在片面和错误认识,除客观原因外,也由于一些教师师德修养水平低下,主观努力不够,教学缺乏活力,对学生影响力小。教学活力是课堂教学的生命力,它是教师综合运用教学理论、教学内容、教育教学方法和手段等,促使课堂教学展现生机,是一种对学生的学习、生活乃至思想等都产生重要影响的富有感染力的课堂氛围。教师教学缺乏活力的表现:一是教师的社会生活视野不够宽广,教学内容不够丰富充实;二是教师疏于学习借鉴,教学方法和手段单调陈旧,与时代和大学生特点的要求不相合拍;三是教师教学缺乏激情,难以调动学生的积极性,难以感染学生;四是教师缺乏教学机智,难以引起学生的共鸣和引发学生的思考。要消除学生的片面错误认识,必须增强课堂教学活力,增强课堂教学感染学生的能力,而要达此目标,就需要对"思修"课等进行全方位的教学改革,使其从内容到形式都能得到学生的接受和认可。

(四)提高学习动力的需要

教师和学生在教学双边活动中都是主体,教师是教的主体,学生是学的主体。提高学生学习的动力,一方面,强调内因是变化的根据,即需要学生转变学习观念,端正学习态度,认识到"思修"课等的重要性,使其从不大愿意学习向愿意学习、主动积极学习的方向转变。另一方面,也不能忽视外因这一变化的条件。可以肯定,学生总体上能够认识学习的重要性,认识提高综合素质和能力对他们将来的工作、生活有极其重要的影响。但一些人不

能完全认识到 "思修" 课等的重要性及其影响, 所以需要通过教师的努力和全方位的教学改革, 使学生能真正认识到、感觉到, 通过 "思修" 课等的学习, 能够运用相关理论正确认识社会, 能把理论与社会现实结合起来有效处理学习和生活中的问题, 能够看到 "思修" 课等对于提高个人思想政治素质的特有作用。如果教学改革能收到这样的实效, 那么学生的学习动力自然会大大提高。

(五) 提高教师素质的需要

教师的素质可以通过教学改革实践不断得到提升。首先, 在知识老化和更新速度加快的同时, 作为教师, 更为急需补充新的知识, 提高自身的知识素养。教师 "要给他人一碗水, 自己必须是长流水", 说明教师比其他从业者更需要加强学习。通过教学改革, 促使教师去学习相关理论和知识, 去深入学习与课程内容相关的知识。其次, 一个教师面对的教育对象不是固定不变而是经常变化的, 不同专业的学生会带有特定的专业特点, 同一专业的学生也不是千人一面如出一辙, 都有其个体的特点。10 年前教育对象主要是 "80 后", 现在主要是 "90 后" "00 后"。这不仅要求教师要研究学生, 更需要教师去研究学生所处的社会环境、经济环境、家庭环境等。总之, 通过教学改革, 可以促使教师学习新的知识和理论, 促使教师深入研究教学对象, 以便更好地因材施教。

二、"思修" 课教学时效性改革的思路

(一) 改革教学方法

为了提高 "思修" 课等教学的针对性、时效性, 很多高校、思想政治理论课教师根据学校和教师自身实际, 尝试和实施教学改革, 也取得了一些成绩和效果。例如, 有的实行专题式教学, 有的实施案例式教学, 有的在传统教学的基础上增加课堂师生间的互动如提问、讨论等。针对 "思修" 课教学改革, 笔者提出 "专题—实践—讨论" 的教学模式, 即教学中注重专题教学、实践教学和讨论教学三者的有机结合统一, 是一种以教学方法改革为主线的课程教学体系综合改革。

第一, 专题教学。就是在教学中结合教材内容、社会现实和学生实际, 每章选择大约 1 个专题, 课程约 10 个专题, 约 30 个学时。实施专题教

学，需要结合课程目标，选取重要内容作为专题，在教材相关知识和材料基础上，拓展内容，挖掘深度。以 2015 年修订版"思修"教材为例，专题可定为如下："'思修'课序言""大学生的人生理想""爱己、爱家与爱国""人生观与人生价值""社会实践与调查报告""科学对待人生环境""传统美德与道德建设""生活中的道德规范""生活中的法律规范""法律作用的宪法制度""公民的权利公民义务"等。

第二，实践教学。就是在教学中分别以集体、小组或个人为单位，在教师指导下开展社会实践和调查研究，完成相关的教学任务，约 15 个学时。实践教学分三种形式：一是集体实践，就是让试点实验班参与其他班级都需要开展的教学实践活动。二是小组实践，把试点实验班级视学生人数分为若干小组，小组在教师指定的若干社会热点问题和校园问题的参考选题中各选一个问题进行实践调查；调查之前由教师进行培训指导，提请学生注意整个过程中的主要问题以及解答学生实践调查中存在的疑难问题，以便提高实践调查质量，最终以小组为单位上交实践研究报告。三是个人实践，以个人为单位，由教师提供系列选题或学生自主选题开展实践调查，然后写出心得体会或实践报告。为搞好实践教学，教师需要给学生以知识上的补充和方法上的指导。如开设"社会实践及调查报告"专题作为课程补充内容，重点讲什么是社会实践、社会调查；开展社会实践调查常用的主要方法，社会实践调查中应注意哪些问题，调查报告的基本结构和写作等；从开始到结束过程教师要给予全程指导，以便使实践教学真正收到实效。

第三，讨论教学。就是在教学中针对相关问题，由教师组织或由学生组织，由教师指导和引导进行讨论。计划开展 3 次，约 9 个学时。讨论课围绕的话题，一是实践教学的内容，二是某个社会热点问题以及校园问题，三是"思修"课的时效性或教改问题。如围绕案例"姑娘与选手""画家李晓玲的追求""赖斯（美国原国务卿）的理想""马加爵带给我们的思考""呼格吉勒图案的启示"等进行讨论。举"姑娘与选手"为例，要求学生各小组围绕下面问题讨论：①围绕价值观问题，根据你的喜好程度给故事中涉及的五个人物按先后顺序排位。②说明排位的理由。具体做法是：把一个班的学生分为五六个小组，先以小组为单位进行课下讨论，然后各小组选派一个代表，将讨论内容整理成文字材料或做成 PPT 在课堂进行交流，小组代表发言完毕，学生个人也可上台发表看法见解。也可以布置相关问题，以学生个人为单位在课题组即兴讨论。在讨论过程中，教师适当给予点拨引导，围绕教学相关内容，对于学生参与讨论的积极性多给予正面肯定，同时针对学生存在的偏激甚至错误观点言论亮明自己的观点。通过讨论中各种观点的交流，学生可以拓展思路，增长见识，加深对相关问题的接受理解。

（二）改革教学内容

首先，是教材中教学内容的选择取舍问题。实施专题教学，意味着教学不可能按章节顺序进行，而是要打破章节逻辑结构，在专题选定之后，具体内容的选择需要紧紧围绕专题进行，所以教材中相当部分内容不能利用课堂时间讲授。如"传统美德与道德建设"一讲，选择的教材中内容包括：道德的涵义及其主要功能、中华传统美德和中国革命道德、社会主义道德建设。为加强学生对相关问题的认识和理解，教学准备中需要收集教材之外的相关资料，讲授时注意与社会现实、学校和学生生活的联系，使教学内容在深度上有所扩张。而课堂未涉及的教材内容，则需要教师引导和督促学生加强自学。

其次，是教学内容拓展问题。拓展教学内容，一是为专题教学服务，二是为实践教学、讨论教学服务，从根本上说是解决教学时效性的问题。在专题教学中，增加教材之外的内容是必然的。如"爱己、爱家与爱国"一讲，可以增加爱的基本要素构成、爱己爱家的表现、大学生与理性爱国等内容。"传统美德与道德建设"一讲，可以增加大学生诚信问题及大学生道德修养等内容。实践课和讨论课，需要教师作指导，提要求，让学生以小组或个体为单位，放他们收集资料、组织材料、开展实践和讨论、开动脑筋、积极思考、踊跃发言。通过专题、实践和讨论教学，调动起学生学习的积极性和创造性，真正达到提高教学实效的作用。

第三，提出课后思考等。一个专题教学结束，教师可布置适量问题供学生思考。问题要注意与社会现实、学校生活、学生生活紧密联系，或者说需要把"高大上"和"接地气"二者有机统一起来。如"大学生的人生理想"一讲，思考题可如下：①你对自己的人生是如何规划的？②你是否经常感到无所事事、百无聊赖？③如何理解"一滴水只有放进大海才能永远不干"？又如"传统美德与道德建设"一讲，思考题可如下：①你如何看待中国传统道德和革命道德？②在学生生涯中，你身上是否存在重专业学习、轻道德修养的现象？③在校园，常见的师生中不道德、不文明现象有哪些？④你如何认识理解"不以恶小而为之,不以善小而不为"。另外,在专题授课PPT的结尾,教师可写上简短的希望或祝愿语。如"人生观与人生价值"一讲,可写"创造有价值的人生,请从点滴做起!""科学对待人生环境"一讲,可写"愿和谐之美伴随你我他……"通过课后思考,要让学生真切感受到,教材理论与现实生活是密切相关的,而不是空泛的、空洞的说教。而简短的希望或祝愿语,能让学生深切体会到教师的关爱,体会到教师的拳拳之心,从而拉近师生之间的心理距离。

(三)改革考核方式

思想政治理论课的考核,期末总成绩一般分为两块,各占一定的百分比。一是平时成绩,主要由考勤、平时作业、课堂表现等组成。二是期末成绩,主要通过闭卷考核,而闭卷考核主要考查学生知识记忆的能力。"思修"课"专题—实践—讨论"教学模式,期末总成绩也分为平时成绩和期末成绩两块,但平时成绩注重"实践""讨论",主要是让学生实实在在去做,更注重实践性,且以小组、团队作业为主要形式。期末或注重学生的实践,或注重学生对问题的深入理解,以主观题考核为主。简要如下:

方案一:期末对试点实验班单独命题,实行随堂开卷考试,考核以案例分析和主观题为主,平时成绩和期末成绩各占50%,其中平时成绩不及格者不得参加期末考查。

方案二:期末考核形式为考查,要求每个学生交出一份通过认真调查后写作的具有一定文字量和一定质量的实践调查报告。平时成绩和期末考查成绩各占50%,其中平时成绩不及格者不得参加期末考查。

三、"思修课"教学改革的其他相关问题

(一)改革的支持

一个新项目的推行,需要有人力和物力的支持。"思修"课能够得以实施的前提和基本保证,可以通过向有关领导陈述汇报方案、写申请的方式获得,也可在适当时机通过申报学校教学改革项目的方式获得。其次在改革全程中需要得到教研室其他教师和学生的的支持配合,备课、考核、反馈等,需要其他教师的资料和信息支援,授课过程中的学习、实践、讨论等,需要学生有参与的积极性和主动性。

（二） 改革的实施推广

一是教学改革宜先试点，后推广。"思修"课等涉及面广，教学改革不宜一步全面放开，可由个别教师或教师合作小组在部分班级推行，这主要考虑到教师的素质因素和教师参与的积极性，以及改革进程中遇到问题可以及时得到调整。二是改革试点的周期不宜太短也不宜过长，以二至三年为宜。三是改革中需要连续做跟踪调查，需要将试点实验班和其他班级的教学、评价等做对比分析。四是改革试点后，需要将改革情况进行总结、评估分析，确定在真正取得实效的基础上可在全校普遍推广。

（三） 改革的时效性检验

改革的最终目的是取得实效，否则就失去了改革的意义。检验实效的办法：一是对试点实验班级的全体学生进行问卷调查，全面了解学生对教师教学和教学改革的评价反映。二是召开试点实验班级学生干部（学生代表）座谈会，进一步了解学生对课程改革的真实看法，合理意见建议及时采纳，并在随后教学中加以改进。三是组织试点实验班和非实验班相互了解教学等情况，通过对比找出各自不同的特点和优劣势。四是校院两级督学通过听取试点实验班和非实验班教师授课情况，做出对比性的时效性评价评估。

参考文献

[1] 习近平．习近平在全国高校思想政治工作会议上发表重要讲话 ［EB/OL］．（2016-12-08）［2018-06-29］．http：//www. xinhuanet. com//politics/2016-12/08/c_1120083340. htm.

[2] 高国希，叶方兴．高校课程体系合力育人的理论逻辑 ［J］．中国高等教育，2017（23）：10-13.

[3] 中华人民共和国教育部．教育部关于印发《高等学校马克思主义学院建设标准（2017年本）》的通知（教社科〔2017〕1 号）［EB/OL］．（2017-09-15）［2018-06-29］．http：// www. raoe. gov. cn/srcsite/A13/s7061/201709/t20170926_315339. html.

[4] 丁广举．忠信教育法及其评要 ［M］．北京：华夏出版社，1999：179.

[5] 谭璐．工匠精神培育与高校思想政治教育的有机融合研究 ［J］．大理大学学报，2018，3（7）：70-73.

社会主义核心价值观融入
思想政治理论课的教学方式研究

大理大学马克思主义学院　李戎戎

摘　要：社会主义核心价值观教育实质上是一种意识形态教育，本文以引导学生确定符合主流意识形态要求的思想观念和行为方式为中心，着眼于大学生的认知水平，从树立主体性教学理念、运用研究性教学方法和强化实践教学观念三个方面，对社会主义核心价值观融入思想政治理论课的教学方式进行了的探讨。

关键词：社会主义核心价值观；思想政治理论课；教学方式

社会主义核心价值观融入思想政治理论课教学，科学有效的教学方式是重要的保障条件。本文以引导学生确定符合主流意识形态要求的思想观念和行为方式为中心，着眼于大学生的认知水平，从树立主体性教学理念、运用研究性教学方法和强化实践教学观念三个方面，对社会主义核心价值观融入思想政治理论课的教学方式进行了探讨。

一、在教学过程中，树立主体性教学理念

社会主义核心价值体系融入思想政治理论课教学中，根本目的在于提高学生对社会主义核心价值观的认同感和践行度，而认同和践行又基于学生的自主选择，这就要求在社会主义核心价值观教育的教学活动中，充分体现学生的主体性——主体性教学正是体现了这种要求的教学理念，它倡导的是在重视发挥教师主导作用的基础上，突出强调学生的主体地位，要求做到教学以依靠学生这个主体为基础、教育以启发学生这个主体为主线。

主体性教学作为一种教学理念，是多种教学方法在教学实践中的综合运用，而非某一方法的机械使用，因此，在思想政治理论课中运用主体性教学

方法以强化社会主义核心价值观教育，需要根据社会主义核心价值观教育的具体要求，探寻适合教学内容和特点的教学方法。具体说来至少包括三个方面的转变。

第一，单向灌输式教学向互动启发式教学的转变。社会主义核心价值观教育的主要任务在于引导、启发和转变学生思想观念，强化他们对主流意识形态的认同。而思想的生成、观念的确立乃至信念信仰的坚定，并非简单的灌输可以解决。所以，单一的单向灌输式教学已经不适合社会主义核心价值观教育的要求，而应该以灌输为目的实施互动启发式教学。教学的目的是学生更好地学习，在进行启发式教学时，要真正尊重学生的主体地位，把学生作为启发教学的中心，唤起学生的参与意愿和互动热情；教育的目的是学生真心地践行。在进行启发式教学时，既要充分注重教学内容与学生实际生活、利益关系、适应情况等主体性特点的契合，也要注意教学方法与教学内容中的隐含信息和内在思想的契合，还要讲究教学时机与教学内容、教学方法的契合，只有做好了如上的几个契合，才能有助于促进学生接受和践行社会主义核心价值观。

第二，权威结论式教学向问题研讨式教学的转变。如上所述，在思想政治理论课中强化社会主义核心价值观教育时，必须做到师生之间在知识交流中信息对等，也就是说，既要重视教师传授给学生的知识的权威性——这种知识是意识形态教育要求学生必须掌握的知识，又要重视学生传递给教师的信息的有用性——学生在信息网络化的今天知晓的许多信息可能是为教师所不知的，改变传统教学模式中师生知识信息的不平衡状况，从而促进教学由权威结论式教学向问题研讨式教学转变。

第三，封闭式教学向开放式教学的转变。所谓封闭式教学，指的"是一种在教学观念、教学时间、教学空间、教学内容、教学形式、教学过程、教学评价等方面封闭保守的传统的教学模式"，这种教学模式在当下开放的社会环境下，严重地妨碍了学生创新思维的培养和主体精神的塑造，也不利于提高学生对社会主义核心价值观的认同，因此，在将社会主义核心价值观融入思想政治理论课教学时，应该摒弃这种落后的封闭式教学方式，探索开放式教学方式——在指导思想上，教师应重视学生的能力培养和思想形成，采用多种方法激发学生的自主意识和内在潜能，提高他们运用社会主义核心价值观进行现实思考和分析的能力，促使正确的世界观、人生观和价值观的形成；在教学时空上，教师应将课堂这个教学阵地向课堂前后延伸，向课堂内外扩展，加强实践以调动学生的学习兴趣；在教学内容上，教师应当在讲授教材主要内容的基础上，根据社会现实情况和学生的专业特点，灵活增加社会主义核心价值观的实践性内容，尽量给大学生以鲜活的知识、现实的信息，以提高学生的知识运用能力；在教学形式上，教师应不拘泥于现成模式，灵活采用诸如"课堂辩论、学生讲解、社会调研、情境模拟、游戏体验"等多种教学方式，从而充分发挥学生的学习主体性，唤起学生的学习兴趣、激发学生深入探究社会主义核心价值观的动力。

二、在教学过程中，运用研究性教学方式

研究性教学"是一种将教师研究性教授与学生研究性学习、课内讲授与课外实践、依靠教材与广泛阅读、教师引导与学生自学有机结合并达到完整、和谐、统一"的教学方式。研究性教学首先是一种教学理念，其次才是一种教学模式或教学方法。作为一种教学理念，研究性教学既要求学生掌握系统扎实的学科知识又希望培养学生的实践能力和创新精神，既希望激发学生的求知欲又力求能够锻炼学生分析问题、解决问题的能力。作为一种教学模式，研究性教学不仅需要体现老师的主导作用，而且需要激发出学生的主体功能，因此要求老师要根据教学的主要内容和学生的自身特点，鼓励学生积极参与到教学过程中来，引导学生运用所学的知识经过努力思考去探索新知识，进而培养学生分析问题和解决问题的能力。无论是作为教学理念，还是作为教学模式，研究性教学的最终目的是培养学生分析问题和解决问题的能力，这就要求，在研究性教学过程中，不能再把学生看成是传统意义上的教育对象、传统教学中知识的被动接受者，而应当把学生视为积极参与教学活动过程的主体，视为知识的主动建构者。

和其他课程相比，高校思想政治理论课更加强调在形成正确思想的基础上内化为坚定的立场、理性的观点和科学的方法，从而能够运用知识和理论去发现、分析和解决现实问题，所以，将社会主义核心价值观融入思想政治理论课教学时，也完全可以采用研究性教学方式来组织教学——我们以《中国近现代史纲要》课（以下简称《纲要》课）为例，对这个问题进行简要分析。

在这门课程教学中可以按照"打牢基础—提出问题—课外研究—讨论交流—点评成果"的步骤，适当地运用研究性教学方式以弥补传统教学方式不足，可以更好地唤醒学生的主体意识，帮助学生通过理论的视角关注社会、关注生活。

打牢基础，是指帮助学生建立起牢固的知识基础和初步的研究基础。在《纲要》课的日常教学中，教师要尝试把科学研究的理念和方法融入到教学内容中，使教学与研究之间建立起直接与必然的联系。首先，需要讲明讲透"中国近现代"这一历史主线，并依此主线向学生讲授基础的理论知识，帮助学生搭建起理论体系框架；其次，需要向学生推荐进一步丰富所学理论的参考资料和文献，可以在教材附录的"总阅读文献"目录中有针对性地挑选出经典性的文本给学生做适当的讲解；最后，需要给学生传授研究和论述问题的基本方法、写作课程论文或调查报告的基本范式。

提出问题，是指依据社会主义核心价值观教育的需要，在教授和引导学生建立一定的理论知识基础和研究基础的前提下，教师依据学生的真实水平提出问题或案例供学生研究，以引导学生把对理论的理解引向较深的层次。这里特别需要注意的是，设计的问题或者提出的案例应当符合以下三个基本要求：一是紧扣主题，也就是必须能够根据社会主义核心价值体系教育的重点内容来展开；二是说服力强，也就是问题或案例能够从多个角度来论证所学理论；三是能激发学生兴趣点，也就是问题或案例具有启发性和新鲜感。

课外研究，是指组织和指导学生进行课外研究型学习。如何组织和指导学生的课外研究性学习，决定了研究性教学能否取得好的教学实效。如可以采取以小组为单位集体研究的方式来组织，指定一名组长为问题研究的负责人和讨论会召集人，教师与其共同确定阅读书目和文献收集方案、共同制订学习计划和分步研究方案后，由其具体负责组织学习、研究和讨论，然后再把讨论结果按照论文格式写成研究论文或实践报告（最好是小组内的每一名学生都承担一定的写作任务，最后由理论素养相对较高、文学能力相对较好的同学统稿），这个学习和研究的方式不仅可以调动学生学习的积极性，而且也为学生构建起合作学习、集体探究的平台，既有助于发展学生的批判性思维，又有助于提高学生对学习的自我反思能力，还有助于增强学生的团队合作意识。

讨论交流，不仅仅是指学生之间的交流，更主要的是指教师在认真阅读学生的研究论文或实践报告之后，与各小组学生进行的师生互动，这是进一步帮助学生将所学理论、所做的研究引向正确认识并内化于心的必要举措。教师在阅读学生的研究性学习成果时，能够清楚地发现问题和不足，也能够归纳和总结出各小组出现问题的共性，在此基础上，或与统稿人进行私下交流、或与各小组进行集体讨论，以帮助学生进一步提高研究成果的整体水平。特别需要强调的是，讨论交流环节的工作做得是否到位直接关系到研究性教学的整体质量，任课教师需要为此投入较多的时间和较大的精力。

点评成果，是指教师对各小组形成的研究成果归纳、总结、评价，对学生在研究中出现的典型问题和缺点进行分析讲解。这一环节可以采用论文报告会的形式来进行组织——在各小组推选的代表进行简要汇报之后，教师做总结性点评，对各小组研究成果中曾涉及的表述不清楚的概念、理论、原则和范式进行分析讲解，进一步厘清和深化学生对所学理论的认识和理解。尤其需要指出的是，在价值取向多元化、社会思潮多样化的时代背景下，大学生思想特点较之以往已发生了很大变化，基于此，学生研究性学习的成果中出现一些不正确甚至错误的观点或看法是很正常的现象。如果出现类似的情况，教师至少要做到两点：一是站得高，也就是在熟练掌握社会主义核心价值观的内涵和实质的基础上，运用这一科学理论准确把握重大社会问题和各种思潮的原因和性质；二是讲得好，也就是对学生研究成果中的问题进行实事求是的分析和讲解，力求做到准确和全面。做好这两点，就能够以理论说服学生、以现实教育学生，使学生真正感受到社会主义核心价值观解释和解决中国社会现实问题的无穷效力，从而激发起他们学习和践行社会主义核心价值观的积极性。

三、强化实践教学观念

在当前思想政治理论课教学大纲中，专门为实践教学设置了一部分的课时，这为在思想政治理论课中强化社会主义核心价值观教育提出了一个重要的课题：如何以这个平台的设置为价值导向做好理论联系实践的教育，引导学生在实践中认同并践行社会主义核心价值观。

要完成这个重要的课题，需要明确实践教学在社会主义核心价值观教育中的现实意义，这是在思想上加以重视的先决条件。其一，实践教学教会学生将理论导入实践，可以帮助学生在理论与现实的互动中深化理论、升华现实，有助于他们树立正确的世界观、人生观和价值观；其二，实践教学可以让那些离现实较远的学生在一定程度上、一定范围内置身于社会，并且用所学理论观察社会与现实，从而有助于提高他们正确分析和解决问题的能力；其三，实践教学在某种意义上改变了学生在学习中的角色定位，由被动的接受者转变为有一定主动性的研究者，这有利于学生创新精神和创新能力的培养。

要完成这个重要的课题，还需要对实践教学的内涵有清晰的认识，这是在应用时正确处理问题的先决条件。实践教学并不单纯特指离开课堂、离开学校到社会中去联系实际，实践教学应当是以学生对于教学过程的广泛参与为前提，以培养学生结合现实思考问题、运用理论分析问题、自主研讨解决问题等实践能力为目的，坚持理论和实际相联系、课堂与社会相补充、学习与研究相配合的原则，综合运用多种教育教学方法以实现教育目的多种教学方式的总和。

在讲授"历史和人民如何选择马克思主义"时，可以组织学生参观诸如"王德三、王复生故居"红色教育基地，让学生感受到理想信念给予中国共产党和中国共产党人的重要内生力量。在讲授"中国共产党率先举起抗日旗帜"时，可以组织学生参观"周保中将军故居"以进一步强化课堂教学的效果，更好地促进学生形成符合社会主义核心价值观要求的高尚品格、创新精神和实践能力。

进行实践教学还必须坚持三个基本原则：针对性原则——所选择的实践教学的具体内容一定是能够切合学生思想实际、针对社会热点的内容，同时必须紧密联系大纲，力戒形式主义；时效性原则——教学实践的设计与实施，应该充分反映社会的发展、把握时代的脉搏，体现鲜明的时代特征；实效性原则——组织实践教学时，必须始终围绕引导学生树立正确的世界观和价值观、促进学生知行统一来展开各种活动，以实效性为标准检验实践教学效果。

总之，加强重视社会主义核心价值观融入思想政治理论课的教学方式，才能更好地发挥思想政治理论课作为高校宣传阵地的主要作用。用社会主义核心价值观引领大学生成长成才，实现大学生德智体美劳全面发展，把他们培养成中国特色社会主义事业的合格建设者和可靠接班人。

参考文献

[1] 张抗私，于秋华，王萍. 开放式教学方法与大学生素质教育 [J]. 东北财经大学学报，2003（3）：82-85.

[2] 夏锦文，程晓樵. 研究性教学的理论内涵与实践要求 [J]. 中国大学教育，2009（12）：25-28.

新媒体环境下提升思想
政治理论课教学的思考

大理大学马克思主义学院　　朱瑞华

摘　要： 新媒体环境下，传统的高校思想政治理论课教学面临严峻的挑战，思想政治理论课教师应积极更新理念、转变角色，研究和探讨新媒体环境下如何提升思想政治理论课教学的吸引力和感染力，提高教学的实效性。

关键词： 新媒体；思想政治理论课；课堂教学；实效性

在互联网日益构成当代人生活方式一部分的背景下，新兴媒体越来越融进当代人，包括当代大学生的日常生活，最大限度地改变了传统大学思想政治理论课教育的基本模式，思想政治理论课面临很大的挑战。研究和探讨新媒体环境下如何提升思想政治理论课教学的吸引力和感染力，提高教学实效，培养全面发展的优秀人才是一项紧迫而又艰巨的任务。习近平总书记在全国高校思想政治工作会议上强调："要运用新媒体新技术使工作活起来，推动思想政治工作传统优势同信息技术高度融合，增强时代感和吸引力。"因此，思想政治理论课与新媒体新技术相融合是提高思想政治理论课教学实效性的重要途径。为此，笔者认为应从以下几个方面加以思考。

一、充分了解新媒体环境下思想政治理论课教学面临的诸多挑战

新媒体环境下信息传播的庞杂性和途径的多元化，直接冲击思想政治理论课的主渠道地位，思想政治理论课教学的方方面面开始面临着前所未有的新问题和新挑战。

首先，教师的地位面临挑战。传统模式下，教师是课堂信息的发布者和传递者，学生是被动的接受者，除了自己看书，知识的获得更多的是依赖教

师在课堂上的传授，学生所学知识的多少主要依赖教师水平的高低。随着新媒体技术的迅猛发展和网络的快速普及，教育者和受教育者在信息的接收上越来越趋于同步。大学生可以更迅速地获得各种信息，改变了传统的教育主体信息优势的地位。对学生而言，意味着除了教师，又出现了一个无所不知的全能教师——互联网。虽然在学校里仍然是以课堂授课的模式为主，但有了互联网之后，有些学生对于所学课程新信息的掌握甚至超过了授课的教师。这些情况的出现对思想政治理论课教师提出了更高的要求，必须不断更新自己的知识结构，否则，课堂教学很可能成为教师一个人的独角戏。

其次，传统的教学模式面临挑战。新媒体环境下，大学生获取信息的方式日益多元化，传统的书报刊物远远不能满足大学生的需要，网络、博客、微博、QQ 空间、微信等，已经成为大学生获取信息与相互沟通的重要手段。而传统的教学模式中，很多教师，特别是中老年教师的思想政治理论课教学手段相对单一，主要依靠 PPT。中老年教师的理由是年纪大了，对新媒体技术难以掌握，不想再加以学习。满足于运用传统的手段进行教学，这种教学方式越来越难以适应当前新媒体技术背景下教学形势的发展需要。而一些较年轻的教师则利用多媒体教室的方便，在课堂教学中过度使用大量图片和影音资料，有的年轻教师为了吸引学生的眼球，不惜采用网上一些恶搞图片在课堂上加以展示，使严肃的思想政治理论课堂教学趋向"娱乐化"，导致教学效果甚微。

最后，课堂教学的作用被弱化。新媒体环境下，大学生作为感觉敏锐的特殊群体，不断接受来自各方面的海量信息，而新媒体信息的开放性和快捷性特点使大学生从新媒体中获得信息具有不确定性和难以控制性。多元的文化趋势、多维的价值视角必将对他们的世界观、人生观和价值观产生重要影响。而新媒体信息的无屏障性使得不设防的网络世界中，存在大量低俗、色情和反动的内容，也存在大量的信息垃圾、恶意攻击和造谣诈骗的内容，各种社会矛盾充分暴露在公众视野之下，这对于世界观、人生观和价值观尚未成型且可塑性极强的大学生来说，难免会受到强烈的冲击与负面影响，给思想政治理论课教学增添了难度，部分抵消了思想政治理论课教学效果。思想政治理论课课堂所传导的积极信息的作用受到了极大的限制，课堂教学的实效性被弱化。

二、要把握新媒体环境下大学生的生活特点

近年来，新媒体迅速崛起，互联网成为新媒体的一个重要标志。中国互联网络信息中心（CNNIC）发布的《第 38 次中国互联网络发展状况统计报告》显示，截至 2016 年 6 月，中国网民规模达 7.10 亿，互联网普及率达到 51.7%，超过全球平均水平 3.1 个百分点。从 2012 年上半年开始，手机超越台式电脑成为中国网民第一大上网终端。同传统媒体相比，新媒体更易于为年轻一代大学生所接受，大学生在享受新媒体带来的方便、快捷的同时，也给他们的生活和学习带来了许多不良影响。

首先，"读屏"时代，依赖新媒体。大学生是新媒体的直接使用者，新媒体成为他们人际交往、生活学习和表达个人意愿的重要载体，同时也是他们展示自己才能和个性的重要渠道和窗口。目前，在校的大学生绝大部分是"90 后""00 后"，他们从出生就开始与屏幕亲密为伴，小时候从电视屏幕上看动画片，长大了用电脑，上了大学玩手机。现代科技创造了信息化高速流转的无缝时代，也创造了大学生的"读屏时代"。在这个时代，包括大学生在内的现代人在享受新媒体带来的便利和快捷时，也自觉不自觉地形成了对新媒体的严重依赖感。

其次，价值观趋于多元，迷茫无序。新媒体因为信息传播速度快、视听兼备、生动形象等特点深受大学生喜欢。电脑和手机已成为当前绝大多数大学生每天必用的生活学习网络工具，其中很多信息发布平台还没有建立起完善的信息过滤机制，它们每天为大学生提供来自世界各地的多元化信息，这些信息良莠不齐，有的不乏消极片面甚至偏激，有的充满低级趣味或违反社会公德，强烈地冲击着大学生还未成熟的世界观、人生观和价值观，使他们对世界、对人生产生迷茫、悲观，甚至消极厌世，出现种种不良后果。大量的信息充斥的结果，就是价值多元化和价值相对主义出现，大学生在大量的信息面前，缺乏进行判断和择善而从的能力，不可避免地出现迷茫，在道德伦理观方面呈现出相当程度的无序状态。

最后，追求个性自由，缺乏自律。新媒体的开放性为大学生提供了海量的信息和随时随地交流的平台，大学生可以通过各种平台自由地接收信息、表达观点或发表言论，新媒体的这种特点对可塑性较强的大学生的个性形成

产生直接影响，使他们容易把虚拟空间和现实生活混为一谈，让自己的自由思想和意识在现实中无拘无束地表现出来。因为追求个性自由和张扬，缺乏自律，大学生不规则作息、无故旷课、上课玩手机、拷贝作业或抄袭等现象普遍存在。这些现象给大学生的正常生活和健康成长带来了一系列不良影响，表现出体能下降，健康堪忧，学业无成，为未来发展埋下隐患。

三、思想上要高度重视思想政治理论课与新媒体新技术有效深度融合问题

思想政治理论课与新媒体新技术两者有效深度融合是移动互联时代为思想政治理论课教师提出的新课题。强调思想政治理论课与新媒体新技术深度融合，不是哗众取宠，不是强人所难，恰恰是这个时代的要求。这种融合是思想政治理论课教学改革创新的重要方向，是解决思想政治理论课教学难题的有利武器。在新媒体时代，这种改革不是可有可无，而是必须有所作为，否则，思想政治理论课教学就有被新媒体边缘化的危险。只有把思想政治理论课与新媒体新技术融合，我们才能有效突破思想政治理论课实效性瓶颈，在思想政治理论课上实现全员全方位育人，我们才能与日新月异的移动互联时代相协调。

思想政治理论课与新媒体新技术相融合主要有以下三种发展形式：一是基于电脑的网络辅助教学平台。随着互联网的发展，基于电脑的网络辅助教学平台得到迅速发展，并在思想政治理论课教学中得到应用。众多高校思想政治理论课教师依托这一辅助教学平台，初步实现了思想政治理论课的在线学习、在线互动、在线测试，推动了传统教学模式的变革。二是微博、微信、微视频等具有社交属性的自媒体"微平台"。网络技术的发展使得人人都有了发表看法的机会，QQ、微博、微信、论坛、贴吧、微视频等"自媒体"层出不穷，颠覆了信息单向流动的机制。自媒体的内容突出了一个"微"字，文字内容少，视频时间短，可以统称为自媒体微平台。自媒体微平台对大学生影响巨大，鉴于此，自媒体微平台自然也进入到思想政治理论课教师的视野。三是 MOOC（Massive Open Online Course，慕课）和 SPOC（Small-Private Online Courses）在线学习形式。慕课教学一般包括教学视频、延伸阅读、测试和在线交流等环节。近两年慕课得到突飞猛进的发展。SPOC 即小

规模限制性在线课程，是在慕课基础上发展起来并融合传统教学优点的混合式教学。

由于思想政治理论课的特殊性，这几种发展形式应用于思想政治理论课教学中都存在着一些值得探讨的问题。作为思想政治理论课教师，我们需要掌握思想政治理论课与新媒体新技术相融合的发展形式及其发展趋势，以清醒的、负责任的担当意识探索实现思想政治理论课与新媒体新技术有效深度融合之道。

四、思想政治理论课教师要提升网络媒介素养，深化教学改革

大学生格外青睐新媒体的信息传播与交流方式。思想政治理论课教学必须贴近大学生的现实要求，把课堂教学与解决学生的实际问题紧密结合在一起，教学效果才具有现实说服力。只有先入眼、入耳，才有可能入脑、入心，最终才会身体力行。因此，思想政治理论课教师要提高自身的网络媒介素养，不断深化教学改革，采用符合大学生行为习惯和心理特征的教育方式，充分利用新媒体，提升教学吸引力。

首先，要学会制作多媒体课件，以教材体系为主线，运用声、像和图文并茂的教学手段，对学生的视觉和听觉进行冲击，让教学内容更加形象化、生动化，这比单纯的课堂讲授更具有亲和力。其次，要熟练使用网络语言和网络思维，学会使用新媒体信息沟通的重要形式，将教育者与被教育者话语对接。教师调整语言风格和表现形式不是一味迎合大学生，更不是脱离马克思主义指导思想和思想政治理论课的教学内容，而是根据不同的新媒体特点设计出不同的语言风格和表现形式，将现实思想政治理论课教学内容科学转化为新媒体思想政治理论教育内容，转化为符合新媒体特点的、大学生喜闻乐见、容易接受的信息。最后，开展研究性教学，充分发挥大学生主体性，要把社会现实问题和大学生在新媒体中反映出来的热点、焦点和难点话题作为解疑释惑的关键点，通过案例分析等方法指导学生树立科学的媒体甄别意识，增强对媒介负面影响及不良诱惑的抵抗能力，培养和提高学生分析问题的能力，增强大学生在互联网上明辨是非的能力和道德自律能力，真正将新媒体为我所用，健康地发展自己。

总之，新媒体技术对于高校思想政治理论课教师来说，既是挑战，也是

机遇。在这个扑面而来的移动互联时代，思想政治理论课教师只有努力学习新媒体新技术，努力将之应用于思想政治理论课教学，才能克服"本领恐慌"，切实提高思想政治理论课教学的实效性。

大理大学教风现状分析

大理大学马克思主义学院　张光映

教风就是教师的风范，是教师道德、才学、作风、素养、治教的集中反映。教风是校风的重要组成部分，是学校崇高的精神旗帜，对学生可起到熏陶、激励和潜移默化的教育作用。教风好，可以提高学校的知名度，提高学校的社会声誉和社会可信度。可以说，教风是学校生存和持续发展的不竭动力之源。在我国，培养社会主义事业建设者、接班人，高校作为最后一道关口，教风建设具有其特殊而重要的意义。

一、研究学校教风建设的重要意义

第一，通过对学校教风状况的调查和研究，可以总体把握、全面了解教师教风状况和学校的教风建设工作，从而对学校教师队伍总体的道德、才学、作风、素养、治教等方面有全面的认识和比较客观的评价。

第二，通过对学校教风状况的调查和研究，找准学校在教风建设方面、教师在教风方面存在的主要问题，并从社会、学校和教师三个方面进行深层次的原因分析，从而为提出具有针对性的加强学校教风建设的建议措施奠定坚实基础。

第三，通过对学校教风状况的调查和研究，在找准学校和教师教风问题症结的基础上，提出具有建设性意义的对策措施，以期能够对学校教风建设从决策到具体的管理操作，以及加强对教师的教育管理，促进推动学校的教风建设提供具有实际价值的参考借鉴。

第四，通过对学校教风状况的调查和研究，旨在建设良好教风的基础上，为把学校建设成为"立足大理，服务滇西，面向云南及周边地区……云南先进、西部有广泛影响、南亚东南亚有较高知名度的区域性高水平综合性大学"，为学校更好、更快地发展，发挥应有的积极作用。

第五，由于现有研究成果对高校教风建设存在问题的原因缺乏深入细致的分析，以及鲜有对高校教风问题开展细致调查的成果，通过对学校教风状况的调查和研究，力图使本课题研究成果对其他高校，特别是与大理大学类似的地方高校加强教风建设也能有一定的启迪。

二、学校教师教风现状调查分析

2015 年 9 月，课题组在大理大学学生中进行教师教风问题的问卷调查，发放问卷 500 份，发放情况：基础医学院一、二年级 50 份，临床医学院三、四年级 50 份，艺术学院一至四年级 100 份，文学院一至四年级 100 份，农生学院一至四年级 100 份，数计学院一至四年级 100 份。收回问卷 475 份，回收率 95%。2015 年 12 月，课题组对回收的问卷进行统计，475 份问卷全部有效。在问卷调查中，学生对学校教师教风状况的总体评价，很好和较好的为 80.2%，较差和很差的为 1.0%，中等的为 18.8%。学生对教师师德状况的总体评价，很好和较好的为 86.5%，较差和很差的为 1.3%，中等的为 12.2%。学生对学校教师教学质量的总体评价，很好和较好的为 76.4%，较差和很差的为 2.7%，中等的为 20.9%。三组数据，其中第一组是学生对教师教风状况的直接评价，第二、第三组反映教师师德和工作能力即德才状况，与第一组的数据相互印证，是基本吻合的。从三组数据可以得出一个基本的结论：大理大学教师教风整体状况是好的，值得肯定。具体情况如下：

（一）职业素质较高，注重接受新知识新思想

职业素质是指职业内在的规范和要求，是职业人在职业过程中表现出来的综合品质，具体包含职业意识、职业心态、职业道德、职业行为、职业技能等方面。教师职业素质高，表现为教师角色意识强，师德高尚，有学识，有爱心，有扎实的教学基本功，教育教学方法应用得当。调查中，学生对教师职业素质的评价，很好和较好的为 85.6%，较差和很差的占 0.4%，中等的为 14.0%。另外，在知识科技发展更新迅速的时代，教师不仅要跟上时代步伐学习新知识新科技，更重要的是要用新知识新科技武装学生。调查中，学生认为教师接受新知识新思想情况很好和较好的为 75.9%，较差和很差的占 4.2%，中等的为 19.9%。中学教师压力重点在于学生升学问

题，高校教师压力重点在于能否用自己的知识、思想和行为引领学生。所以，高校教师更需要在工作和生活中加强学习和修养，需要不断提高职业素质，不断吸收新知识新思想，才能得到学生认可，才能更深远地影响学生。从调查看，大理大学的教师职业素质较高，注重接受新知识新思想，能较好地适应时代的发展和要求。

（二）工作责任心强，工作敬业程度较高

从宏观方面说，国家的繁荣富强、民族素质的提高、中国梦的实现离不开教育，教育之本在于教师。完成好历史赋予的使命，需要教师富有强烈的工作责任感、使命感，需要对自己从事的工作具有一种负责任的态度，工作兢兢业业，力求更好、最好，力求精益求精。从微观方面讲，学校要发展，需要得到学生和社会认可，也需要教师有高度的责任感和敬业精神。调查中，学生认为教师的责任心责任感很好和较好的为83.2%，较差和很差的占1.5%；认为教师工作敬业程度做得很好和较好的为84.6%，较差和很差的只占1.7%。说明大理大学的教师对国家、对学校、对学生、对自己具有责任意识，工作责任心强，勤勤恳恳，富有敬业精神。正因为如此，学校才能在合并组建不太长的时间得以长足的发展，得到社会的认可。也正因为如此，教师工作态度才能得到学生的肯定。

（三）廉洁自律，公平待人，注重自身形象

教育不是产业，学校不是工厂，教师也不是产品生产者或加工者，教育、学校、教师从事的是培养人的事业。学生受教师的影响不仅在于接受知识，更在于教师的思想和行为对他们的熏陶。作为教师，不仅需要在工作中、在课堂上注意自身形象，还需要在日常生活中注重自己的言行，做到真教真信、言传身教、言行一致，用自己的人格魅力"润物细无声"地影响学生。这需要教师在生活和工作中注意约束自己，清正廉洁，热爱学生，公平地对待每一个学生。调查中，学生认为教师在廉洁自律方面做得很好和较好的为85.5%，较差和很差的占1.1%；认为教师在公平对待学生方面做得很好和较好的为69.9%，中等的为24.6%，较差和很差的占5.5%；在教师衣着仪表与职业的匹配度方面，认为做得很好和较好的为76.8%，较差和很差的只占3.4%。说明大理大学的教师队伍，既注重自身内在修养同时也注重自身外在形象，既注重课堂上用知识影响学生，也注重衣着外表对学生的影响，还注重以自身公平待人、廉洁自律的品行影响和感染学生。

（四）教书育人，能关心帮助和引导学生

教书育人行为世范是教师职业道德的核心内容。现实中常被世人和社会所诟病的是教师"只教书不育人"或"重教书轻育人"现象。在具体工作中，关心、热爱、帮助和引导学生是教师的职责所在，这不仅表现在知识的传授方面，而且包括生活、思想和品德行为等方面。调查中，学生认为教师教书育人工作做得很好和较好的为74.9%，中等的为22.8%，较差和很差的占2.3%；认为教师在关心学生方面做得很好和较好的为55.6%，中等的为36.4%，较差和很差的只占8%；认为教师在对学生的学业引导帮助方面做得很好和较好的为59.1%，中等的为34.3%，较差和很差的占6.6%。总体而言，学校教师队伍教书育人工作值得肯定，对学生生活上思想上的关心帮助、对学生学业的引导帮助基本上值得肯定。

（五）遵章守纪，注重课堂管理和时间把握

任何工作都需要有规章制度和纪律的约束，教师工作也不例外。作为教师，需要服从学校安排，遵守学校规章制度。教师课堂上遵章守纪的表现，具体而言就是完成教学计划规定的任务，按时上下课，不随意调课，对课堂出现的问题能及时加以协调和管理。调查中，学生认为教师上下课时间执行得很好和较好的为75.3%，中等的为20.2%，较差和很差的占4.5%；对于课堂管理，认为教师做得很好和较好的为61.7%，中等的为32.2%，较差和很差的占6.1%。上述两组数据，中等的分别为20.2%和32.2%，说明一些教师在上下课时间的把握以及对课堂的管理上做得还不够好，有待提高。特别是大学生上课迟到早退、在上课时间随意进出教室和玩手机等行为，不能视而不见、坐视不管。但总体上，学生对大理大学教师上下课时间的把握和课堂管理情况基本是认可的，说明多数教师能遵守课堂基本规范和要求。

（六）讲求方法，注重讲课和教育的技巧

教师授课教学的方法多种多样，有讲授法、谈话法、讨论法、读书指导法、案例分析法、参观法、实验法、演示法、实习法、练习法等，思想教育的方法有积极灌输法、制度约束法、平等讨论法、自我教育法、实践锻炼法、说服教育法、感化教育法、环境熏陶法、榜样示范法、激励促进法等。不同的方法具有不同的特点，其运用需要遵循其特点和一定的原则，根据教育内

容、教育对象和具体环境的不同而灵活加以实施。在教育教学中做到各种方法的灵活运用就是教育教学技巧。调查中，学生对于教师的讲课技巧评价，有67.8%的人认为做得很好和较好，较差和很差的占4.6%，中等的为27.6%。这一方面说明多数教师能够灵活运用各种教育教学方法，而且取得了应有的实效，得到了学生的接受和认可。但中等、较差和很差的共为32.2%，也说明教师需要在工作中不断加强学习，更加灵活运用各种方法，加强锻炼，提高教育教学的技能技巧，提升自己，使自己的劳动付出能获得更多回报，得到更多学生的认可和好评。

三、学校教风建设采取的措施

大理大学走的是一条跨越式发展道路，合并组建以来，在教学管理方面建立了一系列规章制度，在教风建设方面采取了一系列措施，从而使教师的教风不断好转。总结教风建设，取得上述成绩的主要原因如下：

（一）重视教学改革和教学质量工程建设

首先，学校重视教学改革，每年都会推出一批教学改革研究项目，项目的申报没有学历、职称限制，教师可根据学校要求和自身教学工作实际进行申报。其次，学校鼓励中级职称以上教师，根据自己的专业和特长申报和开出全校性的通识选修课，鼓励高职称教师，申报和开出全校性的讨论课。再次，学校实施教学质量工程建设，包括示范课程建设、精品课程建设、特色专业、重点建设专业、专业综合改革（试点）、卓越医生教育培养（试点）、卓越工程师教育培养计划、教学团队等建设项目。教学改革研究项目和教学质量工程项目，与课堂教育教学工作直接联系在一起。通过教学改革项目的研究和实施，通过教学质量工程项目的建设，真正体现了通过改革促教学，通过科研促教学，通过质量工程建设促教学。随着一批批项目的深入推进和完成，学校教学管理逐步走向规范化，推动了学校教学质量的总体提升，同时也直接促使了教师的教风向好的方向转化。

（二）教学要件要求和教学检查走向常规化

学校对教师上课的基本要求要带齐"五大件"，即教材、教学大纲、教学计划进程表、教案和教牌（方形，上有教师照片、姓名、职称、所属学院）。实施"五大件"之初，常有教师要件不全的情况，所属学院为此遭到学校通报点名批评。现在这种状况鲜有出现，说明教师上课带齐"五大件"已形成习惯。从2014年起，学校加强"三风"建设（教风建设、学风建设、工作作风建设），在教风建设方面，学校加强了对教师教学检查的力度，原有校院两级督学检查制度，现在增加了校领导、机关部门、院系领导对教师教学的检查，主要检查教师和学生按时到课情况，检查结果及时在校园网进行通报，发现问题及时处理。通过一年多的检查和整顿，教师上课迟到、随意调课、不按计划上课的现象大大减少；学生上课迟到早退现象也大大减少，总体到课率明显上升。

（三）采取激励措施，加大教学奖励力度

为提高教育教学质量，学校在教学方面采取激励措施，并且不断加大对直接教学的奖励力度，主要有：第一，评选教学名师和学生"我最喜爱的教师"。教学名师的评选不是经常举行，但评选出的教学名师，学校给予较高的物质奖励和精神鼓励。学生"我最喜爱的教师"由校团委牵头组织，从2013年起每两年举行一次，每次评选10人，评选出的教师虽然没有物质奖励，但对教师是极大的精神激励。第二，评选教学质量优秀教师。学校每年按照在岗教师15%的比例评选教学质量优秀教师。原来不分档次，每人1000元的奖励，从2014年起，分为特等奖、一等奖、二等奖、三等奖几个档次，奖金从1000元到10000元不等，加大了奖励的力度。第三，学校每年开展讲课或说课比赛，按照学科门类分不同的职称组进行，并按组分不同等次予以奖励。第四，学校还评选过优秀通识选修课，分档次给予不同的奖励。现在，学校还准备启动对必修课的奖励，获奖课程会在课时津贴部分给予提高。物质和精神的激励，促使教师愿意在教育教学工作中下更大的功夫和力气，改进教育教学，提高教育教学质量。

（四）齐抓共管，建立各级听课评课制度

教学是教师的立足之本，同时也是衡量一所学校办学质量优劣的不可或缺的一项重要指标。为了推动学校教学工作的向前发展，学校建立了校院两级听课评课制度。在校一级有学校督学听评课制度、学校领导和机关部门领导听课制度；在学院一级有院级督学听评课制度、教学委员会成员听评课制度、学院领导听课制度、教研室主任听课制度、教师之间的听课制度。听评课的实施开展，能够促使教师认真备课，把握好授课讲课的各个环节。教师通过听课，可以看到他人之所长自己之所短，从而学习借鉴他人，取长补短，相互促进。同时教师通过两级督学和学院教学委员会的听课评课，可以更清楚地看到自己在教育教学工作中的所长所短，从而进一步扬长避短，不断加强学习，提高自身素质和技能技巧，努力取得更大成绩。

（五）实施政策优惠，鼓励教师进修访学考研

为了提高教师队伍的教育教学能力，提高教师队伍的整体素质和科研能力，提高青年教师队伍的学历，学校采取了一系列优厚政策和措施，鼓励教师结合自己和学校发展的实际，充实自己。一是鼓励到名校拜名师，鼓励高级职称教师外出访学，鼓励中级职称教师外出进修，通过名校名师的指导和熏陶，提高自己的教育教学工作能力和科研工作的能力，对于到帮扶高校（都是 985 和 211 学校）的教师，不仅对教师发放全额工资，同时还发给节假日的福利、津贴和每个学期的基本奖励津贴。为了稳定教师队伍，提高教师队伍的整体学历，学校鼓励教师特别是年轻教师报考博士研究生，对于外出读博的教师，在拿到学位以后，学校按照现行引进博士的待遇给予奖励，外出读书期间，学校不再扣减工资待遇。上述优惠政策的出台和实施，大大调动了教师，特别是年轻教师访学进修和读研考博的积极性。对于学校提升办学实力进一步向前发展，以及提高学校教师队伍的整体素质，促进学校教师教风的进一步好转奠定了良好的基础。

（六）学校跨越发展促使教师自我提升

大理大学合并组建之初，专科生占了全日制学生一半以上。现在，学校生源定位以本科教育为主，同时积极发展研究生教育和留学生教育，而且成为博士点立项建设单位。学校力争在"十三五"期间，努力成为博士生招生单位，建成药学、民族学等博士点。学校大踏步跨越式向前发展，对教师也就提出了更高要求。合并之初的四所学校，本科院校、专科院校、成人高校、中专学校各一所，教师队伍参差不齐。学校的跨越发展，逼迫着教师队伍向发展的高度标准去看齐，否则就不能适应学校发展的需要，就会有被淘汰的危险。从教师自身利益出发，教师队伍总体上有一种紧迫感、危机感，促使教师主动也好被动也罢，都会去加强学习，努力全方位去提升素质，提高教育教学能力和科研水平，不断改进教育教学方法，努力掌握教育教学技巧，使自己能够适应社会和学校发展需要。

四、结语

分析教师在教风方面的良好表现，总结学校加强教风建设好的做法和经验，目的是促进和推动学校更好更快地发展，为中国特色社会主义建设培养更多的合格建设者和可靠接班人。但是，绝不是说学校教师的教风已尽善尽美，也绝不能说学校的做法就无懈可击。在一些教师身上，"只教书不育人"和"重教书轻育人"现象，对学生的关心和与学生交往的深度欠缺，课堂纪律的执行、课堂秩序的管理不严格等问题依然存在。究其原因，就教师而言，部分教师职业道德和素养不够高，职业定位和目标不明晰，面对现实问题采取功利化对策等；就学校而言，跨越式发展导致制度稳定性缺乏，行政化程度高致使教师话语权偏轻，不重视院系建设且管理统筹过死，关注教师利益方面考虑不够周全等，都是重要的影响因素。解决上述问题，需要教师不断加强教育自觉性，学校不断加强管理，提高决策的科学性和有效性，通过加强教风建设，在教风进一步好转的前提下，推动学风和校风的建设。

关于增强云南边疆少数民族地区高校思想政治理论课针对性和亲和力的思考

——以大理大学为例

大理大学马克思主义学院　郭怡梅

摘　要：高校思想政治理论课以培养造就具有高尚思想品质和良好道德修养、掌握现代化建设所需要的丰富知识和扎实本领的优秀人才为重要使命和责任担当，坚持以理想信念教育为核心，深入进行正确的世界观、人生观和价值观教育。在教学中如果教师富有亲和力，师生相互尊重，关系融洽，课堂就会呈现积极的学习状态，学生从心底里感到学习不是负担，而是享受，从而使教学收到事半功倍的效果。就云南边疆少数民族地区的高校目前的教学现状来说，这方面还存在不少问题，每一位思想政治理论课教师在教学过程中如何提高教学针对性和亲和力，增强教学的实效性是值得我们去思考的。

关键词：云南；少数民族地区；思想政治理论课；亲和力

教学针对性是指教师在教学中要从学生实际出发，开发和利用学生已有的生活经验，围绕学生在生活实际中存在的问题，根据不同学生的具体情况，采用不同的方法，进行不同的教育，使每个学生都能在各自原有的基础上得到充分的发展。

亲和力最早是属于化学领域的一个概念，是特指一种原子与另外一种原子之间的关联特性，但现在越来越多地被用于人际关系领域，某人对另外一个人具有的友好表示，通常就形容这个人具有亲和力。亲和力源于人对人的认同和尊重，很多时候，亲和力所表达的不是人与人之间的物理距离的远近，而是心灵上的通达与投合，是一种基于平等待人的相互利益转换的基础。真实的亲和力，以善良的情怀和博爱的心胸为依托，是一种发自内心的特殊秉赋和素养。

高校思想政治理论课的"亲和力"，实质上是思想政治理论课教师的通过自身的态度、方法、素养等方面联系和带动学生，尤其是与学生之间产生发自内心的亲近和信任，从而使这种真挚流露的情感力量，有助于提升向心力、凝聚力、感召力。

一、高校思想政治理论课的特殊性

高校思想政治理论课以培养造就具有高尚思想品质和良好道德修养、掌握现代化建设所需要的丰富知识和扎实本领的优秀人才为重要使命和责任担当，坚持以理想信念教育为核心，深入进行正确的世界观、人生观和价值观教育。思想政治理论课要求用理论的魅力征服学生。在人类思想史上，就科学性、真理性、影响力、传播面而言，没有一种思想理论能达到马克思主义的高度，也没有一种学说能像马克思主义那样对世界产生了如此巨大的影响。而如何用理论的魅力去征服学生？这是值得每一位思想政治理论课教师去思考的。

思想政治理论课的对象是活生生的人，是那些具有强烈的主体意识、富有独立思考精神、善于接纳新生事物的大学生。这就要求思想政治理论课不仅要研究其实体性的要素，如教育主体、教学设施等，而且要注重其非实体性的要素，如针对性和亲和力对各个教育环节渗透所起的作用。思想政治理论课只有围绕思想政治教育对象的实际状况和实际需要而展开，从客观实际出发，让思想政治理论课具有较强的针对性，才能够真正让思想政治理论课入心入脑。另外，思想政治理论课只有对教育对象具有亲近、吸引、融合的倾向或特征，以及教育对象对思想政治理论课产生和谐感、亲近感、趋同感，即亲和力，思想政治理论课的教学才会真正具有实效性。

二、云南边疆少数民族地区高校学生的特点

思想政治理论课的教学对象是青年学生，青年学生是一个特殊群体，与高中生和步入社会的青年都有所不同；同是青年学生，不同时期的青年学生有共性也有特殊性；同一个时期的学生，不同学校的学生也会有不同。思想政治理论课要注意到这些不同，因材施教。云南边疆少数民族地区的学生思想状况也有其特点，这些学生有的自信心不足，成才目标模糊；有的学生家

庭经济困难，为学费、生活费担忧，造成抑郁或焦虑；还有不少学生就业压力大，为毕业后的去向担忧，等等。针对这样一个群体，要真正让他们能健康成长，必须从他们的客观实际出发，改变单向灌输式的思想政治教育模式，增强思想政治理论课的亲和力，促进学生身心愉悦，端正价值观，使他们成为具有理想信念、政治觉悟和文化素养的全面人才。当然，做到这一点要对老师提出很高的要求，必须加强学术研究，不断提升理论水平。

三、针对性和亲和力在高校思想政治理论课中的重要作用

(一) 增强教学实效性

一直以来，由于对思想政治理论课的重要性认识不够、载体问题、教师的素质等原因，导致我国高校思想政治理论课目前最大的短板就是缺乏针对性和亲和力。由此不难看出，提升思想政治教育的亲和力和针对性，是值得每一位高校思想政治理论课教师去思考，并为之不断努力的目标。

通常，人们会认为教师的教育教学效果取决于教师的智力水平和知识水平，然而国外的研究资料表明：当教师的知识、智力达到某一关键水平后，教学的效果同教师的知识水平及智力水平并无显著的关系。现在，我校大多数教师学历已达标，这就意味着教师的智力水平、知识水平已不再成为影响教学效果的决定性因素，一种非知识性的特殊能力就成为学生高效接受老师信息的载体，这就是我们常说的"亲和力"。古人云：亲其师，则信其道。教师有亲和力，学生对老师的接纳程度就高，对教师提出的问题就能及时作出积极响应，主动思考，获得较好的学习效果。

(二) 促进师生关系的和谐

苏霍姆林斯基说过："常常以教育上的巨大不幸和失败而告终的学校内许许多多的冲突，其根源在教师不善于与学生交往。"现在人们在师生关系上似乎已经形成共识——师生之间应该建立民主、平等的关系；在教学中，教和学之间是相辅相成的。教学中决定教学质量的灵魂是教师和学生，良好的师生关系可以拓宽学生的发展空间，使课堂呈现出"百家争鸣，百花齐放"的局面，使师生在身心愉悦的情况下互促互进。

四、增强云南少数民族地区高校思想政治理论课针对性和亲和力的对策

（一）教师要热爱学生

教师最首要的职业道德规范就是热爱教育事业，而热爱教育事业的核心就是要热爱学生。教师这一职业是一个讲求奉献的职业，一个老师只有在教育中投入了感情，投入了爱，才可能去奉献，才可能真正把工作干好。爱学生，就必须走进学生的情感世界，去感受他们的喜怒哀乐，去了解他们最关心的、最感兴趣的是什么，他们有哪些快乐和痛苦。教师对学生的爱应该是发自肺腑的，这样才能感染学生，这种爱不是高高在上的，是朋友式的平等的爱。只有这样才能走近学生，让学生感受到爱，老师和学生关系融洽，才能有真正意义上的教育。没有爱，就没有教育；没有爱，再好的教育方法也显得苍白无力。

（二）提高教师素质

马克思主义理论教学是高校思想政治教育的重要内容。要让大学生真正接受马克思主义理论，离不开教师富有亲和力的言传身教。但这种亲和力绝不是无原则的"迎合""放任"所带来的"一团和气"，而是源自真理本身的光芒，源自广大教师对真理的笃信与追求所散发出的人格魅力。当前，高校从事思想政治教育的教师队伍整体上积极健康向上，但也不同程度地存在"三类先生"现象。一类是"好好先生"，其主要表现是不讲原则、不敢担当，对于大学生思想领域的大是大非问题，他们往往态度暧昧、立场模糊。另一类是"南郭先生"，他们常常混在"乐队"里比划，缺乏对大学生进行思想政治教育的能力。还有一类是"撞钟先生"，他们缺乏从事思想政治教育的激情与动力，无所用心得过且过。这"三类先生"对高校思想政治教育带来一定负面影响。高校应把教师队伍建设摆在重要位置，促使教师认真履职尽责，自觉做社会主义核心价值观的坚定信仰者、积极传播者、模范践行者。

（三）通过多种学习方式，形成全方位多途径的育人实施体系

高校思想政治理论课教师要把思想政治教育应有的人文情怀贯穿教育教学全过程，使思想政治理论课程富有感染力和吸引力，将思想政治工作做到人的心坎上。在教学过程中，要通过多种学习方式，形成全方位多途径的育

人实施体系，如浸润式学习、探究性学习、体验式学习、情景式学习、跨学科整合式等。通过不同的学习方式，增强教学的亲和力，提高学生学习的积极性，让学生参与到教学中来，真正让思想政治理论课达到育人的目的。在教学过程中，用理论魅力征服学生，讲清楚马克思主义理论本身，并运用马克思主义立场、观点、方法分析实际问题。在分析重大理论和实际问题时需要有历史眼光和国际视野，尽可能让学生了解中国、世界、人类社会从哪里来的，怎么走来的，为什么这样走来，正确认识世界和中国发展大势，思考中国、世界、人类向何处去。引导学生正确认识中国特色和进行国际比较，全面客观认识当代中国、看待外部世界，认识时代责任和历史使命，激励他们把个人的理想追求融入国家和民族的事业。

总之，高校思想政治理论课有其特殊性，并且云南少数民族地区高校学生思想也有其特点，只有围绕思想政治教育对象的实际状况和需要展开，从客观实际出发，改变单向灌输式的思想政治教育模式，让思想政治理论课具有较强的针对性，思想政治工作才能做到人的心坎上，真正做到入心入脑。

参考文献

[1] 王丹丹．高校思想政治理论课教学亲和力的探析——以因事而化、因时而进、因势而新的要求为视角 [J]．课程教育研究，2017 (31)：79-80.

[2] 方世南．提升思想政治教育亲和力和针对性 [N]．光明日报，2016-12-12.

[3] 陈桂蓉，练庆伟．反思与重构：思想政治教育亲和力价值和定位 [J]．福建行政学院福建经济管理干部学院学报，2006 (5)：5.

[4] 刘怀玉．大学生思想政治教育文化亲和力初探 [J]．思想政治教育研究，2008 (6)：4.

[5] 练庆伟．高校思想政治教育亲和力研究 [D]．福州：福建师范大学，2007.

[6] 钱雅文．对增强大学生思想政治教育亲和力的思考 [J]．学校党建与思想政治教育，2009 (7)：69-70.

[7] 石书臣．高校思想政治理论课教师要增强四种意识 [J]．思想理论教育，2009 (1)：49-52.

第二篇

教育教学实效性调研报告

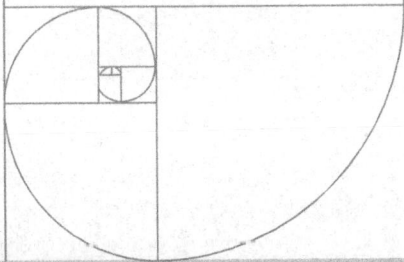

高校思想政治理论课实效性调查与思考

——以大理大学为例

大理大学马克思主义学院　朱瑞华

摘　要： 提高高校思想政治理论课教学实效性是一项重要的实践课题。在问卷调查和师生座谈的基础上，从五个方面分析了思想政治理论课教学实效性的现状，并从确立"合力育人"的体制和观念、实现从教材体系向教学体系的转化、提高思想政治理论课教师的素质等方面提出了相应的对策与建议。

关键词： 高校；思想政治理论课；调查；教学

高校思想政治理论课是对大学生进行马克思主义理论与思想政治教育的主渠道和主阵地，在培养社会主义事业建设者和接班人的工作中具有重要的地位和作用。为增强思想政治理论课教学的针对性、实效性和吸引力、感染力，党中央、国务院于 2004 年颁布了《关于进一步加强和改进大学生思想政治教育的意见》。中宣部、教育部于 2005 年颁发了《关于印发〈中共中央宣传部教育部关于进一步加强和改进高等学校思想政治理论课的意见〉实施方案的通知》，对课程进行了最新调整。从 2006 年新课程体系开设，至今已有 8 年。高校思想政治理论课教学的实效性究竟如何？积累了哪些经验？目前还存在哪些不足？

基于对上述问题的思考，我们研究制作了"高校思想政治理论课教学实效性"调查问卷，并召开了专题的师生座谈会，下面就把调研的情况做一个介绍，并加以分析。

一、问卷调查与师生座谈情况概述

为了准确把握学生对思想政治理论课程教学的认识和态度，同时也为了进一步加强和改进我校思想政治理论课实效性教学，我们在大理学院的两个校区进行了专题调研。调研方式主要是问卷调查和师生座谈。调查样本为部分在校生、思想政治理论课任课教师。采用不计名方式进行问卷调查。我们针对学生与教师两个不同群体设计了两种问卷调查表，本次问卷调查内容涵盖思想政治理论课的学习意义、学习目的、教材内容、课程设置、课堂秩序、教学编排、教学方法、社会实践、成绩考核、师资培训、教学改革、教学效果、要求与期望等方面，均围绕"思想政治理论课教学实效性"展开。向学生发放问卷 250 份，收回有效问卷 237 份；向教师发放问卷 50 份，收回有效问卷 50 份。我们还分别召开了 3 场师生座谈会，学生涵盖了文、理、医、工、艺术、体育等专业的学生，涉及本科、研究生两个层次。比较客观地反映了我校大学生对思想政治理论课程开设和教学的真实感受及心态，为我们准确把握学生对思想政治理论课程教学的认识和态度提供了较为可靠的第一手材料。

二、高校思想政治理论课教学的实效性现状

在对大理学院进行了抽样调查并召开师生座谈会收集到第一手调研资料的基础上，我们将理论分析与实地调研相结合，分析了思想政治理论课实效性现状。

总体而言，高校思想政治理论课教学实效性有喜有忧。具体表现如下：

（一）大学生对学校开设思想政治理论课持肯定态度

在回答"大学期间开设思想政治理论课程是否必要"时，24%的学生认为"非常必要"，40%的学生认为"有必要"，两项相加为64%；在回答"思想政治理论课程对你的思想政治观念是否有帮助"时，有46%的学生持肯定态度；在回答"思想政治理论课程对你以后发展是否有帮助"时，56%的学生认为有帮助。在调查"你认为思想政治理论课对提高学生综合素质的关系有多大"时，学生回答"很有作用"和"作用较大"占 67.5%；在调查"学习思想政治理论课有哪些收获"时，学生回答"获得了有关的政治知识"占 35.2%，"开阔了其他方面的眼界"占 41.7%；在调查"你对思政理论课在解决你个人的实际问题上的看法"时，学生认为"很有帮助"和"有帮助"占 79.7%。

由此看出，个别学者提出的思想政治理论课不受大学生欢迎，只能给学生造成学业负担的说法，并没有事实根据，他们只是把个人想法泛滥开来而已。

（二）思想政治理论课教师得到大学生的认可

思想政治理论课教师作为马克思主义理论教育的信息源头，其自身的素质以及学生对他们的评价，直接影响大学生对其传递的马克思主义理论的接受与否及其接受的程度。那么，大学生对思想政治理论课教师的反馈如何呢？

当被问到"您觉得思想政治理论课授课教师是否敬业"时，大学生给予了较高评价。超过半数的学生（54.4%）认为"敬业"，另有36.6%的学生认为"比较敬业"，两项合计所占比例高达91.0%；只有8.8%的学生选择了"一般"，而认为"不敬业"的学生只有1人，所占比例仅为0.2%。在回答"你认为思想政治理论课教师的政治素质如何？"学生认为"优秀"和"比较优秀"的占78.7%；"你认为思想政治理论课教师的业务水平如何？"学生认为"高"和"比较高"的占72.9%；"你认为课堂上老师是否充分运用文、史、哲等人文社会科学的综合知识来讲解？"学生认为"完全运用，讲授效果好"的占34.8%，"部分运用，力不从心"的占56%；此外，有55%的学生认为教师熟悉授课内容，有78%的学生认为思想政治理论课教师准备充分。这些数据说明了目前高校思想政治理论课教师素质较高，状况良好，得到了大多数学生的首肯，但在综合知识方面尚有欠缺。

因此看来，那些认为思想政治理论课教师能力低、素质差的观点，有失偏颇。身处改革开放大潮，思想政治课教师有困惑，有徘徊，是在所难免的，但是，这些不应该成为影响马克思主义信仰的因素和理由。

（三）思想政治理论课教学可以说是成效显著

教学效果是思想政治理论课教学成败的具体体现。近年来，党和政府非常重视思想政治理论课，各高校认真抓好了思想政治理论课的教学工作，思想政治理论课可以说是成效显著。

第一，成效体现在学生对党的路线方针政策的理解和对国家大事的关注和支持上。

在调查"你认同以下观点吗"时，学生认为"我国坚持四项基本原则很有必要"占50.9%，"中国共产党是代表人民利益和值得信赖的党"占

48.9%，"'三个代表'是马列主义、毛泽东思想、邓小平理论的继承和发展，是中国共产党的指导思想"占41%，"坚持科学发展观"占54.8%；在调查"你对近年来我国在哪些方面成就感到满意"时，学生回答"经济发展"占64.6%，"三农问题"占45.4%，"对外关系"占43.8%；在调查"你关注或了解国际国内的大事有哪些"时，学生回答"反腐倡廉"占41.3%，"与台独势力做斗争"占45.8%，"构建和谐社会"占38.5%。由此可见大多数学生是坚信我们的党和政府领导的，对国家的发展是持肯定和支持态度的。

第二，成效体现在马克思主义理论赢得大部分青年学子的认同。

在学生被问到"马克思被西方媒体评为'千年伟人'，您认为这是因为什么"时，23.9的学生认为"马克思为人类指明了走向光明未来的现实道路"，另有44.7%的学生认为"马克思所取得的成果，至今仍然受到学术界的尊重"，两项合计达68.6%。统计数据说明了，大部分青年学子是关心马克思主义理论及其在人类发展史中的地位和命运的，马克思主义理论以其科学性得到大部分青年学子的认同。

当问及"如果有条件，您是否愿意花些精力阅读马克思、恩格斯、列宁、毛泽东或邓小平等人的原著"时，有62.9%的学生选择了"愿意花较大精力阅读"或"愿意花一些精力阅读"。此外，有47%的学生在业余时间会阅读与思想政治理论课程有关的书籍。

统计数据说明了马克思主义的理论著作对当代大学生还是有一定吸引力的，而这正是我们有效开展思想政治理论教育的基础和前提。

第三，成效还体现在学生对思想政治理论课授课的认可和自我发展上。

在调查"从老师讲解中你能够理解并相信老师的授课内容吗"时，学生回答"可以理解和相信"占37.3%，"可以部分理解和相信"占52.8%，两项之和为90.1%；在调查"你认为思想政治理论课对提高学生综合素质的关系有多大"时，学生回答"很有作用"和"作用较大"占67.5%；在调查"学习思想政治理论课有哪些收获"时，学生回答"获得了有关的政治知识"占35.2%，"开阔了其他方面的眼界"占41.7%；在调查"你对思政理论课在解决你个人的实际问题上的看法"时，学生认为"很有帮助"和"有帮助"占79.7%。此外，学生认为他们最崇尚的品德是"团结友爱、诚实守信、遵纪守法、勤劳正直、尊老爱幼、宽容善良、知恩图报、见义勇为、开拓创新、有责任感"；他们最厌恶的人品是"虚伪奸诈、高傲自大、自私自利、心胸狭窄、无公德心、好逸恶劳、争权夺利、言行不一、不守信用、自以为是、见利忘义、懒惰、无爱心"。可见，大多数大学生爱憎分明，身心健康发展。

由此看来，少数人所谓"思想政治理论课教学毫无成效，可有可无"的观点与事实不符。试想，如果没有思想政治理论课教师在宣传、教育领域的坚守，大学生的马克思主义信念何以巩固、坚持？理论的正能量如何传递？

但是，我们在看到成效的同时，也不能忽视有关问题。比如，对于上面的问题肯定回答的比例还不够高，就从另外一个方面反映出思想政治理论课的效果还不尽如人意，离党和政府的要求还有差距，思想政治理论课教师还任重道远。

（四）大学生对思想政治理论课教材总体不满意

在回答"对思想政治理论课程教材的总体感觉"时，有48%的学生认为一般，21%的学生表示不好，只有4%的学生认为非常好；在回答"思想政治理论课程教材中哪本编写较好"的不定项选择时，没有一本教材的支持率超过50%，相对较好的如《思想道德修养与法律基础》的支持率也只有39%；在同答《哪些教材与中学阶段重复较多》不定项选择时，有46%的学生认为是《毛泽东思想和中国特色社会主义理论体系概论》，更有52%的学生认为是《中国近代史纲要》，总体上每门课与中学阶段都有重复；在回答"思想政治理论课程教材是否具有可读性"时，32%的学生认为没有，34%的学生认为一般。

可见，大学生对思想政治理论课教材总体不满意。座谈中学生表示现行思想政治理论课教材，一是过分注重知识体系的完整，点多面广，"文件化"严重，缺乏对问题的深度解读。二是教材内容往往是对以前实践理论知识的总结和领导人讲话及政策的注释，缺乏对未来发展前瞻性的思考与指导，对当前发生的社会问题往往在理论上不能迅速做出解释与说明。

这些意见反映了大学生对思想政治理论课教材报以更高的期待，希望教材内容既有理论性又有时代性，既有知识性又有趣味性。

（五）思想政治理论课直面现实，解释现实的能力不够

在问到"你觉得自己在思想政治理论课上所学的东西_____"时，多达67.2%的学生认为"理论知识基本正确，但大都是理论堆砌，远离社会现

实和学生思想"；另外还有 10.5% 的学生选择了"基本是假大空，没有什么可学的"；而认为"符合时代潮流，基本贴近学生思想，较能回答现实问题"的学生仅为 21.7%。在调查"你认为思想政治理论课对现实中的疑难、热点问题给出答案了吗"时，学生回答"给出答案，但不理想"占 59.3%，统计结果显示：当前的思想政治理论课直面现实，解释现实的能力明显不够，对大学生关心的一些重大理论热点和难点问题，或缺乏深入研究，或缺乏有效讲解，不能有效回答大学生的理论疑点和现实困惑。

在回答"在运用所学到的马克思主义理论知识解决现实问题上，你目前的情况是_____"时，73.7% 的学生选择了"非常希望能够为生活提供帮助，但不太会自觉有效运用"和"希望能够为生活提供一些帮助，但基本不会有效运用"，而认为"非常希望能够为生活提供帮助，自己也基本上能做到自觉有效运用"的学生仅为 13.5%。这样的统计数据表明，当前高校的马克思主义理论教育，理论与实际相脱节的现象仍然比较严重。教师在课堂上讲解的马克思主义立场和观点多，而马克思主义方法论教育却远远不够。

由此可见，一些学者提出的"当前思想政治理论课的教学，最大的困惑不是理论的问题，而是理论和现实的结合问题"可谓切中要害。就此而言，当前高校思想政治理论课相比"大学生真心喜爱、终生受益的优秀课程"还有相当大的距离。

三、增强高校思想政治理论课教学实效性的对策和建议

每个大学生的政治生活都具有现实性，不能游离于政治生活之外。因而提高思想政治理论课的针对性、实效性、说服力和感染力不仅对于学生的个人发展，而且对于国家和民族未来的繁荣都是有战略意义的。

（一）确立"合力育人"的体制和观念

要切实做好高校思想政治理论课教学工作，必须首先重视工作机制的建设问题。具体来说，应该建立健全高校党委统一领导，党委宣传部与马克思主义学院牵头，教务部门、学生工作部、团委直接参与的领导体制和工作机制；在学校层面制订教育计划、实施教育活动、体现教育成效，从而确保马克思主义理论教育真正落到实处。高校的专业课教师也要改变马克思主义理论教育似乎只是思想政治理论课教师的职责和任务的模糊认识，确立"合力

育人"的教育观念。众所周知,潜移默化的思想政治教育效果要胜于专门性的思想政治教育,同样,专业课教师漫不经心的几句话就可能对思想政治理论课教师精心构建起来的理论框架产生巨大的影响甚至损毁作用,由此,高校专业课教师也应该自觉担负起向学生传递正能量的职责。"合力育人"应该成为所有教师的教育理念和教学诉求。

其次,思想政治理论课教师要对课程有一个清楚明确的定位。第一堂课就应该对课程的性质、目标和具体要求进行阐述,既要将课程的政治性融于教学实践,又不能过于刚性和强制,让学生明确课程能够做什么和课程能达到什么。当然,由于学生的理解和接受因人而异,难免部分学生对课程有保守的或激进的定位,这就需将高校的思想政治理论教学与思想政治工作结合起来,发挥各自优势。高校思想政治理论课与思想政治工作具有一致性,都指向对大学生进行思想政治教育。"思想政治理论课"主要以理论的方式进行,方式单一、渠道狭窄;思想政治工作则方式多样、运作灵活。根据二者的一致性和各自特点,要提高高校思想政治工作的整体效果,就要尝试将思想政治理论课的教学与学生工作、团委的思想政治工作融合起来,实现一体化。

(二) 思想政治理论课教师要实现从教材体系向教学体系的转化

当前,高校思想政治理论课"不好上"或"上不好"已成为困扰不少教师的一大问题。其中,最难的就是课程与现实的结合。调查中,学生普遍希望在课程中能够融入现实性因素,体现时事性和生活化。然而,尽管现在高校使用的教材都是教育部统编的教材,教材质量很高也很成熟,但教材的修订是要时间的,而思想政治理论课是时效性很强的课,现在国际国内形势发展很快,学生要求解决的问题很多,如果教师不能根据形势的变化及时调整教学内容,还是在教学中照本宣科,肯定满足不了学生要求,其教学实效性不能不大打折扣。因此,要求教师在教学中既尊重教材但又不拘泥于教材,要实现从教材体系向教学体系的转化。为此,要处理好以下两个关系:

1. 教学内容的相对稳定与不断更新的关系

思想政治理论课的教学内容相对比较稳定,所涉及的基本原理和基本思想是始终一致的,但这并不意味着教师只讲那些内容,照本宣科是不可能取得好的教学效果的。教师要跟踪、学习、研究最新理论成果,体现时代性，保持思想政治理论课的与时俱进，根据国内外形势的发展变化，研究出现的新问题、新情况，并及时将自己及他人的新的研究成果充实到讲义中，不断更新教学内容，做到充分结合理论发展、国家发展、形势发展，把党中央的新思想、新精神及社会关注的热点、焦点问题及时补充进教学内容中，使课堂教学具有新鲜感、时代感，更好地吸引学生，增强教学效果。

2. 教学内容的思想性与知识性的关系

思想政治理论课的教学不是纯粹的理论知识讲授，它的思想性和理论性鲜明。教师在教学时，应将思想性、理论性与知识性有机结合起来，要结合学生实际，把学生中存在的思想疑惑、心理问题以及关注的热点问题等补充到教学内容中。教师应该做到对自己所教授对象的成长环境、共同的成长经历、这一代人的共同兴趣点、关注点、需求点，有一个很好的把握，在阐述理论、对学生进行思想政治教育的同时，给学生以新的知识和新的信息，做到寓思想性于知识性中，方能收到好的教学效果。

(三) 提高思想政治理论课教师的素质

与其他学科相比，高校思想政治理论课的特殊性在于，它不仅仅向学生传授知识，更重要的是通过知识的传播和教师的言传身教使学生树立科学的世界观、正确的人生观、价值观，从而达到育人的目的。在调查中发现，同样是思想政治理论课，在学校有的可以成为最受学生欢迎的课，有的则成为最不受欢迎的课，说明教师仍然是提高思想政治理论课教育教学效果的关键。因此，提高思想政治理论课教师的素质尤为重要。

一是要提高思想政治理论课教师的思想道德素质。教师的思想道德素质直接影响大学生对其所讲内容的接受和评价。在调查中，当问到"你认为教师的言行是否一致对授课效果有无影响"时，学生认为"有影响"的占45.8%，"关注教师言行，但不会把它同教学内容联系起来"的占31.3%，两项之和为77.1%；当问及"你认为思想政治理论课教师的学识和人格魅力哪一个更重要"时，学生认为"两者都重要"的占56.4%，说明了学生比较关注教师的言行、学识和人格魅力，教师的理想信念、道德情操、人格魅力直接影响到学生思想政治素质的养成，直接影响教学的实际效果。因此，思想政治理论课教师要不断提高师德水平，努力成为学生健康成长的指导者和引路人。教师以全身心投入教学工作的敬业精神、较高的学识水平和良好的师德形象展现在学生面前，自然会受到学生的敬重，从而引起品格心理的共鸣，才能使学生"亲其师""信其道"，以至达到"敬而受教"的境地。

二是要提高思想政治理论课教师的理论素质。教学水平的高低与教师的理论素质高低密不可分，知识渊博、治学严谨的教师一定是学生喜爱的教师。为此，思想政治理论课教师一定要树立终身学习的理念，大量阅读马列原著，搞清楚理论的根源，具有扎实的马克思主义理论功底；要努力钻研教材，领会教材的精神实质，能自如地将教材体系转化成教学体系；要时刻关心国内外形势的变化，及时弄清楚党的路线、方针、政策的实质，关注时代的焦点、热点和难点，能正确、清楚地解答大学生提出的各种热点和敏感问题，而不是对某些问题采取回避的态度；要积极参加各种培训，不断充实自己的信息量，更新自己的知识体系，博采众长，努力提高自己的理论水平。

调查中，学生对"你最不能容忍思想政治理论课教师的行为是＿＿＿＿"这一问题的回答中，排在前几位的分别是"表里不一、说一套做一套""上课不认真、敷衍了事""学术水平和能力较差""夸夸其谈、不着边际"，与此形成对照的是，在对"学生喜欢的思想政治理论课教师类型"的回答中，学生着重选择"知识渊博""品格高尚""语言生动""热情主动""有仪表风度"，这些都是对思想政治理论课教师自身行为的真实反映，值得广大思想政治理论课教师加以关注。

参考文献

[1] 郭伟. 高校思想政治理论课调查报告 [J]. 萍乡高等专科学校学报，2006（5）：41-44.

[2] 袁贵仁. 努力把高校思想政治理论课建设成学生真心喜爱终身受益毕生难忘的优秀课程 [N]. 中国教育报，2010-05-14.

[3] 赵卯生，邰丽华，王颖，等. 高校思想政治理论课教学实效性调查研究 [J]. 德育，2009（7）：47-49.

[4] 聂阳，赵世超. 高校思想政治理论课实效性现状、问题及对策分析 [J]. 科技文汇，2011（1）：17-18.

［5］吴丽娜．浅议提高《毛泽东思想和中国特色社会主义理论体系概论》课的教学实效性［J］．科技信息，2011（1）：76，78.

［6］彭升．对提高高校思想政治理论课实效性的思考［J］．长沙铁道学院学报（社会科学版）2010（4）：77-78.

关于进一步加强和改进大理大学
思想政治理论课建设的思考

大理大学马克思主义学院　赵金元　杨曙霞

近几年，由于认真贯彻落实《中共中央国务院关于进一步加强和改进大学生思想政治教育的意见》（中发〔2004〕16 号）、中共中央宣传部、教育部《关于进一步加强和改进高等学校思想政治理论课的意见》（教社政〔2005〕5 号），即实施高校思想政治理论课"05 方案"，我校思想政治理论课建设取得了显著成效。但是，面对 2011 年 1 月教育部颁布的《高等学校思想政治理论课建设标准》和 2012 年 6 月云南省高校工委颁布的《云南省高等学校思想政治理论课建设测评标准》（试行），特别是对照中共中央办公厅、国务院办公厅《关于培育和践行社会主义核心价值观的意见》《关于进一步加强和改进新形势下高校宣传思想工作的意见》及中央宣传部、教育部关于《普通高校思想政治理论课建设体系创新计划》的要求，大理学院思想政治理论课建设还存在不少问题，为了切实增强教学的针对性和实效性、吸引力和感染力，更好地培养合格人才，需要进一步加强和改进思想政治理论课建设。

一、进一步深刻认识新形势下加强和改进高校思想政治理论课建设的重要性

（一）马克思主义是我们立党立国的根本指导思想，是全党全国人民团结奋斗的共同思想基础，而高校肩负着学习研究宣传马克思主义、培养中国特色社会主义事业建设者和接班人的重大任务

高等学校思想政治理论课承担着对大学生进行系统的马克思主义理论教育的任务，是对大学生进行思想政治教育的主渠道。

意识形态工作是党和国家一项极端重要的工作，高校思想政治理论课承

担着意识形态宣传教育的重要任务。高校是意识形态工作的前沿阵地，肩负着学习研究宣传马克思主义，培育和弘扬社会主义核心价值观，为实现中华民族伟大复兴的中国梦提供人才保障和智力支持的重要任务。做好高校宣传思想工作，加强高校意识形态阵地建设，是一项战略工程、固本工程、铸魂工程，事关党对高校的领导，事关全面贯彻党的教育方针，事关中国特色社会主义事业后继有人，对于巩固马克思主义在意识形态领域的指导地位，巩固全党全国人民团结奋斗的共同思想基础，具有十分重要而深远的意义。而高校思想政治理论课则是意识形态工作的前沿主阵地。

从学校党政领导到全体教职工，特别是思想政治理论课教师，必须进一步深入认识、理解和把握以上高校思想政治理论课的重要作用。

（二）新的形势对高等学校思想政治理论课教育教学提出了新的任务和要求

当今世界正处在大发展、大变革、大调整时期，世界多极化、经济全球化深入发展，科学技术日新月异，综合国力竞争日趋激烈，各种思想文化交流、交融、交锋更加频繁。我国改革开放进一步深入，社会经济成分、组织形式、就业方式、利益关系和分配方式日益多样化。如何引导大学生正确认识当今世界错综复杂的形势，把握国际局势的发展变化和人类社会的发展趋势；如何引导大学生正确认识国情和社会主义建设的客观规律，增强在中国共产党领导下全面建成小康社会、加快推进社会主义现代化、实现中华民族伟大复兴的自觉性和坚定性；如何引导大学生坚定对中国特色社会主义的道路自信、理论自信和制度自信；如何在大学生中有效培育和践行社会主义核心价值体系和核心价值观；如何引导大学生正确认识肩负的历史使命，努力成为德智体美全面发展的中国特色社会主义事业的合格建设者和可靠接班人，是必须认真研究解决的重大而紧迫的课题。对此，我们必须进一步加深认识。

（三）思想政治理论课肩负着推动社会主义核心价值体系建设及核心价值观培育和践行的重要职责

建设社会主义核心价值体系，是我们党在中国特色社会主义文化建设上的重大理论创新和根本任务，是社会主义意识形态的本质体现，是兴国之魂，决定着中国特色社会主义发展方向；社会主义核心价值观是社会主义核心价值体系的内核，体现社会主义核心价值体系的根本性质和基本特征，反映社会主义核心价值体系的丰富内涵和实践要求，是社会主义核心价值体系的高度凝练和集中表达。大学生不仅学识水平较高，而且对社会其他群体具有重要影响和示范作用，是社会主义核心价值体系建设和核心价值观培育践行的重点群体。要把社会主义核心价值体系和核心价值观体现到课程设置各领域，贯穿到教育教学各环节，帮助大学生在科学理论指导下形成共同的理想信念，强大的精神力量和基本的道德规范，使其真正成为社会主义核心价值观的坚定践行者。

（四）大理学院的思想政治理论课建设取得了显著成绩，也还存在不少问题

由于学校党委行政高度重视，把思想政治理论课作为大理学院第一课来建设，组织管理得到有效加强，教学机构独立，专项经费得到保障，马克思主义中国化最新理论成果进教材、进课堂、进学生头脑工作不断深入，马克思主义理论学科和学位点建设扎实推进，教学方式方法不断改进，教师队伍建设得到加强。思想政治理论课在引导大学生坚定对马克思主义的信仰、对社会主义的信念，增强对改革开放和现代化建设的信心、对党和政府的信任，培养合格建设者和可靠接班人等方面，发挥了重要的作用。2006年被云南省教育厅专家组评估为优秀等级学校，在2010年教育厅专家组的再次检查评估中也得到专家组的一致好评。但是，面对新的变化和新的情况，根据教育部和云南省教育厅颁布的思想政治理论课新的建设标准和测评标准，特别是对照中共中央办公厅、国务院办公厅《关于培育和践行社会主义核心价值观的意见》《关于进一步加强和改进新形势下高校宣传思想工作的意见》及中央宣传部、教育部关于《普通高校思想政治理论课建设体系创新计划》的要求，我校思想政治理论课建设还存在不少问题：学校党委、行政对思想政治理论课教学、科研及学科建设工作的领导有待进一步加强；思想政治理论课作为系统工程，各有关部门之间的统筹协调有待进一步加强；教学的针对性和实效性需要进一步增强；实践教学如何有效开展有待进一步探索和研究；思想政治理论课教师的课时等津贴有待进一步保障；有影响、有特色的教学改革成果少；教学和学术团队建设及教学科研带头人的培养有待加强；学科和学位点建设需要进一步加强和改进；思想政治理论课教师没有能够为全校

研究生开出公共选修课，等等。对此，我们要有充分认识，要有紧迫感和责任感。

二、进一步加强和改进对思想政治理论课的组织管理

（一）进一步明确我校思想政治理论课的领导体制

我校思想政治理论课建设，由学校党委直接领导，协调校行政负责实施，分管校领导具体负责。党委书记、校长是第一责任人，学校成立思想政治理论课建设领导组，分管的党委副书记任组长，教学副校长任副组长，是具体责任人。党委宣传部、教务处、人事处、计财处、科技处、研究生处、校团委、学生工作部（处）、马克思主义学院都是领导组成员，相互之间的统筹协调需要进一步加强。

（二）进一步完善我校思想政治理论课的工作机制

学校党委会议、校长办公会和学校思想政治理论课建设领导组每学期至少召开一次专题会议研究工作，对思想政治理论课建设中存在的问题做出决议；学校党政主要领导和分管领导要经常深入课堂听课，每学期分别到堂听课2次以上，并定期进行思想政治理论课教学工作汇报，解决实际问题；学校要把思想政治理论课建设列入学校事业发展规划，所有课程作为学校精品课程加以建设，并优先参加省级精品课程公开课的评选；进一步做好马克思主义理论校级一类重点建设学科及省级立项建设一级学科硕士点的建设，每年至少进行一次专项督查；学校宣传、人事、教务、研究生处、财务、科研、团委、学工等党政部门和思想政治理论课教学科研机构应进一步强化责任意识、各负其责，又要进一步加强相互配合，进一步落实好思想政治理论课教育教学、学科建设、人才培养、科研立项、社会实践、经费保障等各方面政策和措施。

（三）继续加强我校思想政治理论课教学机构建设

继续坚持并不断强化独立设置直属学校领导的、与学校其他二级院（系）行政同级的思想政治理论课教学科研组织二级机构——马克思主义学院，承担全校本科生和研究生思想政治理论课教学任务，统一管理思想政治理论课教师，同时作为我校马克思主义理论学科点的依托单位，承担马克思

主义理论科学研究、学科建设、研究生培养等工作；更好地为马克思主义学院配备必要的教学设备和基本的图书资料，以保证满足教学、科研及办公的需要。

（四）学校进一步保障思想政治理论课专项经费的划拨并随着学校经费的增长逐年增加

学校在保障思想政治理论课教学科研机构正常的各项经费的同时，按在校学生总数每生每年不低于 25 元的标准（2012 年）提取专项经费，用于教师学术交流、考察等，并随着学校经费的增长逐年增加。应增加思想政治理论课实践教学的专项经费，以保障实践教学的全覆盖。还应增加思想政治理论课图书资料建设的专项经费，以满足教师教学和科研走上前沿的需要。

三、进一步加强和改进思想政治理论课的课程建设和教学管理工作

（一）进一步健全和完善我校思想政治理论课的管理制度

我校思想政治理论课教学要进一步健全和完善教学管理制度。特别要健全和完善集体备课制度，修改完善听课评课制度以及教学内容和教学质量监控制度，检查、评价和反馈制度，并严格执行各项管理规章制度。修改完善《马克思主义学院教学管理规程》《马克思主义学院教学质量监控体系》等各项教学管理规章制度，完善"四级听课"制度、"三级评教"体系和教学督导制。进一步规范学院和教研室两级教学档案建设和管理。

（二）严格按照中央要求设置我校思想政治理论课课程

继续严格按照"05 方案"的要求和教育部关于高校思想政治理论课课程建设标准设置和加强我校本科生的思想政治理论课；严格按照中宣部、教育部的要求实施研究生思想政治理论课新方案，根据学校培养人才层次，落实课程和学分及对应的课堂教学学时，不挪用或减少课时；要求马克思主义学院教师充分发挥自身优势，要为本科生开出更多的通识选修课，并积极创造条件开设研究生层次与思想政治理论课匹配的公共选修课。

（三）应继续严格按要求合理安排课堂教学的规模和时段

思想政治理论课继续坚持安排科学合理的授课班级规模和课堂教学时段。

应尽量把课堂规模控制在100人以内，尽量鼓励小班或自然班教学；合理安排教学进度，认真组织填写教学进度计划表，检查教学进度的执行情况；合理安排课堂教学时间，一般不安排在周末和晚上。

（四）有效推进我校思想政治理论课实践教学的开展

把实践教学纳入培养方案，落实学分、教学内容、指导教师和专项经费，建立更多的能够满足教学需要的相对稳定的校外实践教学基地，每年应再建设2~3个实践教学基地，使实践教学覆盖大多数学生。本科生的课程严格按照教学计划中的2学分36学时安排实践教学环节，合理分配到各门课程中；进一步强化实践教学的目的性、计划性、组织性，有内容、有指导、有时间、有经费、有考核，不流于形式，安排在每学期的教学课时中，实践方案反映在教学进度计划表中；以组织学生开展课题调研、带学生到实践教学基地参观考察、听取相关讲座、开展公益劳动和社会服务、与学校团学部门组织的暑期"三下乡"社会实践活动相结合、与"青马工程"、专业实习、课外科技文化活动以及"三生教育"的实践活动相联系等灵活多样的方式组织开展实践教学；实践环节的课时津贴应以理论课计发，开展实践教学环节的经费应由学校再专门划拨；进一步要求师生认真撰写实践教学报告，做到不断总结、完善；逐步使实践教学覆盖多数学生直至所有学生，切实使学生在社会大课堂中接受锻炼，增长才干。

（五）应不断探索教学方法和考试评价方式的改革

积极探索教学方法改革、优化教学手段，改革考试评价方式，建立健全科学的考试考核评价体系。努力在实现理论教学与实践教学的结合、课内学习与课外学习的结合、校内教育与校外教育的结合上下功夫，不断探索和完善专题教学、案例教学、课堂讨论等多种教学方法；优化教学手段，购置必要的音像教学资料，鼓励教师采用多媒体教学；改革考核评价方式，建立相对科学的考核评价体系，注重对学生学习过程的考核，注重考核学生"三观"提高的情况及分析和解决问题的能力；不断加强对教学改革和考核评价方式改革实践经验的总结。

（六）积极创造条件培育和形成我校思想政治理论课较多高层次的教学成果

学校不仅应把思想政治理论课列入校级以上教学成果类奖项系列评选

中，而且应该给予适当的倾斜。积极组织推荐思想政治理论课各门课程参评校级以上精品课程、教学成果奖、"精彩"系列等评选活动，并给予一定的倾斜，使我校思想政治理论课通过建设能够获得一些较高层次的教学成果等奖项，进一步提升我校思想政治理论课的质量、形象和影响力。

四、进一步加强和改进思想政治理论课的队伍建设

（一）应始终坚持正确的政治方向

思想政治理论课教师的引进和培养，要进一步严格把握教师正确的政治方向，扎实的马克思主义理论基础，良好的思想品德、职业道德、责任意识和敬业精神，在事关政治原则、政治立场和政治方向的问题上与党中央保持一致等相关情况；进一步要求思想政治理论课教师必须有坚定的马克思主义信仰，牢固的中国特色社会主义理想信念，使思想政治理论课教师进一步增强中国特色社会主义的道路自信、理论自信和制度自信，真正做到"真学、真懂、真信、真教"。进一步以各种形式不断加强师德师风建设，提升思想政治理论课教师的精神境界和人格修养，使其成为教书育人的典范；对教马列不信马列的教师，考核时必须严格实行"一票否决"，取消其思想政治理论课的教学资格。

（二）严格按照中央和教育部的有关要求选配教师

应进一步要求学校按照不低于师生1：（350~400）的比例配备思想政治理论课专任教师，研究生思想政治理论课专任教师也应该按相当比例配备（编制在思想政治理论课教学科研机构中），在未来3~5年内，应使我校思想政治理论课专任教师总数达到50人左右；同时培养一支数量相当、质量较高的思想政治理论课兼职教师队伍，兼职教师必须具有硕士研究生以上学历和相关专业背景，按学校有关规定考核合格，具有教师资格，原则上应是中共党员。

（三）进一步加强培养培训，提高教师的素质及学历层次和职称层次

思想政治理论课新任、专任教师必须参加省级岗前培训，持证上岗；所有专任教师必须参加省级或中宣部、教育部组织的示范培训或课程培训或骨干研修；每学年至少安排1/3的专任教师开展社会考察、学术交流等活动；

每位思想政治理论课专任教师每 4 年至少安排一次脱产或半脱产进修；坚持引进与培养相结合，不断提升思想政治理论课专任教师的学历层次，鼓励支持专任教师攻读马克思主义理论相关学科博士，3~5 年内使具有博士学位教师达到专任教师总数的 25% 以上；进一步鼓励思想政治理论课教师多出成果，出好成果，不断提升思想政治理论课教师的职称层次，3~5 年内使具有教授职称的教师占专任教师的比例达到 20% 以上。

（四）争取使思想政治理论课教师的经济待遇达到中等以上水平

坚持把思想政治理论课教师的岗位津贴和课时津贴等纳入学校内部分配体系统筹考虑，使思想政治理论课教师的工作量、课酬计算标准与其他专业课教师一致，教师的实际平均收入不低于或略高于本校相关专业院系教师的平均水平。

五、进一步加强和改进思想政治理论课的相关学科建设

（一）进一步加强和改进我校马克思主义理论学科建设

马克思主义学院承办的马克思主义基本原理概论、思想政治教育、马克思主义民族理论与政策等硕士点，其首要任务是为我校思想政治理论课教育教学服务，为其提供坚实的学理（学科）支撑。为此，必须进一步加强马克思主义理论校级一类重点建设学科和省级立项建设一级学科硕士点的建设工作，进一步凝练学科方向；进一步加强现有二级学科硕士点的建设，加强学术带头人和学科带头人的培养，加强学科团队建设，加强课程建设；坚持马克思主义理论学科点不办本科专业、不招收本科生；使马克思主义理论学科的学术骨干都成为思想政治理论课的教学骨干，要求每一位导师至少承担思想政治理论课一门课的教学任务；应创造条件，鼓励思想政治理论课教师多开设本科生和研究生的公共选修课。努力实现学科、课程、队伍和科研四者的良性循环，协调发展。在未来 3 年内，争取使马克思主义理论成为一级学科硕士学位授权点，并争取申报省级重点优势特色学科，使在校研究生规模达到 150 人左右；在搞好学科和硕士点建设的基础上，争取与扶持大理大学的高校联合招生和培养博士研究生。

（二）进一步重视和加强教师的科研工作

同教育部和云南省设立的相关专项课题相对接，应向学校争取设立我校

思想政治理论课教育教学研究专项课题或恢复设立我校的校级德育专项课题。创造条件支持思想政治理论课教师申报各级各类课题，每年应努力动员 40%以上的教师申报各类高层次科研课题；同时更要注重培育和推出更多高水平的学术成果，并鼓励教师参评各种科研成果奖等。应力争在 3~5 年内增加 10项左右省部级以上科研课题立项，增加 2 项以上省部级科研成果奖，从而使思想政治理论课教师的科研能力与水平显著提升。

六、进一步培育和凝练我校思想政治理论课建设的特色

（一）应进一步处理好学科、科研、课程和队伍建设之间的关系，使学科建设更好地服务于思想政治理论课建设

使学科建设更加有效地促进教师教学科研水平的提高，提升思想政治理论课教师队伍的职称结构和学历结构、提高其素质和水平，千方百计吸引和稳定高层次人才，最终促进我校思想政治理论课建设整体水平的提高。进一步形成以思想政治理论课教学为中心，以马克思主义理论学科和学位点建设为龙头，以师资队伍建设为关键，以科研促教学，实现四者之间良性循环、协调发展的态势。

（二）应以社会主义核心价值体系建设和社会主义核心价值观的培育和践行为主线，进一步协调各有关部门共同搞好思想政治理论建设

应充分发挥思想政治理论课作为我校社会主义核心价值体系建设和社会主义核心价值观培育的主渠道作用；进一步把学校党校教育、"青年马克思主义者培养工程"作为思想政治理论教育的深化和重要补充，使学生中的先进分子、骨干分子经过培训，在坚定对马克思主义和中国特色社会主义的理想信念方面发挥积极影响和示范作用；进一步把思想政治理论课教学与团学部门和各院系组织的暑期大学生"三下乡"社会实践活动有机结合起来；进一步正确处理好思想政治理论课教育与大学生心理健康教育、"三生教育"之间的关系，充分发挥大学生心理健康教育和"三生教育"的德育功能。使思想政治理论课建设最大限度地形成合力，充分发挥其在大学生思想政治教育系统工程中应有的作用。

（三）进一步加强和改进我校形势与政策课教学

进一步在形势与政策课教学与改革方面强化自己的特色。坚持把"形势

与政策"课程作为公共必修课纳入教学计划；坚持全学程开设，每个学期16学时，共计2学分；加强和完善学校"形势与政策课领导小组"和由党委宣传部和马克思主义学院牵头，教务处、团委、学生工作处配合进行教学组织管理的领导和组织机制；在教学内容和方式上，理论教学与实践教学结合。课程的组织管理继续强化五个"落实"、三个"统一"、集体备课（"任课教师落实""教学时间落实""考勤检查考核落实""经费待遇落实""教学条件落实"；"统一时间""统一教案""统一课件"；每一讲的教学内容都进行集体备课）。我校该课程的做法已形成一定特色，成效显著。下一阶段，要进一步总结和凝练形势与政策课建设的经验和特色，做好校级重点教改项目的研究，争取申报省级教改项目，形成高质量的教改成果，申报高层次教学成果奖。进一步提高教学质量，增强教学效果。

大学生《中国近现代史纲要》课程 学习情况调查研究

——以大理大学 600 名学生问卷调查为基础

大理大学马克思主义学院　　李戎戎

摘　要：本文通过调查问卷的方式，调查了大理大学思想政治理论课《中国近现代史纲要》学生学习情况，进行了定性与定量的分析。并就该课程如何提高课堂教学质量进行了思考，提出了建议。

关键词：中国近现代史纲要；学生学习；调查研究

大理大学《中国近现代史纲要》课程自 2006 年开设以来，教学效果在不断提高，并取得了一定的成绩。当前学生的学习情况如何？今后这门课程的教学应该如何进一步改进与提高？为了解教学的基本情况，以促进教学改革和提高教学质量，我们从 2012 年 9 月起，连续三年对开设这门课程的 2012 级、2013 级和 2014 级全日制在校本科一年级学生进行了问卷调查。

本调查每个年级发放 200 份，累计三年共发放问卷 600 份，问卷调查采用集中填答式方式进行，收回问卷 572 份，有效问卷 565 份，回收率达95.3%，有效率达 94.2%。本次问卷的调查对象中，文科类学生 170 人，占28.3%，理医类学生 322 人，占 53.7%，体育、艺术类学生 108 人，占 18%。问卷调查内容包括学生的学习态度、学习途径和阅读情况、课堂教学状况、网络对课程学习的影响、教学实践五个方面，并对情况进行了分析，为探索增强《中国近现代史纲要》课教学实效性夯实了基础。

一、关于学习态度

在这方面，我们共设计了三方面的问题：一是关于高校政治理论课开设《中国近现代史纲要》的必要性；二是对《纲要》课的学习兴趣；三是学习《纲要》的现实意义以及对大学生的影响和帮助。学生回答情况及分析如下：

（一）学习《中国近现代史纲要》课程的必要性

图1和图2可以看出近94%的人认为作为大学生有学习《中国近代史纲要》课程的必要，而仅6%的人认为学习《中国近代史纲要》课程没有必要或无所谓，看出大多数大学生还是有强烈的历史荣誉感的，并努力去学习历史。但是虽然很多大学生认为学习中国近现代史非常必要，但只有不到四分之一的大学生以积极地态度来学习中国近代史。而绝大多数大学生的学习态度一般，甚至更多的人的学习态度是差劲的。

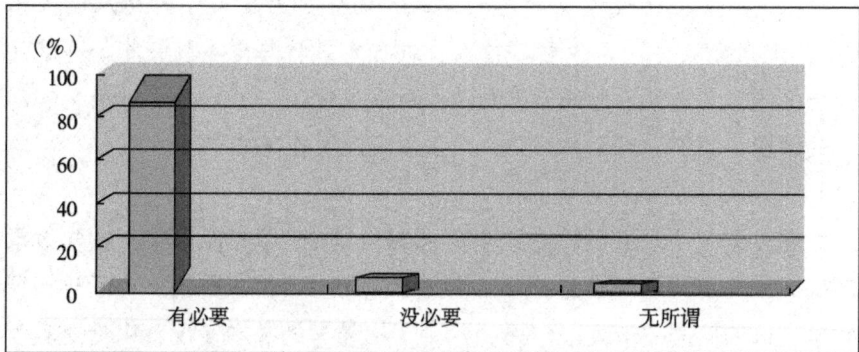

图1 认为大学阶段开设《中国近现代史纲要》课程的必要性

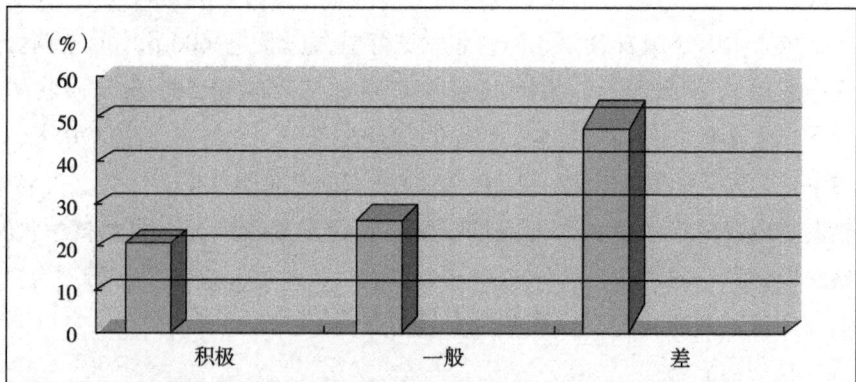

图2 大学生对《中国近代史纲要》课程的学习态度

(二) 对《中国近现代史纲要》课程的学习兴趣

由图3、图4可知, 学生对这门课程感兴趣和主动去学习的比例都不太理想。

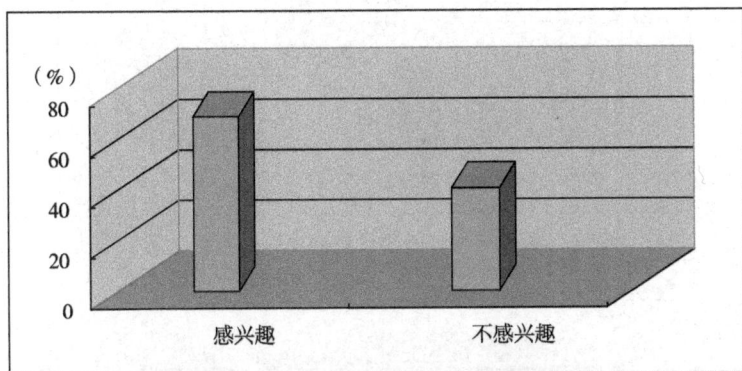

图3 你对《中国近代史纲要》课程学习感兴趣吗

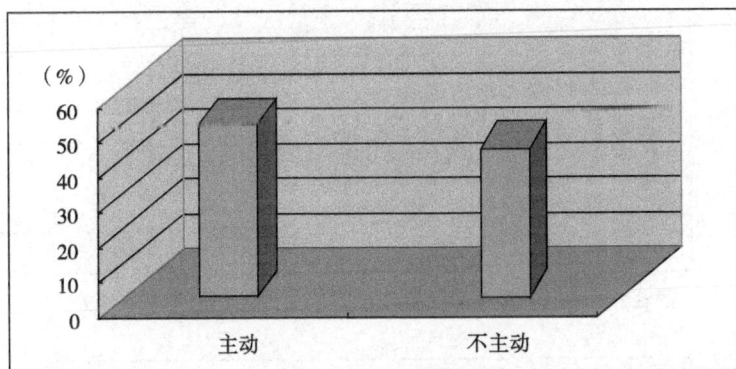

图4 平时会不会主动去学习这门课程

(三) 学习《中国近现代史纲要》课程的现实意义以及对大学生的影响和帮助

从图5~图7中可以看出, 在大学生中开设《中国近现代史纲要》课程是十分必要的,《中国近现代史纲要》课程开设的意义得到大多数同学的肯定。从《中国近现代史纲要》课程开设的目标看, 基本目的是达到了。许多同学通过这门课程的学习, 增强了对中国国史和国情的了解, 增强了对祖国的热爱之情, 但是同学对这门课程的兴趣是有限的, 主动学习的积极性不够高。

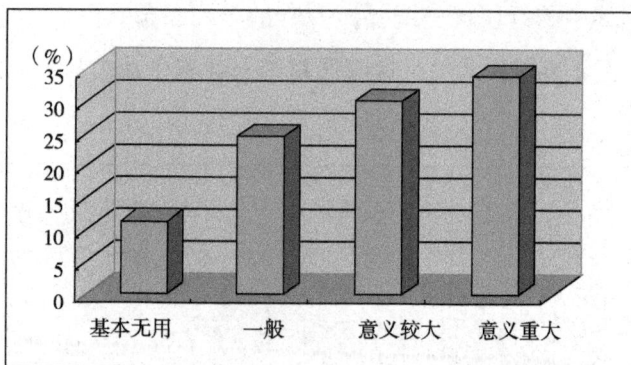

图5 你觉得学习《中国近现代史纲要》课程现实意义如何

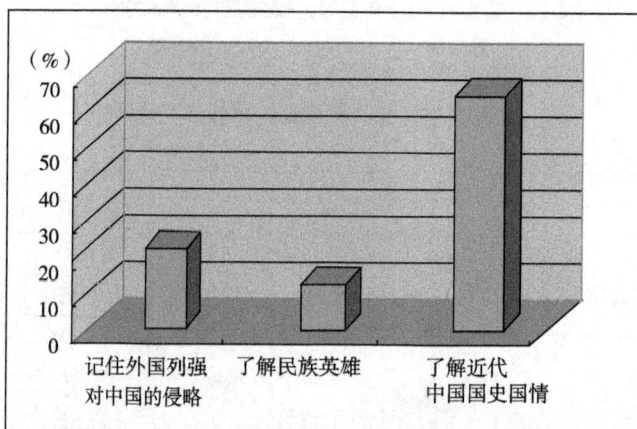

图6 你认为学习《中国近现代史纲要》课程的意义主要是

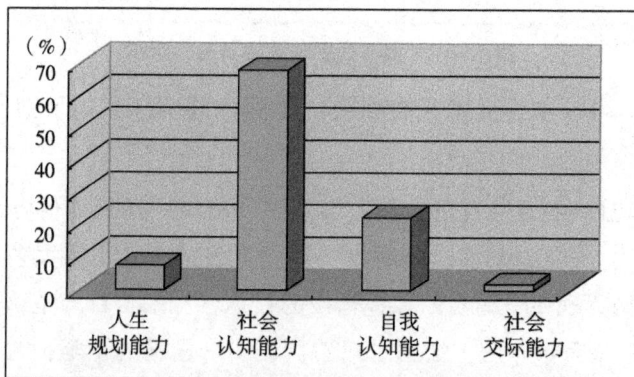

图7 学习《中国近现代史纲要》课程可以提升哪方面的能力

二、关于学习的途径和阅读情况

(一) 学习途径

绝大多数同学学习近现代史主要是通过上课的方式，看书和看电视剧的比例也不算小，值得注意的是，通过网络学习的比例已超过看书和看电视，见图8。

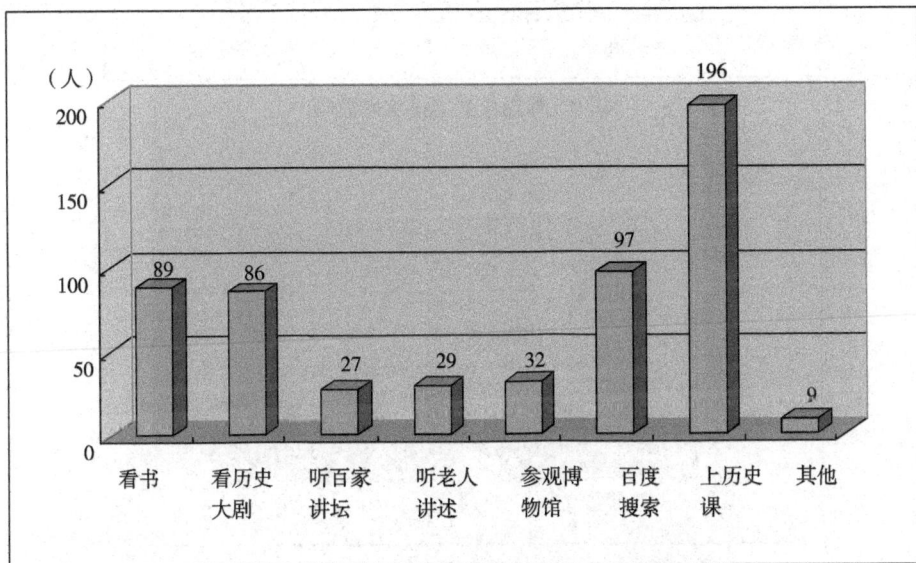

图8 学习《中国近现代史纲要》课程的途径调查

(二) 阅读情况

关于阅读情况设计了六个问题：

从图9~图14数据来看，大学生的课外历史阅读数量、种类和时间都偏少，这与同学的主观态度有直接关系。而且，同学读书有些盲目，教师在指导同学阅读的过程中只起到相当有限的作用。当然，学校硬件设施也是重要的，比如校图书馆的藏书和条件能否为学生提供良好的阅读条件。此外阅读环境的氛围也是重要的，比如组织开展倡导历史阅读的活动，鼓励健康阅读等。

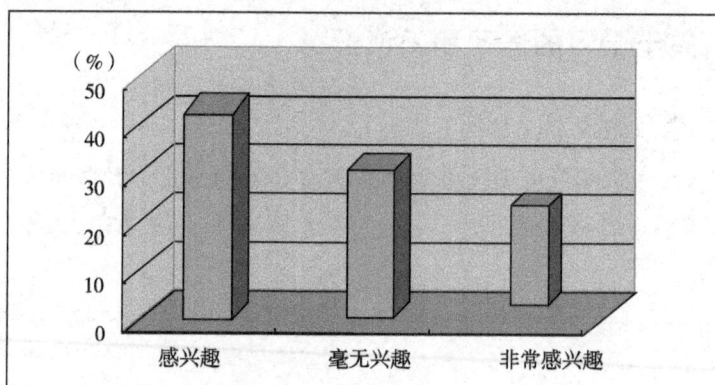

图 9 你对历史书籍感兴趣吗

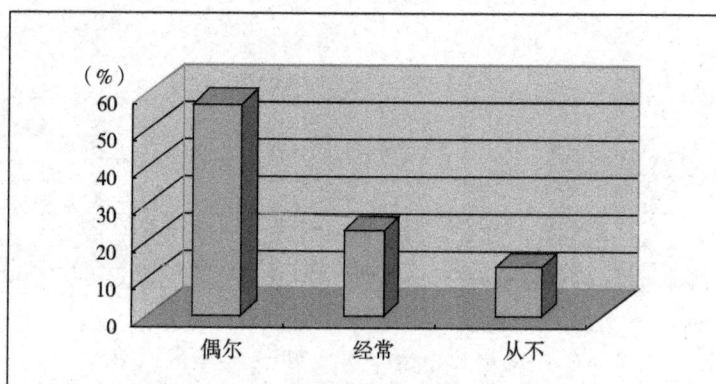

图 10 阅读历史书籍的频率

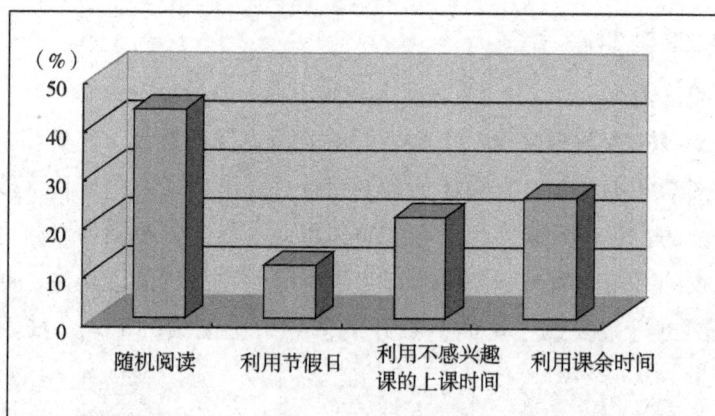

图 11 阅读时间的分配

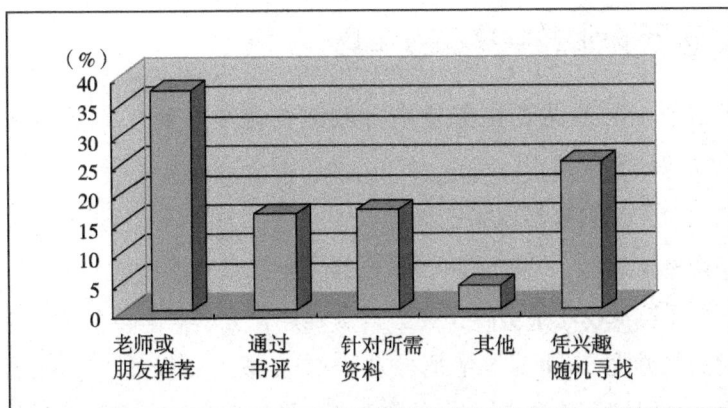

图12　选择书籍的方式

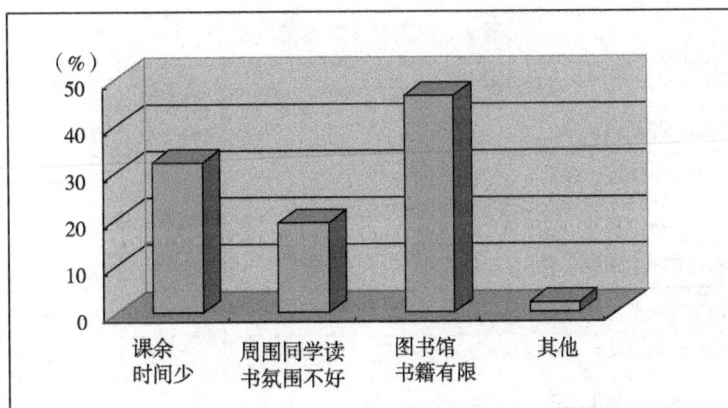

图13　阅读中遇到的问题

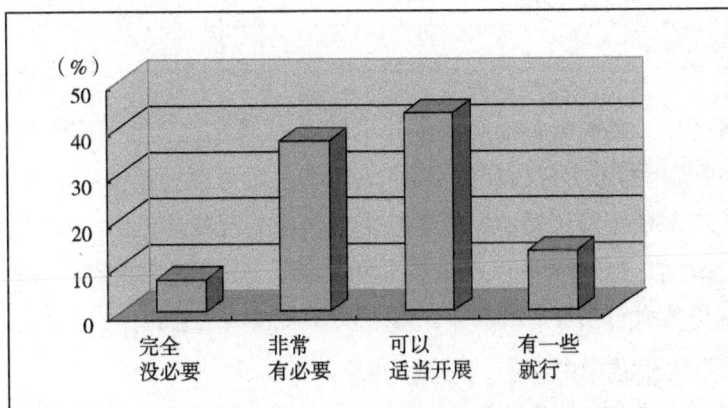

图14　学校是否应该多开展一些读书活动

三、关于课堂教学状况与建议

关于这个主题的调查主要是来自教师在教学过程中对学生发放的问卷，主要分为三个方面：

（一）关于课堂教学效果的评价

从课堂教学来看，大部分同学对教师的教学是肯定的。这说明，只要教师在教学中能够理论联系实际、突出重点难点，并针对学生的思想实际引导学生积极思考问题，针对学生把握好讲课的深浅度以适合学生的理解水平，就能够达到较好的教学效果。调查也表明，教师在运用多媒体手段辅助教学方面受到学生欢迎，如表 1 所示。

表 1　课堂教学效果的评价

项目类别	比较好	一般	比较差
老师讲授能够理论联系实际	84.3%	14.6%	1.1%
老师讲课能够划分重点、难点	65.5%	29.3%	5.2%
老师讲课的深浅度适合学生的理解水平	75.0%	22.7%	2.3%
上课讲课能促进学生积极思考，富于启发性	68.6%	26.7%	4.7%
老师能够提出参考书并指导学生课外阅读	40.0%	48.5%	11.5%
老师讲课能针对学生的思想实际，具有针对性	45.3%	48.9%	5.8%
上课能提出问题组织学生讨论	50.3%	42.8%	6.9%
课堂气氛活跃	39.5%	50.3%	10.2%
老师课后能通过多种方式与学生交流	26.0%	63.2%	10.8%
多媒体教学有效果	70.8%	27.9%	1.3%

而有些项，则说明教师的课堂教学在"讲课方式灵活，课堂气氛活跃""老师能够提出参考书并指导学生课外阅读""老师课后能通过多种方式与学生交流"方面还不能达到学生的学习要求。这些问题的提出，说明学生存在通过课外阅读、深入学习以扩大视野的愿望。希望课堂教学气氛能更加活跃，而这正是我们教学中的弱点，是应该积极加以改进的。

（二）关于教学中存在的主要问题

从表 2 中学生的回答来看，比较突出的问题是"进度太快笔记跟不上"。

《纲要》概括了从 1840 年至今 160 多年的历史，而学分则只有 2 学分，36 课时，其中还包括 6 个课外实践的课时。因此必然带来两个问题：一是教师在组织教学时面临内容多，课时少的困难；二是学生因内容多而感到不易消化。但是，如果从公共理论课的设置来看，要增加很多课时是难以做到的，因此要解决上述问题，不能靠增加课时来解决，而只能从教学内容和教学方法的改革入手。此外，"缺少师生互动""理论讲述太多，缺少实践活动""考核方式单一"也是学生们反映较为突出的问题。这些问题的提出，都为我们的课堂教学改革设定了目标。

表 2　教学中存在的主要问题

类别	百分比
进度太快，笔记跟不上	22.2%
教师照本宣科	6.3%
教师讲课内容太多	14.3%
缺少师生互动	8.5%
理论知识太深，不易接受	5.3%
课程内容不能解决实际思想问题	12.9%
理论讲授太多，缺少实践活动	15.1%
考核方式单一	13.3%
其他	2.1%

（三）对于课堂教学类型的建议

从表 3 来看，最受学生欢迎的课堂教学类型是"课堂讲述与实践结合"，说明学生并不喜欢被动听课的教学模式，而是希望自己能参与一些教学活动与过程。但也有相当一部分学生喜欢"教师系统讲授"，也不否认有些同学一定程度上还存在"上公共课就是为了考试过关"的被动学习思想。

表 3　对课堂教学类型的建议

类别	百分比
教师系统讲授，便于记笔记和考试	12.7%
教师讲授为主，但要多一些课堂讨论	25.9%
讨论课教学，有些专题可让学生讲述	24.7%

续表

类别	百分比
课堂讲述与实践结合	35.3%
其他	1.4%

四、关于网络对学习《中国近现代史纲要》课程的影响

这一问题设计了五个问题，如图 15~图 19 所示：

网络已成为大学生日常生活、学习、工作重要组成部分，网络学习已经普及，被绝大多数大学生所接受。网络上资源丰富，为同学们提供了求知和学习的广阔空间，也为他们获得各种信息提供了新的渠道，但也有相当比例的同学认为网络资源不好选择，而且有不少的同学觉得无法判断对错而难以相信并付诸学习。

如何更好地使用和把握网络这把"双刃剑"，已经成为《中国近现代史纲要》教和学的一个迫在眉睫而又无法回避的一个问题。

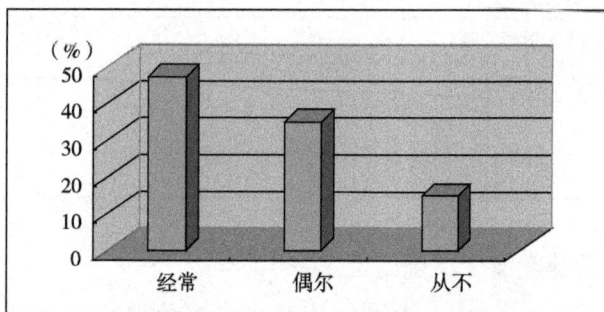

图15 你平常会通过网络学习《中国近现代史纲要》课程吗

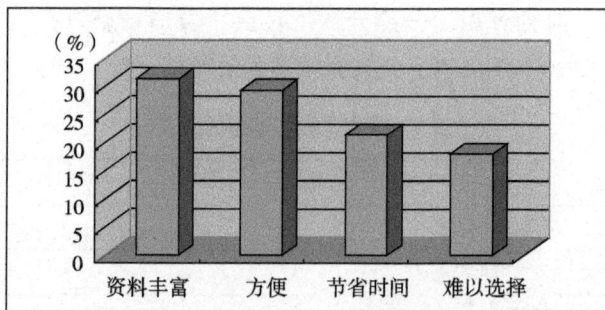

图16 你怎样看待通过网络学习《中国近现代史纲要》课程

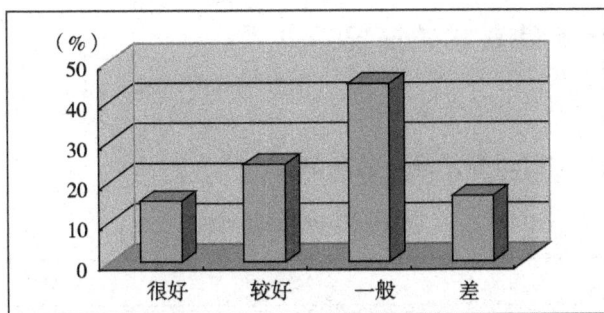

图 17   你觉得通过网络学习《中国近现代史纲要》课程的效果如何

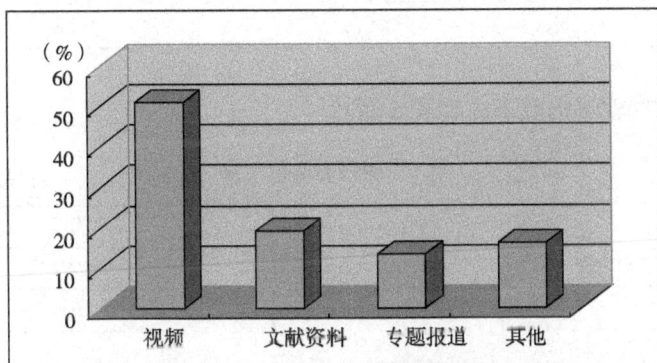

图 18   你在网络上喜欢通过哪种方式学习历史知识

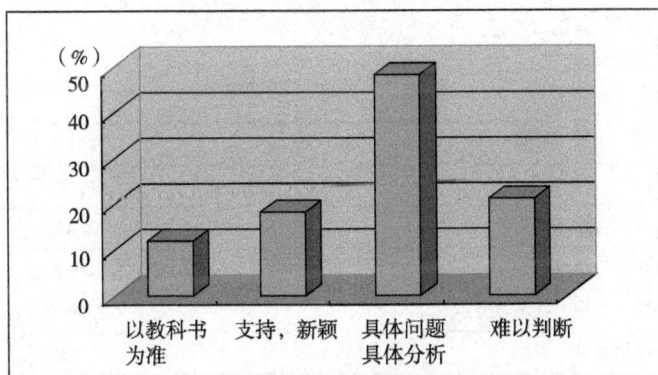

图 19   你怎样看待网络上一些与教科书不同的观点

五、关于实践教学的情况

这个问题调查了以下三个方面：

对于实践教学的兴趣，调查结果如表4所示。

表 4　实践教学的兴趣

类别	百分比
非常有兴趣	68.3%
一般	27.5%
没有兴趣	4.2%

关于实践教学的效果，如表5所示。

表 5　实践教学的效果

类别	百分比
比教师课堂理论讲授好	75.4%
一般	15%
形式主义	5.7%
没意思	3.9%

关于实践教学的方式，如表6所示。

表 6　实践教学的方式

类别	百分比
参观历史遗址	40.3%
围绕专题，进行社会调查	12.4%
围绕专题，组织学习小组	8.3%
自己查阅资料探讨问题，撰写小论文	17.6%
观看影片，写出观后感	8.2%
自己选题，制作 PPT 并有机会演示	12.0%
其他	1.2%

从调查来看，实践教学不论是从兴趣还是效果来看都普遍受到同学的喜爱，这一点应该是推动《中国近现代史纲要》课程教学改革，加强实践教学

课程实施的强大动力。学生喜欢的实践形式：一是观看电影；二是参观历史遗址；三是查阅资料撰写小论文等。

对于实践活动，学生们的积极性很高，还提出了一些很好的建议：①多进行历史遗址的参观；多观看影片，通过声音和图像使学生更易理解和记忆；增加教学实践活动和增加其多样化。②让学生自己查资料，制作相关专题PPT，互相展示。③也可以多提供些专题，每个小组可根据自己的兴趣进行选择，分小组讨论，发表自己的观点。④老师找一些课外读物给同学们看，多给学生介绍一些史实资料；许多课题让学生自己查资料后与同学们交流。⑤多开展一些讨论课；多给一些时间，进行更充分的调查分析。⑥进行社会调查。这些可贵的建议为我们实施教学实践提供了丰富的思路，为今后的教学实践提供了多种方案的选择。

改革是提高"思政"课实效性的重要路径

——以大理大学"思修"课教改为例[①]

大理大学马克思主义学院　张光映

摘　要："思政"课教学是大学生思想政治教育的主渠道、主阵地，疏通主渠道，站稳主阵地，使"思政"课教学充满感染力、获得感，需要教师以学生为本，不断改进教学方法。"思修"课是"思政"课中的一门基础课程，与学生生活、社会现实联系最为紧密，应该走在改革前列，为"思政"课提供借鉴。通过对学校"思修"课教改的总结回顾，提出"思政"课教改值得注意的问题及其面临的难题。在目前良好的社会环境条件下，需要学校的政策支持和加强管理，也需要教师不断学习、改进和创新，更加增强职业自觉和奉献意识。

关键词：思想政治教育；"思政"课；教学改革；针对性；实效性

一、教学改革的大致情况

"思政"课教学作为思想政治教育的主渠道、主阵地，对于大学生树立和形成正确的世界观、人生观、价值观具有方向性的保证作用，如何利用好课堂阵地，增强"思政"课教育的亲和力和针对性，达到"不断提高学生思想水平、政治觉悟、道德品质、文化素养，让学生成为德才兼备、全面发展的人才"这一目标，需要"思政"课教师不断与时俱进，在遵循思想政治教育规律、遵循人才成长规律、满足学生成长发展需求和期待的基础上，不断加强和改进"思政"课教学，进行"思政"课教育教学改革。《思想道德修养与法律基础》（简称"思修"）课作为"思政"课的一门基础课程，应该

[①] 本文为教育部 2016 年度高校示范马克思主义学院和优秀教学科研团队项目成果，编号 16JDSZK114。

走在"思政"课教学改革的前面,并为"思政"课的全面改革及其深化提供借鉴。

2014 年 9 月,大理大学对"思修"课进行"专题—实践—讨论"的教学模式改革。改革首先在个别教师所授课的班级实施开展,待取得实效后再全面推行。所谓"专题—实践—讨论"模式,是指根据课程要求和课程内容,围绕提高教学实效性主旨,在教学方法上,实现专题教学、实践教学和讨论教学三者的有机结合。专题教学,就是根据教材内容,结合社会现实和学生学习生活实际,科学设计专题及教学内容进行教学。它依据教学大纲,注重教学目的、学科知识的构建和讲授、方法手段的选择和确定,以及教学质量和效果的评价。专题教学不是简单地编制几个专题,它是以专题教学为特征,以提高实效性为主旨的教学内容专题化、对象主体化、方式多样化、考核综合化的教学体系。实践教学,是通过教师的培训辅导和指导,由教师布置与教学内容相关的问题让学生开展实践调查,或是结合课程内容让学生对自己所关注的校园问题和社会热点问题进行实践调查,实践调查可分小组和个人两种形式进行,最后由学生上交文字、视频等成果。讨论教学,就是围绕课程内容,由教师指定论题,或社会热点问题和校园问题,或围绕学生实践调查的问题,由教师给予指导,让学生展开讨论,教师给予总结的教学。

采用"专题—实践—讨论"模式的教学,能够避免教学体系与教材体系的简单重复,有利于学生把课内听课和课外自学相结合,能提高学生学习的自主自觉性;在教学内容上能较好地体现时代感和针对性,贴近学生生活、贴近社会实际,重视教学对象的主体性,提高教学吸引力和实效性;有助于启发学生的思考和提高学生的动手能力;有助于集中力量解决重点、难点问题,促使学生思想行为的改变与课程教育教学目标更为接近。

"思修"课"专题—实践—讨论"模式 2014 年 9 月立项为学校第五期教学改革项目,期限两年,由于是公共政治理论课,由项目主持人在所授课班级进行实验性改革,2014—2015 学年在 2014 级护理学 1 班、药学班、学前班、英语班、园林班、电气工程班共 6 个班进行,2015—2016 学年在 2015 级医学影像学 1 班和 2 班、影像技术班、经济学 1 班和 2 班、汉语言 1 班和 2 班、通信工程班、统计学班、建筑学班 10 个教学班进行,16 个班共有学生 693 人(免修留学生除外),每个班课程结束时均有全员式问卷调查,两个学年共发放问卷 693 份，收回有效问卷 653 份，占授课学生的 94.23%。在问卷回答中，88.06% 的学生表示"赞成""专题—实践—讨论"模式的教学改革，79.32% 的学生认为专题选择在注重教材和联系学生学习生活、社会现实方面做得"非常好"或"比较好"，81.17% 的学生认为讨论课设计做得"非常好"或"比较好"，87.59% 的学生认为多重实践课的开展对学生加深对社会和现实的认识"非常有帮助"或"比较有帮助"，82.69% 的学生认为个人实践的开展对于提高自己的实际能力"非常有帮助"或"比较有帮助"。上述数据证明，两个学年的局部教学改革试验，取得了预期效果，受到学生欢迎，提高了学生学习积极性，教学实效性明显增强。在此基础上，马克思主义学院再度向学校提出，申请"思修"课普遍推行"专题—实践—讨论"模式教学改革，学校同意试行一个学期，2016—2017 学年第二学期，经过全体教师的共同努力，得到了学生、学校和任课教师的基本认同，学校同意在"思修"课程中普遍推行"专题—实践—讨论"的教学模式。2017 年学校评选课程质量奖，"思修"课获集体一等奖和个人三等奖，受到学校表彰奖励。2017—2018 学年，在原有基础上，"思修"课实行慕课教学试点，将教学改革不断推向深入。

二、教改中遇到的问题及其解决

（一）资料收集、备课耗时长与个人时间有限的矛盾

"专题—实践—讨论"教学模式打破了按照章节授课的方式，理论教学主要采用专题式授课，除了设计专题之外，授课内容既注重教材理论，又要与学生学习生活与社会现实的紧密联系，这要求教师重新建立一套教学体系，备课中要收集教材之外的大量资料，加之对教材内容取舍上的考虑，所以教改过程中需要花费大量的时间，而"思政"课教师教学任务相对较重，能用于教改的时间相对有限。如何解决耗时长与个人时间有限的矛盾？我们的做法是充分利用集体的力量，让项目组成员积极参与进来。教改虽是以个人为主的实验性改革，但项目组成员涉及教研室所有教师，尤其在改革初期，把大家的积极性调动起来，是解决耗时长与时间有限的最好办法。第一学期，课题组采取了由主持人设计专题，提出相关要求，安排各成员 1~2 个专题，由成员收集资料并进行初步备课制成课件，主持人初步备课基础上

进行修改，形成第一学期的教学大纲和上课课件。这样，一是有效解决了资料收集、备课耗时长与个人实验改革时间有限的矛盾；二是避免了个人在资料收集和备课中视野的局限性；三是每一个课题组成员能参加到教改的实质性工作中，体现了教改项目的集体性。艰难的第一学期过后，后续学期则由主持人在教学中不断总结和修改完善。

（二）个人实验性改革与其他教师步调不统一的矛盾

"思修"课是公共政治理论课，以往的教学要求是教研室教师之间做到教材、大纲、教案、教学进度、实践教学、考试、平时成绩和期末成绩比重8个方面的统一，授课教师只需按照教研室统一安排组织教学即可。进行个人实验性的改革，除了教材统一之外，其余7个方面与其他任课教师都有差别，需要主持人进行单独的思考和安排。在改革的第一学期，由于课时安排（进度）是每个教学班每周5个学时，而专题授课是按照每个专题3个学时（讨论课、实践课也是以3个学时为一个基本单位），课时准备与课时安排出现矛盾冲突，讨论课、实践课尚可灵活调整，但专题理论教学出现了如下问题：一是遇到两个学时的课时，常出现时间紧和拖堂现象；二是原来准备的专题数量不足。主持人采取的解决办法：一是每一次课讲授一个专题不变（但时间紧的问题仍然难以避免）；二是采取增加专题的方式。这样做不利的一面是大大增加了备课工作量，但有利的一面是为后一步的改革在专题取舍完善方面奠定了基础。从第二学期开始，主持人事先学校专门提出排课以3个学时为一个单位，长学期每班每周3个学时，短学期每班每周6个学时，教学进度可与其他教师不统一。

（三）理论教学专题选择在实践中不断的修正和完善

实施"专题—实践—讨论"教学模式改革，强调专题课、实践课、讨论课的三者统一，但其中的专题理论教学是最重要的教学形式，主要原因，一是教学的主要内容体现在专题教学中，二是专题教学学时比重最大在54个学时中占30~33个学时（含3个学时的实践教学专题理论），因此专题的选择是搞好理论教学的关键。第一学期由于对教学安排可能出现的问题考虑不周，没有事先向学校提出针对性的排课要求，所以出现了课时安排与专题设置的矛盾，临时采取应急的办法，开设的专题相对较多共14个，第二至第四个期专题相对固定共有10~11个，其中有小的调整，专题下的具体内容每个学期都有修改和完善，个别专题有大的调整，其余有小的调整。调整主要考虑相关内容的内在逻辑性，以及考虑与学生学习生活和社会现实的有机联系。两学年四个学期的专题见表1：

表1　2014—2016 学年专题列表

专题序号	学年学期			
	2014—2015（2）	2014—2015（3）	2015—2016（2）	2015—2016（3）
1	"思修课"序言	"思修课"序言	拥抱大学的新生活	适应大学的新生活
2	拥抱大学新生活	大学生的人生理想	大学生的人生理想	大学生的人生理想
3	大学生的人生理想	爱己、爱家与爱国	爱己、爱家与爱国	爱己、爱家与爱国
4	爱己、爱家与爱国	人生观与人生价值	人生观与人生价值	人生观与人生价值
5	人生观与人生价值	科学对待人生环境	科学对待人生环境	科学对待人生环境
6	逆境挫折与人生环境	道德传统与道德建设	传统美德与道德建设	传统美德与道德建设
7	道德传统与道德规范	宪法与公民的权利和义务	学生社会实践调查与方法	社会实践调查及方法
8	大学学习生活与道德	公共生活中的道德与法律	社会公德与家庭美德	社会公德与家庭美德
9	大学生与公民的权利和义务	婚姻生活中的道德与法律	法律作用与宪法制度	择业创业与职业道德
10	培养法治理念树立法律权威	大学生的素养与求职就业	公民权利与公民义务	树立社会主义法治理念
11	社会生活中的道德与法律	学生社会实践调查与方法		宪法与公民权利义务
12	婚姻生活中的道德与法律			
13	求职就业与大学生的素养			
14	学生社会实践调查与方法			

注：大理大学实行三学期制，第一学期为短学期，有5~6周，主要开设通识选修课和开展科技文化活动。

在个人试验改革的基础上，2016—2017 学年在全校范围内推行"专题—实践—讨论"的教学模式改革，推行之前，就如何开展实践教、如何组织讨论课进行了交流讨论，同时就专题的选择再一次进行讨论并在后续的教学中加以改进，两个学期的教学专题见表2：

表2 2016—2017 学年专题列表

专题序号	学年学期	
	2016—2017 （2）	2016—2017 （3）
1	第一讲 适应大学的新生活	第一讲 适应大学的新生活
2	第二讲 大学生的人生理想	第二讲 大学生的人生理想
3	第三讲 爱己、爱家与爱国	第三讲 爱己、爱家与爱国
4	第四讲 人生观与人生价值	第四讲 人生观与人生价值
5	第五讲 科学对待人生环境	第五讲 科学对待人生环境
6	第六讲 道德建设与传统美德	第六讲 道德建设与传统美德
7	第七讲 社会实践调查与方法	第七讲 社会实践调查及方法
8	第八讲 社会公德与家庭美德	第八讲 社会公德与家庭美德
9	第九讲 择业创业与职业道德	第九讲 择业创业与职业道德
10	第十讲 树立法律与法治理念	第十讲 树立法律与法治理念
11	第十一讲 宪法与公民生活	第十一讲 宪法与公民权利义务

（四）讨论、实践课学生积极性调动及团队精神发挥

讨论课是教师布置讨论的案例或话题，设计讨论问题，组织学生进行课堂即兴讨论，或让学生以小组为单位进行课下讨论并选派代表进行课堂交流。实践课是在理论学习的基础上，由教师组织部分学生骨干或学生代表，到校外教学实践基地等组织学生参观学习、专题考察、开展社会服务等活动形式，或者是布置一些具有针对性的问题，教师全程给予指导，让学生以小组或个人的方式开展调查，之后写出调查报告或调查的心得体会认识。开设实践课目的是促使学生将理论学习、学习生活和社会现实有机结合起来，以加强学生对社会的了解和认识。讨论课、实践课都需要以作业形式布置，以实物形式如PPT、讨论稿、心得体会、调查报告、视频等上交，两者都有以小组和个人为单位两种形式。讨论课和实践课的内容都需要教师组织课堂讨论或课堂交流。学生在讨论、交流中容易出现两种极端倾向，一种是有的班级的学生性格内敛，主动发言的积极性不高，解决的办法是点名让学习积极分子首先发言、对发言者多以肯定和鼓励为主、对发言情况进行详细登记并给

予平时成绩加分。另一种极端倾向班级学生比较活跃，积极主动踊跃发言，所以教师在把控中，以小组为单位的交流发言要限制时间，个人自由发言要顾及到面，要让平时上台少的学生优先发言。另外，以小组为单位的作业个别有可能成为小组长一个人的作业，教师在作业布置上应有痕迹要求，通过交流和作业上缴能看到是否是通过集体的力量完成。交流时除了代表发言外，要求小组其他人做补充发言，所上缴的作业资料要求有活动的详细过程、制成的PPT有小组活动图片等，从而使小组作业、集体作业能够有小组、集体的影子，使学生在作业活动过程中体会集体的力量，训练团队合作精神。

三、对"思政"课教学改革及其深化的思考

（一）"思政"课教学改革值得注意的问题

1. 公共课教改具有其特殊性

"思政"课涉及面广，教育受众量大，面向所有学生，每一门课的教学由多个教师共同承担，课程教学改革影响大。所以先进行试点实验性的改革，由个别教师在部分班级施行，在改革取得初步成功的基础上推广开来是必要的。当然，改革过程中也不能是由个别教师单打独斗，需要借助其他教师的力量，如征求意见、开教研会等形式，让其他教师直接间接参与到教改中来。这样，一是在改革中遇到的问题可以得到及时解决；二是在改革推广时可以减少来自其他教师的阻力。

2. 教改需要有相关各方的支持

实质性的教学改革，其过程是十分艰辛的，这期间需要得到相关各方的支持，既需要有物质方面的支持，同时也需要精神方面的支持。精神上的支持需要得到学校、院系、教研室教师对改革工作的认可，同时在理由充分的条件下对所涉及的与教改相关的问题需要给予一路绿灯的关照。物质性的支持除课题经费资助之外，还应该对改革项目在考核的基础上给予分配上的适当倾斜。

3. 改革需要计划性与灵活性的统一

改革需要有计划性，需要按照计划行事，但改革过程中出现的一些问题有时会超出我们的预料，这是不可避免的。这时就需要我们有一种实事求是

的精神，解放思想，因事而变，因时而变，对原有计划根据情况做出适时调整。否则，改革就有可能走向"死胡同"。

4. 改革需要实施者具有的奉献精神

第一种教学改革一是别人在改，我们跟着别人走，在别人的基础上加以补充完善，从而走得更好、走得更稳。二是打破原有的教学模式，重新建立起一种新的教学模式。第二种需要改革者花费更多的精力，做出更大的牺牲和奉献。它需要改革者具有较强的教育教学能力、综合组织能力、良好的心理素质和抗压耐挫能力。

5. 教改的最终目的是提高教学实效性

为什么要进行教学改革？教学改革的最终目的，不是为了成为项目的主持者、参与者，不是为了获得项目经费，而是对教学中不合时宜的部分进行改革改进，使教学更具实效性，提高教育教学质量，使学生有更多的获得感。改革的成功，应该预示着教师和学生取得双赢的结果。公共课个体实验性改革成功以后，需要在更大的面上加以推广，促使改革成果在实际工作中的转化应用，使更多的学生获得收益，而不是结题验收以后，将成果束之高阁。

(二)"思政"课教改全面推行面临的难题

1. 小班、中班上课与教师工作绩效的矛盾

"思政"课学生受教育面广，教学改革不适宜于大班上课，只能实行小班或中班上课，以便于课堂交流和组织讨论。小班上课如 50 人系数为 1（一节课为 1 个课时），中班上课如 100 人系数为 1.5（一节课为 1.5 个课时）。不实行教学改革的教师多为中班、大班授课，如 150 人则系数为 2（一节课为 2 个课时），如 200 人则系数为 2.5（一节课为 2.5 个课时）。在学校，作为专职教师，其绩效收入的高低主要在于教学时数的多少。实施教改的教师在中班、小班上课，付出多收益少，不仅达不到正面激励，相反起了负激励的作用，这对教师无疑是个打击，会削弱其实施教改的积极性。

2. 改革全面推行与教师整体素质的矛盾

个别教师教学改革的成功，并不意味着改革全面推行会取得成功。"思政"课教学改革全面推行，是对教师整体素质的全面检验和考察。课程教学改革是一项系统工程，需要进行周密的计划、组织、指挥、协调，对于改革过程中可能出现的主要问题要有预见预判，并有解决的预案，即使出现了未

能预料的问题，也能够灵活处理加以化解。所以对改革者有较高的综合素质要求，但一支队伍整体的素质不可能整齐划一，而是参差不齐的（学校层次越低越突出）。如何解决全面推行改革与教师整体素质之间的差距，值得改革者、教学院系和学校教学管理部门认真思考。

3. 多付出少收入使教师职业道德面临考验

任何改革都需要艰辛的付出，要求投入大量的时间和精力，其中的甘苦只有改革者自身能够深深体会，而且很多付出不可能及时得到回报，相反甚至被人嘲笑为"精力过剩，瞎折腾"等。实质性的教学改革如"思政"课实行小班、中班授课，不改革的教师多为中班、大班授课，如果学校的政策和激励措施不到位，就会出现投入精力多、收入回报少的情况，其所导致的悖论是：一方面是满足于育人和学生的需求而言需要改革，另一方面是别人怎么做我也怎么做，少投入、轻松做事、收入还不会减少、关我何事。这也是许多教师知道改革有利于学生但会使自己负担加重而不愿进行改革的深层次原因。所以到底是改还是不改，进行改革能满足学生需要，可能会进一步得到学生认可，但自己的付出得不到应有的物质回报；不改革可以减少付出，但却置学生的需要而不顾，是缺乏良好师德的表现。

（三）深化"思政"课教学改革的建议对策

1. 学校对课程实质性教改需要加大投入

教学和科研是高校向前发展离不开的两条腿，需要综合考虑，平衡发展，否则就会变得畸形。学校教改项目是科研项目，但同时又是与教学直接相关、密不可分的。所以，对于实质性的课程教学改革项目，学校还需要加大投入。具体的做法，一是适当增加项目经费，如科研经费预算可比一般的科研项目提高 50%；二是根据教改课程的教学时数，进行绩效分配时可在考核基础上给予奖励，根据情况，考核合格可增加 10% 的课程绩效津贴，考核良好可增加 20% 的课程绩效津贴，考核优秀的可增加 30% 的课程绩效津贴。通过物质和精神的双重激励推动教师课程教学改革的积极性，最终达到提高教育教学质量的目的。

2. 校属学院绩效分配需考虑教师教改付出

中央十分重视"思政"课教育教学，2015 年提出了《普通高校思想政治理论课建设体系创新计划》，教育部和各省级教育主管部门划拨专门经费，设置"思政"课教育教学改革项目，我校也设置了"思政"课建设体系创新计划项目。从上到下的举措为"思政"课教育教学改革营造了一个良好的环境与氛围。教改科研是一项艰苦的劳动，教师需要劳动付出得到回报，同时对付出较多收入较少的现实不公平状况也颇有微词。作为校属学院，在学校政策框架之下，学年绩效分配有一定的自主性和灵活性，可对实行教改的课程做适当的倾斜。从教育部和省级教育主管部门，一再强调"思政"课提倡小班、中班上课，不主张大班上课，学校、校属学院也强调贯彻中央的精神，但没有实质性的行动。解决这一问题，学院在制定绩效分配政策时，一是限制大班上课，如超过100人的班级，课时系数可在原有规定上减少50%，超过150人的班级，一律不再加课时系数；二是鼓励小班上课，50人以内的小班课，课时系数可增加10%；三是鼓励实施教改，进行实质性的教学改革，在三年之内教师的课时系数可在原有规定之上提高10%。学院通过对小班上课和教改行为的激励，从而将中央的精神真正落到实处。

3. 校院两级要加强对教师的管理和教育

教师职业是神圣的，但并不是每一个教师的内心都是高尚无暇的，校院两级作为高校教师的两级管理机构，需要加强对教师的教育和管理，要针对教师中存在的不利于学校改革发展和学生健康成长的心理和行为，采用教育和管理两种手段，通过加强管理，保证教师的总体行为符合学校发展要求和教师职业道德规范，督促教师的行为不越底线；通过教育，促使教师真正认识到所从事的职业不仅对自身、而且对学生、对社会的积极作用和重要意义，从而能够爱校如家、爱院如家；主动为学校、学院发展出力献策，以主人翁的态度去思考教育教学，思考学生的学习和成长问题。通过管理和教育，促使教师不仅只是把工作当作谋生的手段，还能把工作当作是一项事业，把事业的成功视为自身的幸福和价值的体现。

4. 教书育人的要求需要教师增强自身的职业自觉

儒家强调"慎独"，孔子告诫"一日三省吾身"，这是加强提高个人道德修养、促进自身顺利成长值得记取、吸收、运用的重要箴言。我国台湾忠信教育家高振东说："爱自己的孩子是人，爱别人的孩子是神。"教师从事的职业工作是传授知识和育人，做好育人工作要求教师必须学会"爱别人的孩子"，归结起来还是"德高身正"。所以从职业工作角度而言，做好教书育人的工作，就要求教师主动加强学习，对自身进行经常性的反省思考，总结得失择善而从，不被外界的纷扰而影响工作，保持内心的安静，对学校发展、学生成长有利的，不会去计较得失，都会积极、认真、主动去做，并且尽自己最大的力量把它做好，不断增强自己的职业自觉性。

四、结语

"思政"课教材和教学内容的重要特点之一在于与时俱进，内容更新快。教师要有这样的思想准备："思政"课教育教学改革永远在路上，只有进行时没有完成时。只有适应时代形势和学生特点，才能满足学生需要，才能不断提高"思政"课教育的针对性，不断增强"思政"课教育的亲和力。

《中国近现代史纲要》课程参与式教学法研究报告推进大理大学《中国近现代史纲要》课程参与式教学改革[①]

大理大学马克思主义学院　何燕霞

摘　要：《中国近现代史纲要》（简称《纲要》）是当前我国高校学生的必修课程，教师在教学时需要端正学生的课堂参与态度，为其构建更加丰富的课堂结构，活跃《纲要》课堂氛围，让学生更好融入课堂。本文首先阐述参与式教学方法在《纲要》教学中的意义和作用；其次对《纲要》参与式教学的具体方法就行了探讨和分析；再次对参与式教学方法在《纲要》课程中的具体应用进行了分析；最后对参与式教学方法在《纲要》的有效开展提出了应注意的事项。以期能为《纲要》参与式教学方法的实践应用提供参考。

关键词：参与式；教学作用；教学应用；中国近现代史纲要

高校思想政治工作极为重要，如果教师无法引导学生端正自身的政治观、历史观，可能会影响他们未来的发展。因此教授《中国近现代史纲要》（简称《纲要》）课程的教师要做好教学课堂设计，从当代大学生的历史观教育状况出发，增强他们的课堂参与性，在师生互动中激发大学生学习《纲要》的热情，提升参与式教学法在《纲要》课堂中应用的可行性，进而为今后我国高校的思想政治教学改革工作提供实践经验。

《中国近现代史纲要》是大学生必修的思想政治理论课之一。该课程的教学目的是"帮助大学生了解国史、国情，深刻领会历史和人民是怎样选择了马克思主义、选择了中国共产党、选择了社会主义道路、选择了改革开

---

❶　本文系大理大学思想政治理论课教育教学改革项目"普通高校思想政治理论课建设体系创新计划"（项目编号：dldxcx2016001）的研究成果。

放"，即"两个了解"和"四个选择"，确立科学的世界观、正确的人生观和价值观。该课程是培养大学生爱国主义情感，树立正确历史观，提高学生思想政治素养的重要课程。

参与式教学方法是一种开放式的教学方法，结合了教师的讲授和学生的学习，运用一定的科学方法激发学生的潜能和创造力，充分发挥学生的主体性，从而让学生获取知识、接受教育、发展能力的一种教学模式。"参与式教学法所倡导的学习观念，是追求以知识为载体、能力为核心、素质为目标的一体化、多样化教学模式。"参与式教学方法符合"以人为本"的现代教育理念，符合教育教学规律，能为学生营造积极而宽松的学习氛围，能使学生积极地参与教学过程，从而到达事半功倍的效果。但目前，《纲要》课程的教学尤其是我校的《纲要》教学依然以教师为中心，凸显教师在课堂教学中的绝对优势地位，并未从学生的主体地位出发，不能有效调动学生的参与意识，不能推动学生主动地参与到课堂教学的各个环节中，学生主动学习的激情和热情没有被唤起，不能很好地把握中国近现代历史的发展脉络和规律，也影响其正确的历史观和历史思维能力的形成，影响《纲要》课作为思想政治理论课的功效和目标。因此，探索《纲要》课程的参与式教学方法，激发学生的潜能和创造力，提高该课程的感染力、亲和力、针对性、实效性，势在必行。

一、《纲要》课程中实施参与式教学法的意义和作用

（一）实现对学生的历史人文教育

历史人文不仅能体现一个地区的文化特色，还能起到教育后人的作用。因此，高校教师在进行《纲要》的教学时应重视对历史人文的讲解，充分发挥历史人文的警示作用，以提升当代大学生的爱国主义精神，为未来国家建设贡献出一己之力。历史人文能展现一个国家的荣辱兴衰，我国既有古代的繁荣兴盛、万国来朝，又有近代的战争屈辱、满目疮痍。鼓励大学生自主参与到中国近现代史的课堂学习中，能让他们深刻地了解我们国家的荣辱兴衰，避免走入历史虚无主义误区，以实现《纲要》课程的育人目的。

（二）更好地发挥历史资料的经验价值

因受传统教育思维的影响，目前我国高校《纲要》的课堂形式较为死

板，学生在课堂上被动接受教师"填鸭"式的教学，这在一定程度上降低了《纲要》课程的吸引力，无法发挥历史资料的经验价值。所以，高校教师在教学时可以将课本与当地近现代史资料相结合，与学生在生活中的听闻相结合，让学生参与课堂教学，充分发挥他们的主观能动性，可使大学生深入了解中国饱受侵略的屈辱史，勿忘国耻，时刻以国家荣辱观警醒自己，在参与过程中加深对我国发展史的感悟和认识，让屈辱历史不再重现。

（三）激发高校学生的爱国主义情怀

近年来，我国互联网发展势头迅猛，大学生容易受到网络中各种不良信息的侵扰，无法正视国家发展的现状，甚至出现诋毁国家、扰乱公共秩序、破坏国家安全的行为。参与式教学法，调动了学生学习的积极性，使学生成为了课堂教学的主体，能深入学习《纲要》课程，正确认识我国发展的优势和不足，使《纲要》课程成为爱国主义教育的前沿基地，让当代大学生更好地铭记国家历史，努力奋斗，成为国之栋梁。

二、积极探索《纲要》课程参与式教学方法

（一）课堂参与法

在"以人为本"的理念指导下，为充分发挥学生的主体性，运用一定的科学方法，积极探索《纲要》课程探究式的教学方法，运用灵活多样的教学方法激发学生的潜能和创造力，促使学生有效参与教学，提高《纲要》课程的针对性和亲和力。

1. 主题发言法

教学过程中，根据教学的内容和学生提出的问题，师生共同探讨。让学生就确立的主题问题进行自由发言，补充发言，最后教师点评。这是一种对话式的教学方法，学生要先搜集相关资料，阅读资料，提出有价值或有争议的问题，并能有理有据地说出独到的见解。这种方法能够吸引学生的注意力，调动学生的积极性，课堂氛围较轻松，教学效果较好。但教师要把控和引导，不能离开主题，尤其是对那些有认知错误，价值判断偏颇的学生，通过恰当的对话方式和对话技巧，使其回归到主流认识上。

2. 主题演讲法

根据教材内容和教学内容并结合形势，开展组织一些主题演讲，如2015

年结合抗战胜利暨世界反法西斯胜利 70 周年纪念，开展了抗战胜利 70 周年的主题演讲。2016 年是建党 95 周年，教学中可以根据具体的教学内容，开展 "建党 95 周年的主题演讲"。2017 年下半年中，开展十月革命胜利 100 周年纪念主题演讲。主题演讲根据学生的专业特点和性格特点，选择性地穿插在教学中进行，演讲者必须是学生中学习优秀，逻辑思维能力较强、语言表达能力强、有感染力的学生，以此达到事半功倍的效果。

3. 讨论式教学法

讨论式教学法是《纲要》课程参与式教学的主要方法之一，也是提高《纲要》课程教学效果的重要手段。这种方法可以全面调动学生积极性，使其主动积极地参与教学，锻炼学生，展示其才能，并以讨论为媒介，加深学生对问题的认知和理解，明辨是非，升华思想，提高理论运用能力。同时也能激发学生的思辨能力，培养学生的历史思维能力，提高学生的政治素质。运用讨论式教学法是学生有效参与教学，增强教学实效性的重要举措。

笔者结合具体的教学实践，设计了《纲要》课程讨论式教学法主要环节：

第一，精心设置讨论问题。每学期根据教学内容，设置四五个讨论问题，并在开学两周后告知学生。如第一章设置 "资本—帝国主义的入侵给中国带来了什么"；第三章则结合 "告别革命论"，设置关于 "革命和改良讨论"；第四章设置 "五四以后，青年学生和先进知识分子为什么选择马克思主义、怎样选择马克思主义"；第六章设置 "如何正确认识抗日战争中国民党的地位和贡献"；第七章设置 "中国人民为什么抛弃国民党，选择共产党"。

第二，合理分组安排。把每个班分成 8～10 人的 4～5 组，并推选组长，组长负责小组课下的讨论、学习和发言人的推选。各个小组自行查阅资料、分析资料、撰写发言稿或 PPT。

第三，组织课堂讨论。每组每次推选 1～2 名同学代表本组发言，阐述本组的认识、观点、结论，时间 5～8 分钟。一学期中每组同学至少都有一次发言机会。

第四，教师的点评总结。教师要根据每组的内容进行点评，指出其闪光点、优点、不足和缺点，对暴露的重要问题进行分析、阐述，表明自己的观点，尤其引导学生形成正确的立场和观点。

讨论式教学法的运用和推广，极大地调动了学生参与教学的积极性，发挥了其主体地位，激发了学生的思辨能力，加深了学生对重大问题的认知、理解、判断，培养了学生的历史思维能力，助其形成正确历史观。当然，讨论式教学方法的开展和运用既增强了《纲要》课程的实效性，也可以较好地实现《纲要》课程的价值引领。

4. 随堂试讲法

每学期根据不同专业特点和学生状况，通过学生的毛遂自荐，确定 1~2 位学生进行随堂试讲，让学生准备一节课的内容与教师进行角色互换，讲述教学内容，并请学生发言、评价；老师最后点评总结。这是一种换位式的教学方法，教师和学生互相交换角色，学生需要事先翻阅参考资料，制作教学课件，并登台讲课。通过这种方式，很多学生有了知识之外的收获。如认识到口头表达能力的重要性，体会到教师工作的难度，等等，无形中拉近了师生间的距离。

(二) 课外参与法

课外参与法依托大理大学的校外实践基地，结合《纲要》课程的教学实践开展。目前，本校《纲要》课程的教学实践在学校的统筹安排下，在院系的领导下，在教研室各位任课教师的努力下，已经开展并形成了"学生骨干宣讲法"的模式，而且积累了一定的经验，也取得了较好的效果。在《纲要》课程的教学改革中，这是坚持和完善的重点教学内容之一；是《纲要》课程课堂理论教学和社会实践相结合的有效方式；是提高学生思想政治素质，提高思想政治理论课的针对性和实效性的重要手段和方法。

"学生骨干宣讲法"是《纲要》课程教师在实践教学中，经过多年的努力总结出来的实践教学方法，是本校《纲要》课程实践教学的方法创新。经过几年的努力，已经形成了一整套有效的参与方式：

第一，根据课程教学相关要求制订切实可行的实践方案，即根据课程教学大纲，结合第四章的教学内容"中国人民对马克思主义的选择"，第六章的教学内容"中国共产党是抗日战争的中流砥柱"，设计制订"学生骨干宣讲法"的计划和方案，并确立鲜明主题。

第二，在所有教学班中，选拔优秀学生骨干组成 30~40 人的"学生骨干宣讲团"。

第三，集中培养"学生骨干宣讲团"，就宣讲的主题、内容、形式及相关的理论问题提前进行培训。

第四，组织"学生骨干宣讲团"到实践基地进行现场教学，结合课程教学内容，组织"学生骨干宣讲团"到红色教育基地——王复生、王德三烈士故居或周保中将军纪念馆进行现场教学，突出教学亮点。

第五，专家现场教学点评。在现场教学后，组织学生分组讨论、畅谈感悟和体验，并由现场教师和专家进行点评。

第六，"学生骨干团"回校后，做出相关主题的宣讲稿、PPT 进行感悟宣讲，以"学生骨干"的真实感悟和体验，感染其他学生，实现思想政治理论课程实践教学的全覆盖、全员化，增强思想注重理论课程的实效性和生动性。

"学生骨干宣讲法"能切实贯彻思想政治理论课程的理论联系实际原则，更好地体现教师主导、学生主体的教学理念，通过学生"自我教育"的组织和开展，能更好的地增强师生之间的互动，更能体现学生在教育教学中的主体地位；学生的"自我教育"不仅能促进学生之间的相互交流，而且更能体现教学中以学生为本的"双主体性"和"主题接性"，即宣讲的学生既是学习的主体，也是教育的主体，使学生得到深刻的教育和更好的锻炼。该方法的运用及其在一定范围内的推广，受到了学生的欢迎，一定程度上纠正了学生对课程认识的偏差，增强了教学活力，提高了学生学习的动力，增强了教学实效性。这个教学方法已经在全校思想政治理论课中运用推广。

三、参与式教学方法在《纲要》课程中的应用

(一) 实现《纲要》教学设计的多元化

一成不变的教学模式有诸多弊端，高校《纲要》教师应转变自身教学观念，否则可能无法完成课堂教学目标，也就无法发挥《纲要》的思想政治教育作用。因此，教师要多元化地设计《纲要》课程，让学生参与其中，提高教学效果，其具体内容如下。

第一，要遵从学生的学习兴趣。内在因素是保证学生参与度的核心，从学生感兴趣的事物、内容出发，能使学生产生内在的学习动力，这对于《纲要》课程教学具有重要的意义。教师要打破常规，运用新颖元素、特殊手段

来展现历史问题，让学生从中吸取教训，关心当前国家大事，增强他们的主人翁意识，在师生共同参与中为国家发展献言献策，这样既能达到高校思想政治教育的目标，又能实现学生个体的健康发展。

第二，要符合学生的专业认同。采用参与式教学法进行《纲要》教学时要符合学生的专业认同，针对不同专业的学生，教师要选择不同的教学形式，以增强学生对《纲要》课堂的适应性，更好地认识中国近现代历史发展的进程（具体见表1）。

表1 不同专业教学形式（部分）

专业	教学形式
管理专业	小组学习、团队交流合作
新闻专业	主题演讲、主旨发言形式
教育专业	思想政治教育分析、模拟课堂分析
医学专业	职业道德分析、社会责任分析
外语专业	对外开放、交流分析

第三，要尊重学生的个体差异。高校教师在教学时要尊重学生的个体差异，结合学生不同的性格、不同爱好来调整教学方式，运用不同手段充分调动学生的课堂主动性（具体见表2），在历史事件中体会中华民族不怕牺牲、勇于奋斗的精神品格，并引导他们在今后的工作学习中将这些精神发扬光大，充分发挥《纲要》的引领作用。

表2 不同专业采用的教学方法

学生特点	教学形式
思维缜密且敏捷	采用论文、报告式教学
善于表达、语言有条理	采用访谈、辩论式教学
情感充沛、富有想象力	采用唱歌、表演式教学

（二）充分发挥《纲要》教师的引导作用

《纲要》课程的参与式教学，教师引导作用必不可少。教师在参与式教学中需要充分研究《纲要》细节，细化《纲要》内容，依照《纲要》中的知识框架实施教学引导。

第一，要明确《纲要》整体引导目标。明确的引导目标可以确保教学质量，因此高校教师在进行《纲要》教学时需要制定整体的引导目标，明确学生各阶段、各时期的学习任务，以加深他们对中国近现代史的认识。比如教师在讲解"新民主主义革命胜利"这一内容时，可以从历史原因、根本原因、国际原因等方面入手分析，让学生准确区别中国共产党与国民党的性质、代表的利益，充分认识到共产党的先进性，使其时刻与共产党的发展方向保持一致，形成正确的社会主义价值观。

第二，要做好课堂教学内容的启发。启发是参与式教学的主要内容，教师利用历史特殊情景引导学生开展渐进式学习，能提高学生参与教学的积极性，增强大学生的历史反思能力并学会如何"正"眼看世界。此外，启发还可以端正学生的世界观、人生观、价值观，进而激发他们探寻历史，并在《纲要》课程上找到适合自己的学习方向，以完成《纲要》课程教学任务。比如教师在为学生讲解"中国人民对马克思主义的选择"这一内容时，就可以先让学生从当时中国社会发展的大背景入手，以一些重大的历史事件引发学生学习的兴趣，启发他们对历史的思考，加深对该时期中国政治、经济、文化、军事的认识，理解正是因为马克思主义的先进性，让长期处于黑暗的中国人民看到了希望，并坚定地选择了马克思主义道路，让中国从此进入新民主主义革命时代。

第三，要增强与学生的研讨与互动。近现代史知识的学习需要学生长期的积累，也需要教师与学生形成良好的研讨互动，以丰富学生的历史结构框架，增强他们参与课堂的积极性。比如教师在讲授"中国共产党的成立"这一历史事件时，可以让学生借助互联网、图书馆来搜集共产党成立的相关史料，并用一些历史小故事来增强课堂趣味性，并针对一些问题展开师生间的讨论，拓展课堂的互动研讨方式。

（三）开展实践教学

《纲要》课程的学习单纯依靠课堂教学很难达到预期效果，因此教师可以采用课内外教学相结合的方式来丰富教学形式，加深学生对中国近现代史的认识，引导他们在国家利益与个人利益间做出正确选择。教师在《纲要》课堂上可以采用"学生骨干宣讲法"来引导学生积极参与到实践教学中。比如教师可以组织学生骨干到红色实践教学基地进行现场教学，鼓励学生现场讨论并邀请教师专家现场点评，然后再让学生骨干回校宣讲，以提高当代高校学生的整体素质，为我国社会主义事业培养更多优秀人才。以"中国共产党是抗日战争的中流砥柱"这一教学内容为例，教师首先要制订完善的"学生骨干宣讲法"活动计划，确定活动主题并选拔出优秀的学生干部组成宣讲团队；其次要做好对宣讲团队的培训，明确他们后续要宣讲的内容、形式，带领学生干部到实践教育基地进行现场教学，并结合教学内容、教学实践加深对共产党、共产党员的认识；最后让专家来对宣讲活动进行点评，组织学生分组讨论、畅谈感悟和体验。宣讲活动结束后教师还要让学生做总结，在相互交流中提高高校学生的思想政治素质，激发他们参与《纲要》课堂的积极性，最终实现理论与实践的良好结合，扩大《纲要》课程在高校学生群体中的影响力。

(四) 尊重学生《纲要》课程的主体地位

高校教师要提升《纲要》课程的学生参与度，就要尊重学生的课堂主体地位，让他们在课堂上能充分发表自己的意见，并在与教师的互动探讨中正确认识历史。尊重学生的课堂主体地位，高校教师要做到以下两点。

第一，要坚持平等的教育观。在以往的教学中，教师往往"高高在上"，学生不敢与教师过多探讨学术上的问题，形成了师生之间不平等的畸形教学模式。运用参与式教学法，就应打破这一传统教学弊端，教师坚持平等教育观开展课堂教学，让学生全身心地投入课堂学习中。

第二，要拓展师生沟通渠道。传统课堂上师生之间的互动仅限于语言、眼神、肢体上的交流，其他交流形式较少，师生间信任度、理解度较低，不利于《纲要》课程的顺利开展。新媒体时代下，教师应充分利用新媒体形式，借助QQ、微信等交流工具加强师生间的交流，也可以建立课外第二课堂，将《纲要》教学内容渗透到学生生活中，加深学生对中国近现代史的认识和理解。

四、《中国近现代史纲要》实施参与式教学法的注意事项

(一) 突出《纲要》的政治导向和价值引领

1. 内容创设要突出《纲要》的逻辑性

教学内容的安排和问题的设置上，从培养大学生用历史的眼光、历史的

观念和方法认识历史、观察问题的思维活动能力角度出发，体现历史逻辑与理论逻辑的统一、历史知识与思想教育的统一、历史与现实的统一。

2. 内容创设要体现《纲要》的思辨性

教学内容的设计和安排上，参与式教学问题的设置要体现思想政治理论课程的思辨性。创设的问题应该是近代中国历史中具有重大意义和转折的问题，以及和重难点相衔接的思辨性强的问题。创设的问题能够极大地引起学生的兴趣，促使他们积极主动地参与教学，提高他们的思辨能力，进而培养学生的历史认知能力、历史思维能力，提高学生的政治素质，达到思想政治理论教育的目标。

3. 帮助学生树立正确的历史观

参与式教学中，无论是主题发言、课堂讨论、主题演讲等，都凸显了学生的主体地位，但学生的历史认知和历史思维可能在一定程度上和思想政治理论教育的政治性、理论性的育人目标有差距。因此，教师在参与式教学中，要积极地、及时有效地引导学生的参与活动，引导学生正确认知历史，尊重历史，继承历史，发展历史，确立对中国近现代史的重大事件、重要人物的正确观点、立场和评价。在对历史的梳理、认知和评价中实现《纲要》的价值引领和精神引领。

（二）凸显《纲要》课程的问题意识

《纲要》课程参与式教学中教师要有强烈的问题意识，精心创设问题。设置讨论的问题必须是近代中国历史中具有重大意义和转折的问题，或者是围绕"两个了解，四个选择"的重大问题进行。

1. 问题的典型性

《纲要》课程"参与式"教学的问题设置要有典型性，要和《纲要》课程内容的重点与难点衔接对应。所以，选择问题一定要体现纲要课的教学目的，有典型性和针对性，通过对重难点的创设和剖析，引导学生对近现代中国具有重大转折意义的社会问题进行思考和研究。

2. 问题的政治性

《纲要》课程是对大学生进行思想政治理论教育，而不是一般历史知识灌输。因此，问题的创设要体现思想政治教育的性质、目的。通过创设政治性和理论性的问题，引导学生对一些复杂问题、敏感问题要敢于做深入分析，进行历史的深度分析，使问题讨论能击中要害，解答学生的思想困惑，培育学生政治素养，强化学生的政治认知，使思想理论教育更有针对性和实效性。

3. 问题的争议性

创设的问题要具有一定的争议性，能激发学生的怀疑精神和探讨兴趣，如果创设的问题没有任何争议性、敏感性，就很难引起学生的关注和思考，更别说实际效果。

4. 问题的思辨性

创设的问题要体现理论课程的思辨性，通过具体问题的学习、思考、探讨，激发学生的学习兴趣、思辨能力，培养学生的历史认知能力、历史思维能力，形成正确的历史观。用历史的眼光、历史的观念和方法认识历史、尊重历史、继承历史、发展历史。

(三)《纲要》教师的角色意识

《纲要》参与式教学中，教师是一个极其重要的组织者和引领者，事关教学的有效开展和积极效果。因此，教师在《纲要》参与式教学中要扮演好掌舵于、引领者的角色，把控教学、统领教学，在教学安排中要体现《纲要》的理论性，在评价中要体现《纲要》的政治导向和价值引领。尤其是对学生在学习过程中暴露出来的问题，要通过及时、畅通的沟通、评价渠道做到迅速纠偏，正确引导。

1. 教师评述要客观、公正，深入到位

"参与式教学"中教师看似游离于教学活动之外，却是一个重要的掌舵手，指导、引领学生的教学活动。因此，教师要站在埋论课程的高度和深度，通过精准的点评来引导整个教学过程。教师的点评既要公正地指出学生的闪光点、长处，也要客观地指出其缺点和不足之处；对重大问题、重要事件、重要人物要做历史的深度分析和公正评价。

2. 教师评述要准确、权威

教师本身要具备较高的知识能力、政治素质和理论素养。教师对重大问题的表述要有根据、完整、准确、权威。问题的最终答案或价值取向应能够反映近代中国历史发展的趋势，或突出近代中国革命的特点，或围绕"两个了解"和"四个选择"，从帮助学生确立科学的世界观、正确的人生观和价值观出发，能够体现《纲要》的思想政治理论课程性质。

五、结语

高校教师应把参与式教学法作为课堂教学的重要方法，在开展《中国近现代史纲要》这一课程的教学时要做好课程设计，充分展现学生的课堂主体地位，提高高校学生的课堂参与度，达到应用参与式教学方法的目的。课堂上，教师可以将情境导入、语言激励、小组合作等方式融入《纲要》的教学中，形成多元体系，丰富《纲要》课堂内容。此外，高校教师要做好《纲要》教学的创新，灵活运用参与式教学方法，最大限度地提升学生参与课堂的活力，引导他们从中国近代历史中汲取教训，形成为社会主义建设事业奋斗终身的远大理想。

参考文献

[1] 王威多. 高等院校现代设计史课程教学改革探究 [J]. 西部素质教育, 2017 (2): 88.

[2] 王宇英, 毛明华.《中国近现代史纲要》课程参与式教学探索 [J]. 教育评论, 2011 (1): 101.

[3] 杨令侠, 朱佳寅. 开创新中国世界近代史的教学与研究——记杨生茂先生前期的学术活动 [J]. 南开学报（哲学社会科学版）, 2017 (1): 51-61.

[4] 王毅. 浅析"微课"与"翻转课堂"在大学历史教学中的运用——以《中国近现代史纲要》课为例 [J]. 湖北函授大学学报, 2016 (15): 131-132.

[5] 蔡桂珍. 项目化教学法在《中国近现代史纲要》课程中的运作 [J]. 闽江学院学报, 2016 (4): 83-88, 106.

[6] 谢菲. 情景剧教学法在高校思想政治理论课教学中的实践与效用分析——以中国近现代史纲要课程为例 [J]. 电子科技大学学报（社科版）, 2016 (2): 105-108.

高校思想政治理论课课堂管理现状、影响因素及优化路径

大理大学马克思主义学院　王万平　周松

摘　要：本文通过问卷调查，发现目前思想政治理论课课堂管理还存在很多问题，影响了思想政治理论课的教学效果。分析影响高校思想政治理论课课堂管理的因素，发现学校层面、学生层面和教师层面存在的一些问题。本文提出优化高校思想政治理论课课堂管理的有效路径：加强管理制度建设，优化课堂教学环境，提高教师管理能力，改善学生学习行为。增强思想政治理论课课堂管理的有效性，真正实现思想政治理论课的育人目标。

关键词：高校思想政治理论课；课堂管理；优化路径

一、引言

高校思想政治理论课（以下简称思想政治理论课）承担着对大学生进行系统的马克思主义理论教育的任务，是对大学生进行思想政治教育的主渠道。自"05方案"实施以来，以服务思想政治理论课为宗旨的马克思主义学科建设，"努力打造研究对象明确、功能定位科学、学科体系完善、学科基地完备的学科品牌，为推进思想政治理论课发展也提供强大的学理支撑"；同时，"高校思想政治理论课教育教学实践也在经历着由旧范式到新范式的转变过程，在课程建构、教学研究模式、师资队伍建设、教育教学评价、学科话语等方面逐步确立起新的范式"，在培养合格的建设者、提高当代大学生思想政治素质等方面取得了显著的成绩。

但是也有研究发现，随着我国高校思想政治教育环境的变化，思想政治理论课教育教学环境出现了新特点，而目前我国高校思想政治理论课教育教学对此并不适应。刘洪森和王腾指出"目前的思想政治理论课教学还存在着教育教学模式单一、学生积极性不高、教师地位尴尬等问题"；徐生全认为

"高校思想政治理论课存在着学生兴趣不高、课堂难以管控、缺少实践环节等问题";曾云通过对四所高校大学生的调查发现大学生对思想政治理论课教学效果满意度欠佳;周有健认为"高校思想政治理论课教学存在着教学内容横向和纵向重复性供给的'产能过剩'、有效供给相对不足、供给手段失当、供给所处环境紊乱等问题";持同样观点的还有学者王小满和张泽一,他们认为高校思想政治理论课"抬头率不高,人到心没到",主要原因之一是"亲和力"不够。这些研究从不同的视角发现了目前思想政治理论课实效性不高的症结所在。但是"高校思想政治理论课课堂管理总体上乏力无术,已成为影响课堂教学实效性的重要因素"的问题,目前还没有引起学者的关注。

思想政治理论课的教学效果与课堂管理有密切关系。教育学研究认为,教学管理是"通过运用行为管理的一般原理、原则和方法,促进课堂管理行为的规范化和在规范行为的基础上的创造性",课堂管理直接关系到课堂教学目标的达成度。基于这样的认识,笔者认为要提高思想政治理论课的教学效果,增强思想政治理论课的育人能力,必须密切关注和深入研究思想政治理论课的课堂管理问题。本文就是在进行问卷调查的基础上,对高校思想政治理论课课堂管理现状、影响因素和优化路径的初步研究。

二、高校思想政治理论课课堂管理的现状调查

2017 年 10~11 月,笔者参加了教育部组织的为期 21 天的思想政治理论课教师培训。借此机会,笔者与来自全国各地的教师进行了正式的(讨论会)和非正式的(聊天)交流。在这个过程中,教师普遍认为目前思想政治理论课教学效果有待提高,主要原因是课堂管理的效果不好。这一问题引起了笔者的关注,为了能更好地了解思想政治理论课的课堂管理现状,笔者通过问卷对参训教师进行了调查。

调查采用匿名形式,共发放问卷 120 份,回收有效问卷 112 份,调查对象来自全国的 109 所高校。根据问卷统计,样本的涵盖面比较广泛:从地域来看,来自东部地区 41 人,占比为 36.61%;中部地区 26 人,占比为 23.21%;西部地区 45 人,占比为 40.18%;从学校的类型来看,样本来自重点本科(一本)的 10 人,占总人数 8.93%;普通本科(包括二本和三本)

的 67 人，占 59.82%；高职高专的 35 人，占 31.25%。从调查对象的情况来看，样本基本涵盖了全国所有省份、所有类型的高校。此次培训主要针对的是新入职教师，担任思想政治理论课教学的时间都比较短，其中 1 年占比为 25%；2 年的占比 23%；3 年占比 18%；4 年占比为 34%。虽然调查对象担任思想政治理论课教学的时间比较短，但是这些教师对教学中存在的问题有较为深刻的感受和较为理性的认识，能够较为客观地反映思想政治理论课课堂管理现状。下面是这次调查的一些数据统计结果：

(一) 思想政治理论课课堂管理的总体状况

本次调查样本全部来自教学一线，教师的看法基本能代表思想政治理论课教师对课堂管理的总体认识。调查问卷的第一个问题是："您认为目前贵校的思想政治理论课课堂管理总体效果如何？"从调查的结果来看，认为"很好"的有 17 人，占比为 15.18%；认为"一般"有 82 人，占比为 72.32%；认为"不好"有 12 人，占比为 10.71%；认为"很差"的有 1 人，占比为 0.89%。数据如图 1 所示：

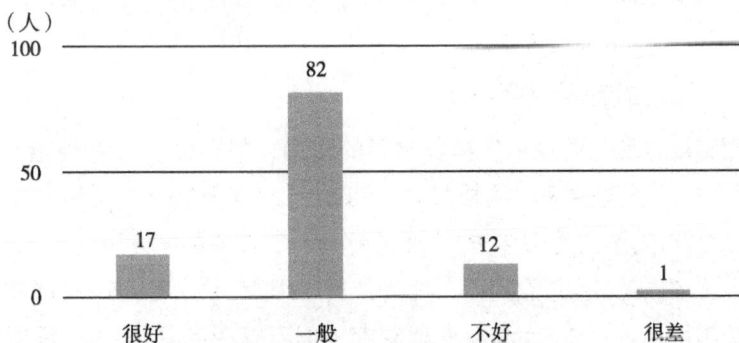

图 1　教师对思政课课堂管理效果评价

从这组数据可以看出，大部分教师认为其所在学校思想政治理论课课堂管理还不错，占到调查人数的 87.5%，但其中认为很好只有 15% 左右。大部分教师认为总体状况一般，还有将近 11.5% 的人认为不好或者很差。这组数据表明高校思想政治理论课的课堂管理还存在问题，不是令人非常满意。

本次调查问卷的第二个问题是："您认为影响思想政治理论课课堂管理的最主要因素依次是？"这是一个排序题，设计了四个选项，让教师由主到次排序：学校的管理制度、教师的管理能力、学生的学习行为、班级的规模和性质（见表1）。这样设计的原因是课堂管理效果不是由某一个因素发挥作用的，是由多个因素共同作用的结果。

表1　思想政治理论课课堂管理影响因素调查结果

—	学校管理制度（人）	教师管理能力（人）	学生学习行为（人）	班级规模和性质（人）
首要因素	34	15	30	33
第二因素	27	40	29	16
第三因素	31	27	31	23
第四因素	19	31	23	39

从统计数据可以看出，教师认为影响课堂管理的首要因素依次是："学校管理制度"有34人，占比为30.36%；"班级规模和性质"有33人，占比为29.46%；"学生学习行为"有30人，占比为26.79%；"教师管理能力"有15人，占比为13.39%。结合第二、第三和第四因素数据分析，结果还是一样。从这个结果来看，教师认为影响课堂管理的因素中，首先是学校的管理制度，其次是班级规模和性质以及学生的学习行为，最后是教师的管理能力。

（二）学校的管理制度

管理制度在课堂管理中发挥着重要的作用，俗话说"没有规矩，不成方圆"，要有好的管理效果，严格具体、可操作的管理制度是关键。本调查问卷的第三个问题是："您所在的学校在制定课堂管理制度方面的情况是?"提供了四个选项：A. 制定了具体、可操作的课堂管理制度；B. 有课堂管理制度，但操作性不强；C. 有课堂管理制度，但不够明确具体；D. 没有制定具体明确的管理制度。调查结果如图2所示：

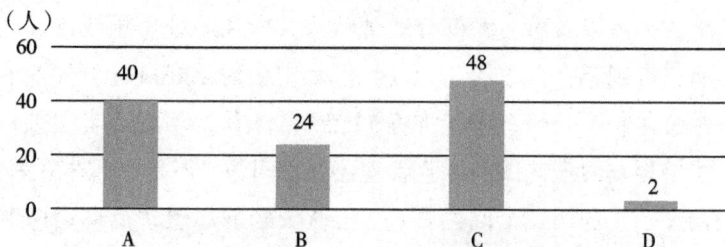

图2　所在学校制定管理制度制定情况

从数据可以看出，基本上所有的学校（98%）都有相应的管理制度，但是有将近三分之二（66%）的教师认为，这些制度不够明确、具体，操作性不强。

（三）班级的性质和规模

影响思想政治理论课教学管理的第二大因素是班级的性质和规模。班级的性质是由学校的类型和学生的专业所决定的，一般来说，重点大学的班级教学管理难度小，一般大学的管理难度次之，高职高专的难度最大，这是由于招生分数和学生素质决定的。但班级规模对课堂管理的影响却是显而易见的：人数多的班级，管理起来费劲；人数少的班级，管理起来相对轻松些。本次调查问卷的第四个问题是："您所带教学班的人数大概有？"选项为：A. 50 人以内；B. 50～100 人；C. 100～200 人；D. 200 人以上。调查结果统计如图 3 所示：

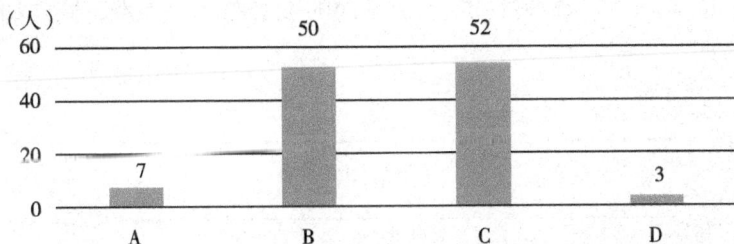

图 3　教师所带班级人数

从图 3 可以看出，授课班级人数在 50 人以内的教师，只占 6%，剩余将近一半的教师，授课人数为 50～100 人，也就是两个行政班；另外一半教师，授课人数在 100～200 人，也就是每次上课要管理的学生有 3～4 个行政班，甚至还有带 200 人以上的教师，虽然这种情况不多，但也是不可忽视的，这样的大班，管理起来，难度可想而知。

（四）学生的学习行为

影响高校思想政治理论课课堂管理的第三个因素是学生的学习行为，也是影响课堂管理的一个主要因素。本次调查的第五个问题是："您对于目前学生在思想政治理论课上的学习行为的满意程度是？"调查结果如图 4 所示：

从调查数据来看，没有一个教师对学生学习行为非常满意，63.39%教师比较满意，34.82%的教师表示不满意，1.79%非常不满意。从这个结果来看，学生的学习行为相对来说还不错，但是不能让老师完全满意，不满意的比例也比较大。

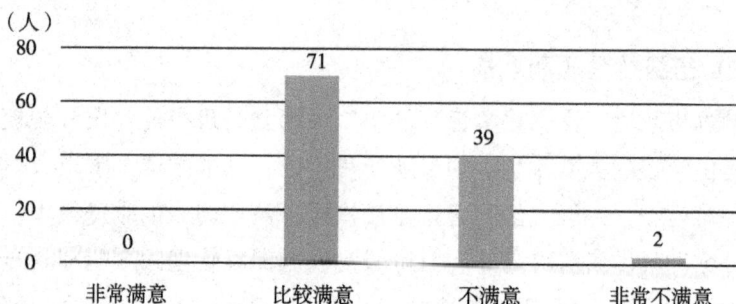

图4　教师对学生学习行为的满意度

学生的学习行为与学习态度有着紧密的联系。调查中的第六个问题是："您认为目前学生对思想政治理论课的学习态度总体来说是?"选项为：A. 积极的；B. 消极的；C. 对抗的；D. 不同的班级和学生表现不同。调查结果如图5所示：

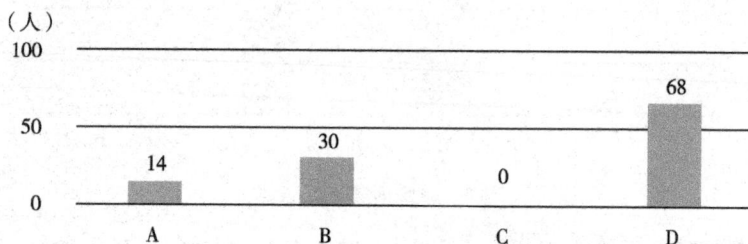

图5　学生对思政课的学习态度

从数据来看，学生学习态度的差异比较大，绝大多数教师认为不同的班级和学生表现不同，占61%；认为学习态度是积极的只占13%，认为是消极的占27%，是前者的2倍，认为态度是"对抗的"数据为零。从这个调查结果来看，学生在思想政治理论课的学习态度方面差异比较大。由于态度存在差异，所以学习行为不可避免地存在差异。部分学生在思想政治理论课的教学过程中，不能很好遵守纪律。调查的第七个问题是："您认为目前思想政治理论课课堂纪律方面存在的最严重的问题是?"调查结果如图6所示：

从上述调查结果可以看出，课堂管理问题最大的"人在心不在"，在课堂上使用手机上网、听音乐或短信聊天最为普遍；其次就是睡觉；另外迟到现象比较明显，更有甚者干脆逃课。近年来在很多高校出现"代课团"等"有偿代课"现象，显示出日渐严重的旷课行为，"必修课选逃，选修课必逃"，这样的情况在学生中不是个例。这个结果与学者通过对学生的调查，发现"很多大学生在课堂上的表现不尽人意，甚至严重影响课堂纪律，不仅影响了自己的学习，还影响了他人的听课质量"的现象是完全一致的。

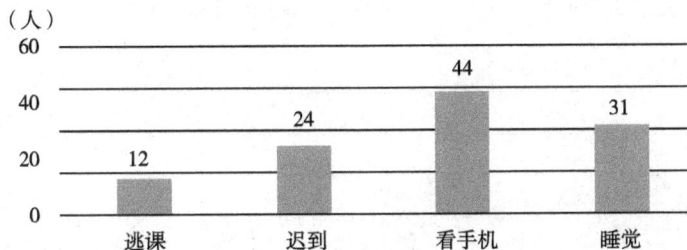

图 6　课堂纪律方面最严重的问题

（五）教师课堂管理能力

对于影响思想政治理论课的课堂管理的因素，前三个方面都是客观性的，而教师的课堂管理能力是主观性的。如果说管理制度、班级规模和学习行为教师无法控制，不是自身的问题造成的，那么教师的课堂管理能力却是可以通过各种方式进行调整的。本次问卷对教师的课堂管理能力也有调查，设计的问题为"对于以上违犯纪律的行为，您采取的处理办法是?"这是一个多选题，设计的选项为：A. 扣平时成绩；B. 向班主任或辅导员反馈；C. 批评与警告；D. 课后找学生了解情况。调查结果统计如图 7 所示：

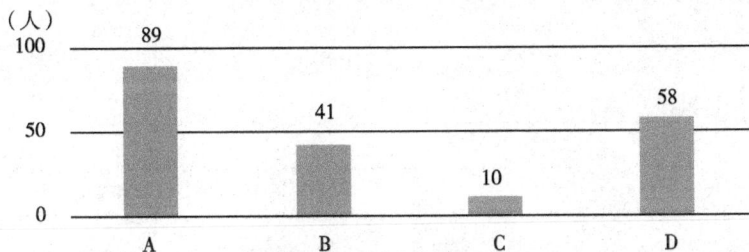

图 7　教师对违纪行为的处理办法

从图 7 可以看出，对于学生违反课堂纪律的问题，采取的措施依次为：扣平时成绩的有 89 人，课后找学生了解情况的有 58 人，向班主任或者辅导员反馈的有 41 人；批评与警告的有 10 人。可以看出，在管理过程中，大多数老师采用的还是简单的扣平时成绩的方式，也有不少人采用找学生了解情况和向班主任（辅导员）反馈的方式。

那么，教师的管理能力到底体现在哪些方面？这次调查设计的一个问题是"您认为教师的最主要的课堂管理能力是?"有"建立和谐的课堂人际关系的能力""运用多样的教学方式的能力""采用民主的管理方式的能力""执行严格的管理制度的能力"四个选项。调查结果如图 8 所示：

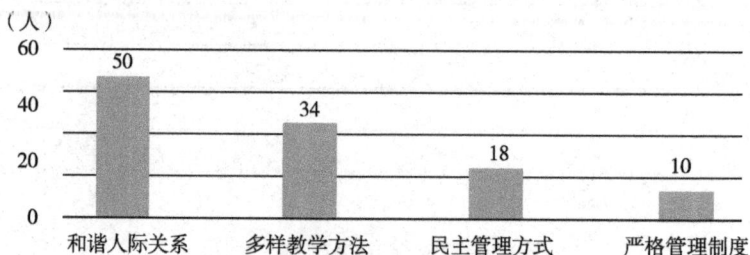

（人）

图 8　教师最主要的课堂管理能力

从调查数据来看，教师认为最重要的管理能力体现是"建立和谐的课堂人际关系的能力"，占比为 44.64%；其他能力依次为"运用多样的教学方式"，占比为 30.36%；"采用民主的管理方式"，占比为 16.07%；"执行严格的管理制度"，占比为 8.93%。

教师的课堂管理能力是教学能力的重要组成部分，但是这种能力不是先天就有的，而是后天培养和训练的结果。本次调查设计了两个问题。一是"您入职以来曾经接受过有关课堂管理的培训吗?"选项为：A. 有过专门的培训；B. 在其他培训中有涉及；C. 很少有这类培；D. 从来没有。调查结果如图 9 所示：

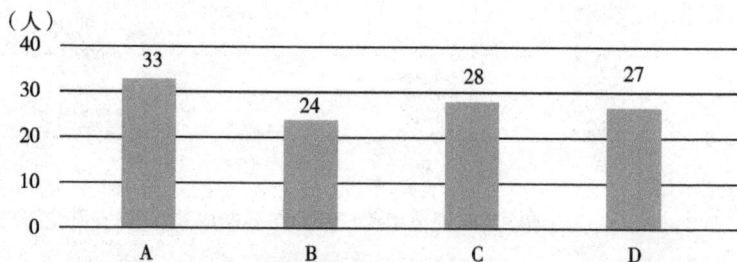

（人）

图 9　教师接受课堂管理培训情况

从调查数据来看，四种情况的占比差不多，除了有接近 30% 的人参加过专门的培训外，剩余的 70% 没有专门培训的经历，只有五分之一的人在其他培训中有所涉及。这说明目前对于新教师的培训侧重于学科知识、授课能力和师德修养方面，对课堂管理能力的培训还不够重视。第二个这方面的问题是："您主要是通过哪种方式来提升高效管理课堂的能力？"这是一道多选题，选项为：A. 专门的培训或者研讨会；B. 自身的教学经历和经验；C. 听取学科组长或同事的建议和指导；D. 与学生沟通交流。调查结果如图 10 所示：

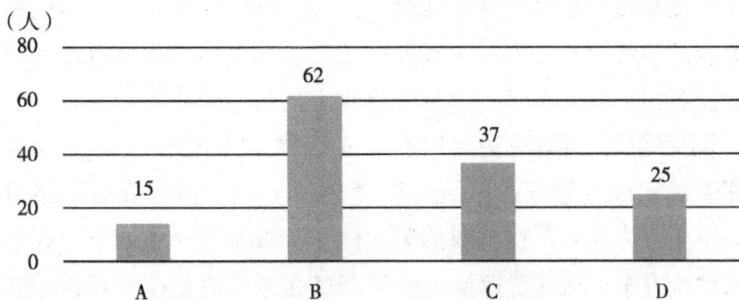

图 10　教师个人提高课堂管理能力的途径

从这个数据可以看出，近三分之二的老师是通过自身的教学经历和经验来提高自己的管理能力的，有三分之一的教师是通过听取学科组长或同事的建议来提高自己的管理能力，还有一些教师是在与学生的沟通交流中改善自己的教学管理，从专门的培训和研讨会上得益的教师非常少。

从本次调查的结果可以看出，目前思想政治理论课的课堂管理现状还不是十分乐观，还存在很多问题：教师认为思想政治理论课课堂管理整体状况一般，对学生的学习行为不是非常满意，学生违反课堂纪律的情况比较频繁，有关课堂管理的专门培训还存在缺位现象，这些问题都对高校思想政治理论课的有效管理产生影响。

三、高校思想政治理论课课堂管理的影响因素

通过上述调查我们可以发现，影响目前思想政治理论课课堂管理的因素很多，这些因素可以分为学校、学生和教师三个层面：

（一）学校层面的影响因素

第一，管理制度。每个高校都有自己的管理制度，比如教师管理制度、

学生管理制度、教学管理制度，但是具体到课堂，具体的管理制度就比较缺失。如果有这方面的制度，也是比较空泛，缺乏操作性，有些甚至沿用多年前的老制度，比如说只有考勤方面的规定，而对使用手机等问题没有明确的规定，没能跟上时代发展的要求。

尤其是思想政治理论课的管理，与专业课的管理还有一定的区别。相对来说学生比较重视专业课，而且任课老师是本学院、本专业的教师，学生与学生、学生与教师、教师与辅导员或班主任都比较熟悉，学生在课堂上的自我管理意识比较强，教师的管理难度不大。而学生对思想政治理论课不够重视，任课教师是跨学院、跨专业来授课的，再加上多是大班授课，学生来自不同的专业甚至不同的学院，学生在课堂上的自我管理意识比较弱，管理的难度大。众所周知，管理是通过制度来进行的，学校制定的相关制度可能对于专业课管理来说足够了，但是对于思想政治理论课来说就不够具体、细致，致使学生行为没有严格细致的制度约束，教师管理也缺乏可操作性。所以，在前述调查中，教师普遍认为管理制度是影响思想政治理论课管理的首要因素，主要原因就在制度是学生遵循和教师惩戒的依据。

第二，大班教学。为了提升国民的整体素质，满足社会发展的需要，从20世纪末开始，我国扩大了高等教育的招生规模，这样就使大学生的人数不断增加，所以很多高校在教学人员不足的情况下，迫不得已采用大班教学，多由两个以上的行政班组成一个教学班，"人数多""专业杂"是大班教学的主要特征，也是教学管理面临的主要困境。由于人数多，维持课堂纪律就存在更大压力，教师精力有限，往往无法兼顾到教室的各个角落，为学生"浑水摸鱼"创造了有利条件，加上有限的约束手段难以对学生起到有效的制约作用，导致教师对学生违规违纪行为存在疏于管理、难以管理的现象。由于"专业杂"，学生结构比较复杂，不同专业间的学生难以形成交流互动，使学生对思想政治理论课班级的归属感降低，教学组织也有一定难度，难以形成良好的教学氛围。同时，由于学生的来源层次多种多样、基础素质参差不齐，导致学生学习态度也存在较大的差异，教学管理的针对性有所降低。

第三，群体效应。由于缺乏严格、细致的管理制度，再加上大班额造成的管理困难，使得高校思想政治理论课课堂呈现出很多不尽如人意的现象。特别是在一些普通高校，由于扩招的原因，学生的素质有明显下降。在缺乏制度约束和严格管理的环境下，不良行为极易完成从个体到群体的扩散，形成大范围、群体性的学习行为失范问题，也就是整个学校的校风和学风不是十分理想。个别学生的违规违纪行为如果未能得到及时遏止，那么这种行为就会在很短的时间内波及其他同学身上，形成"法不责众"的错误意识。在外部约束与内部自律同时失灵的情况下，思想政治理论课教学秩序将不可避免地遭受严重破坏。

（二）学生层面的影响因素

第一，学习态度。前述调查发现，学生对思想政治理论课的态度差异较大，而且不少学生是持消极态度来"应付差事"。这是因为在文化全球化、知识信息化、价值多元化的背景下，高校思想政治理论课面临着"国内官方—民间话语空间、中国话语的国际—国内话语空间，对思想政治理论课话语体系的挤压与推动；当前各种社会问题、社会矛盾以及一些热点、难点问题，影响了大学生的思想和价值观；发达的网络使大学生容易受负面信息的影响，导致部分大学生价值取向的扭曲、思想行为的偏离和道德约束的失控。这些原因使得学生对思想政治理论课采取消极的态度，而这种消极的态度表现为对教学参与的程度不高，对课堂管理造成巨大的影响。

第二，行为失范。近年来大学生的课堂表现却不尽如人意。前述问卷调查表明，大学生缺乏课堂纪律的表现主要包括：使用手机、上课睡觉、经常迟到（或者早退），甚至有些学生出现逃课等行为。这是因为很多大学生没有升学压力，对自己的人生缺乏明确规划，学习缺乏积极性和主动性，导致他们学习行为失范，不遵守课堂纪律，甚至想尽办法逃课。还有一些学生受功利主义思想的影响，强调回报与收益，他们不能把自己的未来与社会的发展联系起来，把个人的成功与思想道德素质联系起来，认为思想政治理论课既不能提升专业技能，也不能强化职业能力，对就业创业也没有帮助，对升学留学也没有益处，对人生发展不起重要作用。这部分学生在思想政治理论课上缺乏自律性与积极性，形成敷衍应付、得过且过的学习态度。这就导致思想政治理论课教师的管理难度大大增加，影响思想政治理论课的教学效果。

第三，高科技诱惑。前述调查发现，课堂中的最难管理的是学生使用手机的问题。手机给我们的生活和学习带来了极大的便利，是每个人必不可少的交流工具，但是手机的新鲜性、娱乐性、刺激性吸引着越来越多的大学生，自我约束能力较差的学生会忍不住要微信聊天、听音乐、看电影、玩游戏，甚至有学生沉迷于网络，经常逃课去上网、打游戏，尤其是他们认为不重要思想政治理论课，更是频繁使用手机的时候。这对思想政治理论课教师来说，既要完成教学任务，又要跟学生"斗智斗勇"，管理的难度可想而知。

（三）教师层面的影响因素

第一，教学任务。由于高校学生扩招，再加上思想政治理论课教师的培养跟不上扩招的速度，大多数高校的思想政治理论课教师都出现"用人荒"，专业师资力量薄弱，总体数量不足，教学任务繁重，科研要求很高，导致部分教师不管是在时间还是在精力上对课堂教学投入不够，有些人甚至只能脚忙手乱地完成教学任务，没有时间和精力进行课堂管理。同时，由于是大班授课，有些教师对学生出现的纪律问题也只是"睁一只眼闭一只眼"，实在看不过去就批评几句，不能进行深入的教育和引导，致使管理制度不能落实，教学的实效性也受到很大的影响。

第二，管理能力。个别高校思想政治理论课教师因对课堂管理功能认识不足，缺乏管理意识而放任学生的违反纪律行为。部分教师重视课堂管理，但是对学生影响课堂秩序的行为有管理的"想法"但是没有管理的"办法"，对于课堂出现的问题"无可奈何"，尤其是现在思想政治理论课教师缺乏，很多青年教师刚一工作便走上讲台，缺乏教学的实践经验，驾驭课堂的能力有限，"教师要告诉学生行为的限度是什么……并清楚说明学生要如何对自己行为或活动负责"，学生违反课堂纪律，教师必须依据已制定的规则及时进行严肃处理。但由于目前高校制度、教师能力等方面的原因，教师对违纪行为的处理还不够及时，处理的方式也比较简单，要么以扣平时成绩相威胁，要么用负面语言一味指责学生，这样反而会强化学生不良行为，为课堂管理留下后患。根据前面的调查可知，这些最需要课堂管理能力培训的教师，大多数缺乏专门的培训，管理能力只能靠自己积累经验或者请教同组教师，成长的速度慢，提高的幅度小，所以对思想政治理论课的课堂管理造成较大的影响。

第三，教学能力。"信其师才能重其道"，思想政治理论课教师的教学能力对课堂管理也有重大影响。"教师素质偏低会使其在课堂教学中难以充分发挥教学活动领导者、学习促进者、学生的朋友等教师职业角色功能，不能采取有效措施、方法处理学生在课堂中的非理想行为，从而产生不同程度的课堂问题行为"，部分教师的教学内容枯燥乏味、照本宣科，教学过程灌输有余、启发不足，教学方式死板老套、创新不足，实践环节薄弱简单、脱离实际，评价方法一考了之、陈旧单一；教学语言艰深晦涩、缺乏亲和力，等等，都会影响学生对教师所传之道的认同和兴趣。学生对教师敬而远之，师生联系往往局限于课堂。在这样的情况下，课堂纪律肯定会出现问题，而且学生对教师的管理不能很好地接受，更谈不上帮助教师进行管理，教学目标也就不能完全实现。

由此看来，影响高校思想政治理论课课堂管理的因素是多方面的。如学校的管理制度不够具体详尽，缺乏操作性；大班授课，课堂管理的难度大，这是目前思想政治理论课管理出现问题的环境背景；学生的学习态度有差异，自我约束能力差，影响课堂纪律的行为如看手机、睡觉、迟到甚至逃课比较普遍，这是目前思想政治理论课课堂管理的具体表现。而教师的管理能力亟需提高，但是缺少必要的培训和指导，这是目前思想政治理论课课堂管理出现问题的根本原因。正是在这些因素的影响之下，思想政治理论课的教学效果不尽人意，教学目标的达成度不高，思想政治理论课的育人功能不能很好地实现。

四、高校思想政治理论课课堂管理的优化路径

对于如何提高课堂管理有效性的问题，笔者结合问卷调查和这些学者的研究，认为优化思想政治理论课课堂管理有如下路径：

（一）完善管理制度

第一，学校的课堂管理制度。对于任何一个高校来说，制定严格的教学管理制度和学习纪律制度是学校建设的一项重要工作。每个学校都有这样的制度，但问题在于目前有些学校的制度与时代发展要求还不完全合拍，条文还不够具体、细致，操作起来有一定困难。所以，高校有关部门应该结合人文关怀与制度管理，完善相关课堂管理制度，尤其是制定的制度要从"规范性"向"促进性"转化，让学生能够自我监控和主动学习，把外在的课堂要求内化为学习自觉，由外在监控大学生行为转向促进大学生内在发展，改维持纪律和秩序表面的有序为侧重课堂的和谐与活力，通过促进性目标达成规范性目标。另外学风建设是教育管理工作的重要内容，优良的学风建设是提高教学质量、建立良好校风的重要条件。只有构建以学生为主体，以素质为

核心，以思想政治教育为基础的学风，使学生达到"乐学、勤学、会学"，才能养成学生自主学习和自我管理的习惯。

第二，学院的课堂行为守则。由于学校层面的制度是针对所有学科的，有些不适合思想政治理论课的课堂管理，所以思想政治理论课教学学院（马克思主义学院）要制定有关思想政治理论课的课堂行为守则，确实能使思想政治理论课的管理落到实处，能对思想政治理论课上学生的行为起到引导、训诫和约束的作用。同时，由于思想政治理论课教学一般不是在原来的院系进行，还要与学生所在学院联系，形成一定管理制度，比如思想政治理论课的请假制度、任课教师与原有班级班主任、辅导员建立课堂情况反馈的制度，等等。这样学生无机可趁，违反纪律的行为就会大大减少。

第三，教师的课堂纪律要求。教师要明确课堂教学的目标和意义，引导学生认识思想政治理论课对于自己、对于社会的重要性。在此基础上结合学校制度、学院守则，提出纪律方面的具体要求，这样学生就会在学习过程中自我约束，并将课堂纪律内化为自我意识和自觉行为。学生接受学习任务并积极地投入学习活动的过程，也就是接受纪律约束的过程。只有当学生明确知道课堂教学的具体要求，认识到课堂教学任务的完成需要相应的课堂秩序来保证，认识到违反课堂纪律的行为对其他同学的学习产生影响时，他们才会自觉维护课堂秩序的责任，从而自我约束，不断提高课堂教学管理的有效性。

（二）优化教学环境

第一，优化宏观教学环境。我国正处于社会转型的关键时期，国际政治环境对人们思想观念的冲击、国内现实环境的影响、社会舆论的多元导向和信息网络的普及化，对整个社会产生了巨大的影响，人们的观念都发生了一定程度的变化。大学生正处在人生观、价值观等形成的关键阶段，这些变化对大学生所产生的影响尤为明显。因此，在这一时期通过优化教育环境对大学生们进行正确的观念引导，是提高课堂管理效果、增强思想政治理论课的教学吸引力，提升思想政治教育的实效性的关键所在。

针对国际国内社会环境的影响以及大学生文化呈现多样性和差异性的特点，必须大力推进社会主义核心价值体系的"三进"工作。在大学生的成长过程中，如果社会的"自由、平等、公正、法治"能真正体现，学生才能树立坚定的政治信仰，对思想政治理论课有发自内心的热情。所以，我们必须大力进行政治生态建设，净化政治环境，肃清不正之风，优化社会环境，用正确的舆论引导人，用典型的事例影响人。党的"十八大"以来，党和国家对一系列严重违纪违法案件的查处，向世人证明了中国共产党敢于直面问题、勇于从严治党、敢于自我净化、善于解决问题的能力，这大大增强了大学生对国家和政府的满意感。党的十九大的胜利召开，为大学生明确了两个阶段的社会发展目标，指明了奋斗方向，这为优化思想政治理论课的宏观环境、增强思想政治理论课的管理效果提供了良好的社会背景。思想政治理论课应该把教材阐述的理论意义与学生追求的现实目标结合起来，与社会热点问题及国际国内重大事件结合起来，增强学生学习的现实共鸣。

第二，优化微观教学环境。微观环境指在长期的办学活动中形成的，为全校师生员工共同遵循的价值取向标准、基本信念和行为规范的校园文化。这种文化具有重要的育人功能，影响着大学生思想道德观念的形成。校园文化环境的优化是高校思想政治教育微观环境得以优化的关键。高校要加强校园文化建设，优化校园文化环境、舆论环境和网络环境，创设良好的思想政治理论课教学环境，使大学生在学风、教风、校风良好的教学环境中接受教育。

第三，增加教师编制数量。目前高校思想政治理论课教师的缺乏直接影响到思想政治理论课的教学质量和效果。高校相关部门要创造一切有利条件，想法设法引进人才，壮大思想政治理论课的教师队伍，严格落实教育部规定，保证教师与学生的比例是1：350或1：400，改变大班教学模式，以固有班级或学科专业为单位，将每个班级人数控制在50名左右，增强思想政治理论课学生的归属感，充分挖掘小班教学精细化管理优势，组建学习讨论小组，增加参与教学活动的机会，努力实现教学互动全覆盖。这样才能使课堂真正活起来、动起来，降低课堂管理难度，提高教学的针对性和有效性。

（三）改善学生行为

第一，要关心学生成长。思想政治工作从根本上说是做人的工作，就必须围绕学生、关照学生、服务学生，不断提高学生思想水平、政治觉悟、道德品质、文化素养，让学生成为德才兼备、全面发展的人才。大学阶段是学生人生道路上的一个关键阶段，教师要关注学生个体的生命价值、生存方式，考虑学生发展的需要，最大限度地使思想政治理论课堂成为学生构筑人生理想、构建生活态度的重要场所；充分信任学生，公平、公正地对待每一位学生，为所有学生提供均等的交流机会；尊重学生的差异与个性，针对不同的学生采用不同的交流、交往方式，以构筑师生双方的交流、沟通的平台。"当学生真正地感觉到他被别人所喜欢并接受时，实施纪律便会变得非常容易，而且，教师的指导也会被学生自觉接受"。关注大学生的发展需要，关心他们成长中的烦恼，建立良好的师生关系是维系课堂秩序的基础，也是完成教育教学任务的保障。

第二，要改变学生态度。要让学生遵守课堂纪律，必须让他们从认识上改变思想政治理论课没有用的观念，让他们明确思想政治理论课对他们认识世界、理解社会、提高素质有重要的作用；为了能更好地服务社会、发展自我，学好思想政治理论课是关键；遵守课堂纪律、促进课堂学习的有效性是对自身负责任的表现。高校班主任、辅导员应该通过各种方式提高学生对思想政治理论课的重视程度，思想政治理论课教师要提高学生对思想政治理论课课堂学习价值的认知，提高对思想政治理论课的兴趣。在教学过程中，教师可以对学生进行内在学习动机的培养与激发，纠正当前大学生过于功利化学习现状，运用多种教学方法引导学生参与课堂教学，促进学生情感对思想政治理论课学习的导向、动力和强化的功能。

第三，要加强纪律约束。俗话说"没有规矩，不成方圆"，大学生虽然已经成年，但是他们的自我管理能力还是有限，缺乏行为的自我监督和约束能力。思想政治理论课教师要加强对课堂管理制度的有效执行，通过制度、纪律来约束学生的行为。正如有学者指出的："没有限度、规则、秩序造成了教育上的无政府主义（混乱），学生不会从中学到如何尊重规则、权威，或如何掌握对待自由的责任心。"所以教师要认真落实并执行已有的课堂制度，促进课堂教学有序进行。学校通过强化外部监管督促学生增加对思想政治理论课的重视与投入，遏制违纪行为，消除惰学心态，促进良好学风养成，优化教学管理，提升教学成效。

（四）提高教师能力

第一，创设良好的师生关系。师生关系是学校教育里一种特殊的社会关系和人际关系，对教师、学生和课堂环境都有重要影响。良好的师生关系是师生在教育教学活动中的价值、生命意义的具体体现，是提高课堂教学质量、改善课堂教学管理的重要措施。这种关系来自师生的互动、交流，虽然高校师生在课堂交流的时间有限，但可以在课间和课后以聊天等方式加强师生沟通，形成良好师生关系，从而激发学生的学习热情，为课堂管理营造相互尊重、信任而和谐的环境。

第二，提高教师的教学能力。高校思想政治理论课教师的政治素质、思想素质、理论素质、文化素质相对较高，但是教学能力有一定差异。提高教学能力对加强和改善思想政治理论课课堂管理有着直接的促进作用。在教学过程中，教师首先要优化教学内容。根据社会的发展和国内外形势的变化，使思想政治理论课教学内容随着时代和社会的发展而发展。目前学者提出了很多优化教学内容的路径，如在尊重统编教材篇章主要设计的前提下，教师可以判断难易进行取舍，适时地补充教材所需的新观点；要注重贴近学生的实际和认知水平，贴近时代发展和社会现实，构建动态生成的教学内容；针对学生不同学科专业，以教材为纲，设计不同的教学案例与流程，使之符合学生的知识结构和兴趣爱好，增进教学的有效性。总之，教师"培养学生认识、分析问题的能力以及社会实践的能力"。其次，教师要创新教学方法。传统的、填鸭式的教学方法影响着学生对教师的认可程度，也影响着课堂管理。目前教师采用的启发式教学、专题式教学、主题研究型教学、案例式教学、研讨式教学、体验性教学等教学方法，能够使学生积极投身于课堂的教学活动中，教学管理就不存在问题。同时，迅猛发展的信息技术为教师创新教学手段提供了良好的条件，可以运用"翻转课堂""慕课""微课"等手段拓展教学空间。此外，要创新评价体系。传统的闭卷考试试卷题型过于死板，助长学生考前临时"抱佛脚"的风气，应注重知识、素质、能力相结合的原则，注重过程性评价，评价方式也应多样化，加强对学生实践创新能力的考察等，使思想政治理论课评价体系更加完善。这样学生重视学习过程，课堂管理中出现的问题也就迎刃而解了。

第三，提高教师的管理能力。在课堂教学管理中，首先教师要严格遵守教学管理制度，起到"身正不令而行"的效果。任何教育行为都体现在教师的思想行为之中，"爱其师才能信其道"。教师能够严格要求自己，学生违犯课堂纪律和管理制度的行为就会大幅度下降；相反，教师自己迟到、早退、接听电话，学生出现各种不守纪律行为就会明显增加。其次，教师要有强烈的课堂管理意识，不能总认为管理学生是班主任或者辅导员的事情，教师如果没有管理意识，或者没有认真管理，课堂中学生的失范行为就会越来越多。

此外，教师还要掌握课堂管理艺术，应学会使用自我管理、分组控制、集体激励等现代管理方法。对学生好的行为进行表扬；对违反纪律的行为要及时批评，但是要掌握批评原则，对于睡觉、说话、看手机等行为，要采取无指向提醒等相对柔性的方式；而对于易出现的迟到、逃课等行为，则要通过点名、查到来进行警示。

总之，管理制度建设有利于良好的教风、学风和校风的形成，应该建立有效的课堂管理监督机制；教学的宏观和微观环境都需要优化，增加教师数量，减少大班教学现象。同时，学生的态度和观念也需要积极引导、有效教育，才能实现他律与自律的结合。更为重要的是，在高校的思想政治理论课教学中，教师要把硬性的制度纪律和柔性的人文关怀结合起来，在教学实践中，教师要不断提高专业技能，不断提高授课水平，灵活运用管理策略，增强课堂管理实效性，从而实现思想政治理论课的教学目标。

五、结语

本文通过问卷调查显示，目前思想政治理论课的课堂管理还存在一些问题，影响了思想政治理论课教学的教学效果。通过对影响高校课堂管理的因素进行分析，我们就会发现，其中有学校层面的因素，比如课堂管理制度不够具体细致，操作起来有些困难，扩招造成的大班教学，增加了管理的难度；有学生层面的因素，比如学习态度消极，学习行为不良，这些都使思想政治理论课课堂管理的有效性下降；有教师层面的因素，比如教学任务繁重，管理意识不强，管理方法欠缺，等等。

高等学校的根本任务是培养德、智、体全面发展的适应社会主义现代化建设需要的各类高级专门人才，有效的课堂管理，是教师的教风、学生的学风和学校的校风的体现。思想政治理论课的课堂管理需要学校、教师和学生齐抓共管，学校要制定具体可操作的制度，学生要认识思想政治理论课的重要性，自我约束自己的行为，尤其是教师在具体的课堂教学中，首先要创设和谐的人际关系，这就可以为管理提供良好的基础；其次是要采用多样化的教学方式，吸引学生的兴趣；同时管理还要民主，不能一堂言，自己说了算，最后还要执行严格的制度要求。这样，才能使思想政治理论课的管理管理向着更加科学、更加有效、更加满意的方向发展，真正实现思想政治理论课培养政治坚定、思想健康、行为规范的社会主义建设者的任务。

参考文献

[1] 陈锡喜. 直面思想政治理论课程建设体系的结构性矛盾 [J]. 思想理论教育, 2005 (6): 20-25.

[2] 赵国友. 高校思想政治理论课教育教学新范式的建构及其意义 [J]. 思想政治教育研究, 2013 (3): 50-54.

[3] 王学俭, 李新科. 高校思想政治理论课教育教学中存在的问题及对策研究 [J]. 思想政治教育研究, 2006 (2): 78-80.

[4] 刘洪森, 王腾. 当前高校思想政治理论课教育教学中存在的主要问题及其对策 [J]. 北京交通大学学报, 2012 (2): 119-124.

[5] 徐生全. 高校思想政治理论课教学存在的问题、原因及对策 [J]. 求知导刊, 2017 (24): 11-12.

[6] 曾云. "以学生为中心"理念下高校思想政治理论课教学效果调查研究 [J]. 教师教育论坛, 2017 (1): 51-57.

[7] 周有健. 供给侧结构性改革语境下高校思想政治理论课教学存在的问题及对策 [J]. 现代教育科学, 2016 (11): 49-53.

[8] 王小满, 张泽一: 供给侧改革视域下的高校思想政治理论课"亲和力"提升策略 [J]. 社会科学家, 2017 (5): 49-53.

[9] 程家福, 李金华. 高校思想政治理论课有效课堂管理策略 [J]. 巢湖学院学报, 2012 (5): 118-122, 133.

[10] 刘家访. 有效课堂管理行为 [M]. 成都: 四川教育出版社, 2003: 94.

[11] 李庚. 高校课堂管理存在的问题与应对策略 [J]. 文化学刊, 2017 (6): 134-138.

[12] 成彦博. 论高校课堂学习纪律管理的策略 [J]. 高教学刊, 2017 (10): 118-119.

[13] 于智慧: 多重话语空间对高校思想政治理论课话语体系建构的影响 [J]. 社会科学, 2017 (11): 34-42.

[14] 纳卡穆拉. 健康课堂管理: 激发、交流和纪律 [M]. 王建平, 译. 北京: 中国轻工业出版社, 2002: 192.

[15] 殷世东. 加强高校课堂管理 促进高校良好学风养成 [J]. 江苏高校, 2009 (4): 94-95.

[16] 赵兴. 高校思想政治理论课教学吸引力问题研究 [D]. 武汉: 华中师范大学, 2014.

[17] 杨林香. 提高思想政治理论课教学效果的着力点 [J]. 思想理论教育导刊, 2012 (8): 77-78.

[18] 王丽英. 思想政治理论课教学内容呈现方式简论 [J]. 学校党建与思想教育, 2012 (6): 42-43.

[19] 孙健. 思想政治理论课教学中的因材施教 [J]. 思想理论教育, 2008 (5): 55-56.

[20] 冉志, 李光辉. 重庆高校思想政治理论课现状调查与对策研究 [M]. 北京: 人民日报出版社, 2007: 95.

[21] 李萍, 林滨. 试谈高校思想政治理论课教学实效性的三个基本维度 [J]. 思想理论教育导刊, 2005 (9): 61-64.

[22] 张晓龙. 运用"专题参与式"教学增强教学实效 [J]. 思想理论教育, 2008 (5): 58-59.

[23] 陈雪, 何小春, 于广东. 高校思想政治理论课"主题研究型"教学模式的构建 [J]. 学校党建与思想教育, 2010 (6): 60-62.

[24] 王继全, 陆树程. 论思想政治理论课案例教学法的几个原则 [J]. 思想理论教育导刊, 2013 (5): 92-94.

[25] 易彪.《中国近现代史纲要》课开展研讨式教学要把握好的几个问题 [J]. 思想理论教育导刊, 2012 (10): 50-52.

[26] 闫玉, 董丁戈. "行为体验式课型"在高校思想政治理论课中的运用 [J]. 思想理论教育导刊, 2012 (8): 73-75.

[27] 陈媛. 高校思想政治理论课"翻转课堂"的理论阐释与实践反思 [J]. 思想理论教育导刊, 2015 (12): 87-90.

[28] 孙叶飞, 马建青. 后慕课时代思政理论课教师的角色转型和素养养成 [J]. 学校党建与思想教育, 2016 (2): 45-47.

[29] 邓演平, 李红. 思想政治理论课学习成绩评价的依据、特点与原则初探 [J]. 大学教育科学, 2005 (5): 57-58.

硕士研究生思想政治理论课
教学的"五个维度"

大理大学马克思主义学院　　李乾夫

摘　要：思想政治理论课作为高校思想政治教育的关键一课，硕士研究生思想政治理论课教学要以教学目标维度为统领、教学内容维度为核心、教学方式维度为关键、教学实践维度、教学考核维度"五个维度"统筹推进，贯彻落实高校"立德树人"根本任务。

关键词：思想政治理论课；思想政治理论教育；"五个维度"；硕士研究生

当前"中国特色社会主义进入新时代，对高校思想政治理论课发挥育人主渠道作用提出了新的更高要求"。研究生思想政治理论课作为对其进行思想政治教育，实现"立德""树人""立智""立志""力行"的主要渠道，在进行思想政治理论课教学过程中，根据硕士研究生的思维特点、认知需求、学术需求、时代特点等，从教学目标、教学内容、教学方式、教学实践、教学考核"五个维度"推进。

一、硕士研究生思想政治理论课教学目标维度

（一）教学目标内涵

目标是方向，能为前进提供指引。《辞海》对教学目标的解释为，预期学生在教学情境中参与学习活动后，行为上可能产生的改变，称为教学目标。此目标可作为教师教学的指引，与学生行为评量的根据。从这个意义上说，研究生思想政治理论课教学目标就预期学生在思想政治理论课教学情境中参与学习相关理论知识后，身体力行，把理论知识运用到实践中，实现"内化"向"外化"的转变，培养社会主义建设者和接班人。然而，在具体

的教学过程中，不同的学习阶段，思想政治理论课也有不同层次的教学目标。本科阶段的思想政治理论课是解决"是什么"的问题，即知道"什么是马克思主义"，初步树立正确的世界观、人生观和价值观。研究生思想政治教学理论课的教学目标就是在熟知什么是马克思主义、正确价值观初步形成的基础上，立足于实际——目前就是立足于"两个一百年奋斗目标"的实现，把家国情、民族责任感内化为自己的道德理论，并为之奋斗，并体现在具体的实践活动中。因而，硕士研究生思想政治理论课相对于本科阶段思想政治理论课在教学目标上有其特殊性。硕士研究生思想政治理论课教学更加注重学生对马克思主义的深度剖析，挖掘其内在机理，提升学生用马克思主义理论解决现实问题的能力。

（二）教学目标之于思想政治理论课教学的地位

如前文所述，教学目标是方向，教学内容、教学方式、教学实践、教学考核等都是为实现教学目标而服务的，任何一个环节或阶段都要以教学目标的实现为目的和归宿。因此，教学目标在思想政治理论课教学中处于统领地位。比如，硕士研究生的"中国特色社会主义理论与实践专题研究"课程，2010年中共中央宣传部、教育部联合颁布的《关于高等学校研究生思想政治理论课课程设置调整的意见》（以下简称《意见》），规定了该课程的教学目的和主要内容，即"在当代世界和当代中国背景下，分专题研究和介绍当前中国特色社会主义实践中的重大问题，深化和拓展本科阶段思想政治理论课的学习，进一步掌握中国特色社会主义理论体系，坚定中国特色社会主义信念"。各高校在落实贯彻《意见》的具体做法上虽存在差异，但都以这一目标为出发点和落脚点，使该课程有序推进。

二、硕士研究生思想政治理论课教学内容维度

（一）教学内容的特点

一般意义上来说，教学内容就是指教学过程中同师生发生交互作用、服务于教学目标的实现的动态生成的素材及信息。第一，从教学内容的来源上来看，本科阶段思想政治理论课的教学内容大多来自于教材，并以教材编写的顺序依次进行授课。就如本科阶段的《马克思主义基本原理概论》（2018版），加上导论有八章，由马克思主义哲学、政治经济学、科学社会主义三

个部分组成。当然，这与本科生的知识储备、教学目标、教学目的是相互适应的。研究生的思想政治理论课没有固定的教材，其教学主要内容或授课的主要内容来源更为广泛，并以专题教学为主。这也符合硕士研究生探究式学习的需要，激发学生的问题意识。第二，从教学内容的层次上看，本科阶段的思想政治理论课教学内容是初级的，主要是对相关原理的讲授，引导、帮助学生对相关理论知识有初步的了解，为学生正确价值观的形成提供指引。而硕士研究生的思想政治理论课教学内容更多体现为对其学理性、学术性的探讨，更体现理论深度。这也对教师的理论素养、专业素养以及学生的学习能力、对知识的运用能力都有较高的要求。首先，对教师而言，其教学内容既要忠于基础理论知识，又要具有前瞻性。"中国特色社会主义理论与实践专题"作为硕士研究生思想政治教育公共课程，既要结合中国特色社会主义相关理论、马克思主义中化的具体实践，又要掌握当前学术研究动态，掌握时政热点，对该课程的内容做到"因时而进、因势而新"。解答学生对形式问题的疑问，并引导其关注国际国内时事，使硕士研究生知道学术界关于相关理论或者现实问题的探讨，引发其思考，并不断进行追问。其次，对学生来说，要求学生有较高的思维自觉，要能发现问题、提出问题，即要有问题意识。"问题是教育教学活动的重要基点（出发点）和有效载体……问题是思维方法、知识积累和发展的逻辑力量，是生长新思想、新方法、新知识的种子。学习过程应该是发现问题、提出问题、分析问题和解决问题的过程。"而"提出一个问题往往比解决一个问题更重要。因为解决一个问题也许仅是一个数学上或实验上的技能而已。而提出新的问题、新的可能性，从新的角度去看旧的问题，却需要创造性的想象力，而且标志着科学的真正进步"。第三，从学生诉求来看，研究生相对于本科生而言，其知识视野更为宽阔，理论水平相对较高。因而，他们往往更加关注时事政治、社会现象。在思想政治理论课上更渴望获得对时政热点问题、社会现实问题等现象的科学性解释，同时也更加注重教学内容对问题学术性的回答。第四，从硕士研究生思想特点来看，"新时代硕士研究生思想活跃，时代气息强，创新、独立意识强的同时，也存在浮躁、迷茫、困惑、受社会思潮影响的特点，因此，思想政治理论课内容选择要结合学生的这些思想特点，有针对性进行教育"。

（二）教学内容之于思想政治理论课教学中的地位

教学内容是为教学目标的实现而服务的，是实现思想政治理论课教学目标的重要载体，是思想政治理论课教学的核心。教学内容设定是否科学、正确，直接关系着学生对该理论的接收程度及所接收信息的准确性。不同的学习阶段，有不同的教学目标，其内容也随之会发生变化，硕士研究生思想政治理论课教学内容就本科阶段而言更深入、更专业，体现其层次性、学理性和学术性。但实际的教学过程中，高校思想政治理论课教学内容不同阶段之间仍存在交叉，本科与硕士研究生之间的层次性体现不明显、针对性也有待提高。这也使本科思想政治理论课与硕士研究生思想政治理论课在教学内容上没能得到很好的衔接，使得高校思想政治理论课教学不同阶段之间要么出现断层、要么知识点重复出现，针对性不足，思想政治教育效果欠佳。因此，在教学过程中，必须根据学生的认识规律、认知能力、认知诉求，在授课内容的选取上有其深度和广度的区别对待，以提高思想政治理论课实效性。

三、硕士研究生思想政治理论课教学方式维度

（一）教学方式的运用及其特点

教学方式是教学目标的实现与推进教学内容的重要媒介，是影响教学效果的重要因素。从这个意义上来说，教学方式就是教育者实现教育目标，贯彻教学内容时所采用的诸如讨论式、演讲式等形式多样的教学方法、手段的总和。

在具体教学过程中，授课教师会根据不同的教学对象、教学内容选择不同的教学方式。硕士研究生思想政治理论课一般采用专题教学，专题教学符合研究生学习的要求。研究生已经具备了一定的理论基础，他们在新阶段求学的过程中有更高的要求。具体表现为：在认知期望上，更渴望教师讲授知识的深度广度；在认知情感上，更倾向于教师学术魅力；在自身发展上，更希望提升自己的学术水平、探究能力，以及构建健康的人格。因此，本科阶段按照教材依次进行讲授的方法已经不再适合研究生阶段的学习，而以专题的方式进行授课，更能满足研究生阶段的学习要求。首先，专题教学以问题为导向，专题讲授。一方面，以问题为导向，"问题教学是现代教育教学中的重要理论和实施方法"，注重对学生问题意识的培养，有利于帮助学生解

决论文有选题却常常无话可说，或没有选题的问题；另一方面，专题教学，解决了硕士研究生思想政治理论课内容多，课时少的难题，有利于思想政治理论课教学的顺利推进。同时，专题教学，能够很好地突出主题，有利于学生对重难点的把握。其次，这种教学方式以教师主导，以学生为主体。就如习近平总书记所说："思想政治理论课教学离不开教师的主导，同时要加大对学生的认知规律和接受特点的研究，发挥学生主体性作用。"同时也坚持了思想政治理论课教学及其改革要"坚持主导性和主体性相统一"。主导能够保证授课内容的方向性、层次性。突出学生的主体性，使学生参与到教学中，并发挥其能动性。而二者的有机结合，能够很好地解决学生能动性发挥"过"或"不及"的难题，保证教学保持正向发展。最后，专题教学的具体授课方法是灵活多样的，可以根据不同的教学内容、不同的授课对象采用不同的教学方法，如讨论式、演讲式或情景模拟式等。因为"思想政治理论课教学方法要服务于教学目的和教学任务的要求，教学方法是师生双方共同完成教学活动内容的手段"，从而丰富硕士研究生思想政治理论课教学的趣味性，弥补教学内容相对枯燥的弊病，提高学生学习的兴趣，让他们积极主动参与到教学中，一改往日思想政治理论课上"低头族"的现象的发生。

（二）教学方式之于思想政治理论课教学中的地位

教学方式就如解锁之匙，是硕士研究生思想政治理论课教学的关键所在。

第一，教学方式是实现教学目标的重要手段。科学的教学方式，为教学目标的实现提供手段。

第二，恰当的教学方式是贯彻教学内容的关键。教学内容作为课堂教学的核心，也需要科学有效的教学方式为其保驾护航。丰富的教学内容需要灵活多样的教学方式方法增强教学内容的感染力。如果没有恰当的教学方式，思想政治理论课教学内容的学理性再具广度、深度，课堂气氛也会成为"一潭死水"，毫无感染力，更不可能打造集"思想性、理论性和亲和力、针对性"的思想政治理论课。而科学的教学方式则能为原本缺少趣味性的思想政治理论课教学内容增添色彩，使原本略显枯燥的教学内容变得有灵魂。使思想政治理论课集价值性与知识性为一体。

正如上文所述，恰当的教学方式，有利于研究生思想政治理论课教学的有序推进，为教学目标服务，提升思想政治理论课的教学效果。就如硕士研究生思想政治理论课的专题教学，这种教学方式也是被实践证明了的最适合硕士研究生思想政治理论课课堂教学的一种方式。专题教学方式以问题为导向，坚持了"灌输性和启发性相统一，注重启发性教育，引导学生发现问题、分析问题、思考问题，在不断启发中让学生水到渠成得出结论"。不仅可以解决硕士研究生思想政治理论课课程内容多而课时少的教学现实问题，而且更能突出硕士研究生思想政治理论课的科学性、学理性，解决学生对社会现实问题的疑惑。

四、硕士研究生思想政治理论课的教学实践维度

（一）教学实践的内涵

教学实践实际上就是教育从"内化"转向"外化"的过程，思想政治理论课教学实践也是思想政治教育"内化"转向"外化"的过程。一直以来，高校思想政治理论课始终坚持课堂理论教育与社会实践体验相统一的教育教学方法。教学实践能实现思政小课堂与社会大课堂的耦合，也是不同阶段思想政治理论课衔接的重要环节。具体来说，硕士研究生思想政治理论课教学实践也分为课堂理论教育实践，包括讨论、案例分析、课堂教学；校内实践活动，包括参加社团、校内志愿服务、参与校园文化建设；社会实践体验，包括志愿服务、"三下乡"暑期社会实践，实践调研考察等。

（二）硕士研究生思想政治理论课教学实践的特殊性

硕士研究生通过本科阶段的学习、锻炼，已经具备一定的认知能力、认知水平和实践能力。

首先，在课堂理论教育实践环节讨论、探讨的话题更具理论深度，更具现实性。比如在讨论"中国特色社会主义道路"这个问题时，本科生更多地会去思考或者回到其定义，但硕士研究生则思考中国特色社会主义道路"是什么""为什么""怎么坚持"，形成一个逻辑思考，从理论到实践的思考。

其次，校内实践更趋向于校园文化建设。硕士研究生学习已经进入探究式的学习，常常会参与到导师的研究课题中，对校内的一些现象有较为敏锐的洞察力，这往往会激发对这一现象的探索欲望。比如各试点高校如火如荼进行的"第二课堂成绩单"制度。一方面激发了学生参与活动的活力，使全体同学融入到校园文化建设中；另一方面，由于这一制度还处于起步阶

段，还未形成科学合理的管理制度，致使我们一些本科学生为获取积分盲目冒进，甚至影响到正常的学习生活。面对这样的现状，硕士研究生开始探讨其背后的原因以及如何科学合理地推进"第二课堂成绩单"制度，将该制度实施的初衷真正落到实处，为校园文化建设建言献策。

最后，社会实践成果具有一定的理论意义和实践意义。社会实践是思想政治教育理论联系实践的重要途径，通过社会实践，并结合思想政治理论课的教学目标可以使大学生充分了解我国的国情，增强大学社会责任意识和使命意识，提高个人综合素质。对硕士研究生来说，社会实践的作用不仅仅在于增强责任感，提高个人综合能力，更是通过社会实践，实践考察调研了解社会现状，并有针对性地对某一地区进行深入考察。以大理大学为例，2018年暑期，大理大学马克思主义学院30名硕士研究生在教师的带领下，分"精准扶贫"调查小组、"改革开放40周年取得云龙县的变化"小组、"乡村振兴战略实施现状"三个小组有重点、有规划对云龙县各部门以及三个乡镇五个自然村进行习近平新时代中国特色社会主义思想宣传，并深入考察、访谈对县、乡镇一级关于"精准扶贫""乡村振兴"的落实；深入农户，了解脱贫情况，改革开放40年来取得云龙县的变化；以及当地政府及人民对"乡村振兴"的认识及其实施现状，从中获取第一手资料，在此基础上归纳总结云龙县在改革开放以来取得的成绩以及存在的不足，发现其在深入推进"精准扶贫"和实施"乡村振兴"战略的过程中存在的问题及困难。形成学术论文或调研报告，为当地脱贫攻坚、乡村振兴的推进提供理论和实践参考。

(三) 教学实践之于思想政治理论课教学中的地位

教学实践作为思想政治理论课教学的重要组成部分，有着其他环节不可替代的作用。它是思想政治教育实效性最直观的体现，教学实践实质上是思想政治教育的外化。通过课堂讨论，可以了解学生的思维方式、思想动机。通过硕士研究生课堂讲授，了解学生对知识点的把握及运用。通过参加校园志愿活动、校园文化建设则能提升硕士研究生自我管理、自我服务意识，以及服务意识、责任意识。通过对校内学生现状，以及校园自媒体建设等现实问题的探讨，为校园文化建设提供智力支持。此外，硕士研究生思想政治理论课还有参观红色基地等具体教学实践活动，通过参观红色基地了解历史事实，引起共鸣，引发爱国情怀。由于受到活动经费或者出于学生安全考虑，在部分高校类似的教学实践活动本科生极少参加。通过社会实践活动，深入社会，加深对我国国情的把握，把个人的发展融入社会中，与社会的发展、祖国的发展结合起来，为中华民族伟大复兴贡献力量。由此我们可以看出，教学实践环节实际上隐藏着隐性教育的影子。而隐性教育与显性教育的统一是思想政治理论课教学改革的一个重要内容。

五、硕士研究生思想政治理论课教学考核维度

（一）思想政治理论课教学考核方式的运用及其特点

教学考核是对参与教学的主体对教学工作完成度以及完成质量的评定。就思想政治理论课而言，考核主体有任课教师和参与到课程教学的学生。作为较强导向作用的教学考核，对不同的主体，其考核评价侧重点、考核方式也不尽相同。具体运行过程主要有以下两种：

第一，对教师教学质量的考核评价。对教师教学评价一般采用教师互评、学生评价、教学督查、教师自评等多种评价方式相结合。教师评价主要是其他教师对授课教师进行听课之后的评价。教师之间可以相互进行交流，取长补短，提升思想政治理论在研究生心目中的地位。学生评价，可以利用期末网上评价、加强与学生之间的沟通来实现。前者是目前高校运用最广泛的方法，但是网络评价往往只能对课程负责人进行评价，因此无法获得学生对所有授课教师的评价以及认可度。而后者，通过加强与学生之间的沟通，可以获得对授课教师更为全面的评价。这也是教学评价中最为重要的方式，因此在研究生思想政治理论课教学评价环节应注重与学生的直接对话。督查，主要是通过教学督查组随机对研究生思想政治理论课进行抽查的一种方式。督查组的构成人员一般都是资深的老教师，他们有着丰富的课堂教学经验。因此，这一层级的评价也最具有权威性，尤其是对年轻教师而言更是如此。教师自评，这是教师对整个过程的反思与总结环节，在考核评价过程有着十分重要意义。通过对教学实践的总结，从中剖析授课的过程中哪些方面做得好，哪些方面还需要改进，总结归纳90后研究生的思想特点，反思是否达到预期的教学效果，从而不断完善授课教学，提升思想政治理论课的育人效果。最后，学校相关部门对思想政治理论课教学质量进行综合评价，从整体对研究生思想政治理论课教学进行完善，不断推进思想政治理论课教学改革。

第二，对学生的课程考核。"研究生思想政治理论课专题式教学重视学生运用马克思主义的立场、观点和方法分析、解决实际问题的能力，而不是对理论知识的死记硬背。"故，对学生的考核应注重学生对所学理论知识的运用，提高解决问题的能力。包括过程考核，即平时表现，如出勤率、课堂讨论、回答问题等参与情况、期中作业的完成度及质量，这种考核与本科相差无几。最终考核，学生根据课程内容相关的主题撰写课程论文，这种方式既灵活又能很好地将理论与实践联系，培育学生的问题意识，以及学术论文的撰写能力，这也是本科思想政治理论课对学生考核最具差异的考核方式。首先学生在选取论文主题、方向的过程中，必然要查找相关的资料，这个过程实际上是温习理论知识的过程。其次，能帮助学生了解相关主题的学术前沿，探究专家学者对某一问题的认识，并从中获得他们对问题的看法，理解其思维逻辑。考察相关问题研究还存在的问题，从而找到突破口，深入研究，培养学生创新思维，以及创新能力的提升。而课程负责人作为最终考核者，在对学生的论文进行指导与批阅时，要注重对学生学术规范、学术道德的教育。

（二）教学考核之于硕士研究生思想政治理论课教学中的地位

教学考核是对思想政治理论课教学质量评价的重要手段，也是思想政治理论课教学不可缺少的部分，对既定的教学目标、教学内容的落实情况、教学质量进行评测。是思想政治理论课教学有序推进，提升思想政治理论课"育人"效果的保障。

首先，对思想政治理论课教育主客体双方起到约束作用。对学生来说，任何一个阶段的考核或者采用何种方式考核，都是为了督促其参与到思想政治理论课教学中。并在长期的潜移默化的影响下，使这种外界督促转向自律自觉，实现"外烁"向"内求"的转变。对教师而言，通过互听，取长补短，提升课堂教学水平。学生评价实际上既是考核学生对教师的满意度，更是对整个教学过程各个环节的一个反馈。督查则是思想政治理论课教学有序推进的保障。思想政治理论课作为立德树人的关键课程，首先就是要保证这一"关键"课程能正常进行。教师自评是提升自我认知、查缺补漏，通过反思总结，对教学过程有一个整体的认知和把握，以便以后教学中扬长避短。发现问题，找到学术研究的突破口，创新思想政治理论课教学方式方法，推进思想政治理论课教学改革。

其次，为教学目标实现提供保障，创新思想政治理论课教学方式。通过形式多样的考核方式获得思想政治理论课效果反馈。教师在坚持教学目标导向原则下，对教学内容、教学方式、教学实践、教学质量形成思想政治理论课教学全方位的考核评测。通过有针对性的考核评价方式，对教学内容设置的科学性、系统性、层次性，对教学方式的科学性以及教学实践、教学质量的实效有整体的把握，创新思想政治理论课教学方式。

同时，高校本硕思想政治理论课教师队伍基本上是固定的，大多数的思想政治理论课教师同时承担两个阶段的思想政治理论课教学任务。通过思想政治理论课可以与不同阶段的学生近距离地交流，了解不同阶段学生的特点，从而找到本硕思想政治理论课教学的契合点。

"在当前高校课程实践体系中，思想政治理论课是全面贯彻党的教育方针、落实立德树人根本任务的主干渠道，是加强和改进高校思想政治工作、实现高等教育内涵式发展的灵魂课程"。硕士研究生思想政治理论课是对其进行思想政治教育的主渠道，有着其他课程无法替代的作用。发挥该课程的思想政治教育效果，培育中国特色社会主义建设者和接班人，要把握好硕士研究生思想政治理论课教学的"五个维度"。要在思想政治理论课教学目标的指引下，设置科学的、有时代性的教学内容；采用科学有效、学生喜闻乐见的教学方式，提升学生对思想政治理论课，甚至对思想政治教育的兴趣；采用形式多样的教学实践形式，真正将思政"小课堂"与社会"大课堂"联系起来；通过课程论文考核，提升硕士研究生同学的学术素养，创新思想政治理论课教学，推进教学改革，在实践教学中找到大、中、小思想政治理论课的衔接点，最终提升思想政治理论课的思想政治教育功能。

参考文献

[1] 丁国浩. 问题意识导向下的高校思想政治理论课教学研究 [M]. 杭州：浙江大学出版社，2017.3.

[2] 爱因斯坦，英费尔德. 物理学的进化 [M]. 周肇威，译. 北京：中信出版社，2019.

[3] 李梁，刘翔宇. 思想政治理论课目标、课程内容与教学方法的理论思考

[J]．思想理论教育导刊，2019（4）：96-99，104.

[4] 王春刚，李维波．硕士研究生与本科生阶段思想政治理论课的教学衔接探析 [J]．淮海工学院学报（人文社会科学版），2016，14（2）：131-134.

[5] 卫志民．专题式教学在硕士研究生思想政治理论课中的运用与完善 [J]．思想理论教育导刊，2014（12）：58-63.

第三篇

社会实践
报告及案例

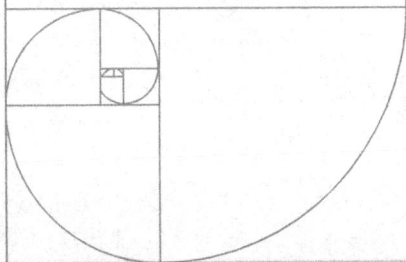

民族地区农村思想政治教育的成功范例

——大理周城白族村思想政治教育工作调查报告

胡椿　黄萍　等

一、引言

思想政治工作是经济工作和其他一切工作的生命线，是中国共产党的政治优势和传家之宝。现代思想政治教育与时俱进，为社会的进步发挥着巨大效用。然而它必须根植于民族传统这块沃土，因为传统文化是现代文化生活的根基。周城白族村蕴育着深厚的白族传统文化，在调查了解和总结中国共产党思想政治教育工作在周城的有效实践情况的过程中，我们着重于"具体内容""方式方法"及特色的调查研究，总结周城经济社会发展尤其是精神文明建设的经验、特色，挖掘民族地区农村有效开展思想政治教育工作的代表性、典型性意义价值，探索思想政治教育工作在白族聚居地区农村所具有的特殊性和实践的有效性，为加强和改进少数民族地区思想政治教育工作提出一些建设性意见。

白族文化兼容并包，在少数民族文化中具有典型性和先进性。而其中的思想政治教育仍具民族特色。大理周城白族村是少数民族地区思想政治教育工作获得成功的一个典型范例。调查研究白族文化中的思想政治教育内容与方式，深入分析周城村取得各方面成就的重要原因之一，有助于丰富与创新党的思想政治教育工作理论，同时可供包括汉族在内的其他民族借鉴。就此，我们对周城村的思想政治教育工作进行了较为全面、深入的调查。

二、调查的基本情况

（一）调查目的

周城村是全国最大的白族自然村，其白族文化独具特色，周城村的发展令人瞩目而又特色鲜明。周城村两次被国务院评为"全国民族团结进步模范集体"，被文化部命名为"扎染艺术之乡"，被中国村社促进会授予"中国特色经济村"，被省精神文明建设指导委员会授予"创建文明村镇工作先进单位"，云南省学习实践"三个代表"重要思想先进集体，州级"小康示范村""亿元村""全国敬老模范（社区）村"，市级"民主法制示范村"等数十项荣誉。多角度了解和掌握周城村的有关思想政治教育方面的情况，从思想政治教育这一视角分析周城经济社会发展的内在原因，印证了思想政治教育工作"生命线""传家宝"的价值、意义；探求富有民族特色和卓有成效的农村思想政治教育工作的经验和启示。

（二）调查对象

大理白族周城村的村干部及白族居民。被调查者都是当地白族人，受到白族文化长久的熏陶，有丰富的生活阅历，对思想政治教育的基本内容和方式有一定的认识和理解。

（三）调查内容

主要调查了解周城白族自然村的政治、经济、文化概况及居民的生活、工作、受教育等方面的一些情况，以及村里的党组织依托民族文化、村镇文化优势进行思想政治教育的基本内容和方式。

（四）调查方式

本次调查主要采取了文献研究法、问卷调查法和结构访谈法，即通过查阅各种文献资料、发放调查问卷、与村领导和居民进行座谈、单独访谈等进行调查。其中，调查问卷主要采用整群抽样法和随机抽样法，分别对村委会及学校的一些干部以及居民进行调查，采取当场发卷填写并当场收回的方式。在周城共发放问卷200份（其中干部50份，普通居民150份），收回问卷192份，回收率为96%，有效回收率为94.68%。其中，干部有效回收49份，普通居民有效回收140份，有效回收率分别是98%和98.60%。以下问题的分析将以有效回收的问卷作为依据。

（五）文献查阅及综述

在调查研究的过程中，我们主要查阅了关于大理白族文化、周城村的发展情况、思想政治教育的理论研究，尤其是农村思想政治教育工作、民族地区农民思想政治教育工作等相关的文献资料。其中主要的是《大理周城录》《周城文化》《论中国少数民族地区的思想政治教育》《中国少数民族地区思想政治教育概论》等8部专著以及《白族家族文化传统职能及其演化》《现代思想政治教育内容新探》《马克思的人学思想对思想政治教育的启示》《少数民族干部思想政治教育问题及对策研究》等10多篇论文，此外还查阅了报刊杂志的一些相关文章，对其中的内容进行了分析、对比和总结，为有针对性地调研奠定了坚实的基础。从查阅的文献中，我们了解到了白族文化较为全面的内涵、精神以及文化的传承和弘扬，并从中发现了其对党的思想政治教育工作的积极作用和可深入挖掘的价值所在。而对于大理白族周城村的了解，则是从政治、经济、文化及居民生活等多方面探析其发展变化情况，进而探究到了其重要原因之一：即中国共产党的思想政治教育工作的关键性作用。同时，研读思想政治教育理论的相关文献，则将这次调查的内容提升到更加深刻和全面的理论高度。书籍中对思想政治教育的目的、功能、作用、思想政治教育的各因素（包括教育的主体、客体、介体、环体、载体等）；对少数民族思想政治教育的地位和作用、对象、目的、任务和内容、教育环境、教育过程、教育的基本原则和方法、教育的组织和领导、教育效果评估等进行了全面系统论述，其中的一些重要观点值得借鉴并以此作为调查的内容参考。例如：其总结的少数民族思想政治教育对象的特征、思想政治教育过程的基本特点、与经济发展的对立统一规律、解决民族问题对于加强少数民族干部思想政治教育的重要作用以及还未系统化的一些对策建议等，都是此次调查研究的有价值的参考材料。但是，从国内外研究现状看，学者对白族文化和周城白族村习俗的研究的文献、书籍颇多，但就白族文化中的思想政治教育的内容和方式涉及的研究成果极少。目前，我们还未发现专门的、系统的研究资料，只有一些零星的、分散的资料，并且针对性和时代性也不够强，我们将借鉴其中的有用的资料和研究方法，与此同时对大量的白族文献进行搜集、整理和研究，并就其中的思想政治教育方面的问题进行更有针对性、有效、具体地开展调查，并通过调查研究，总结白族文化中的思想政治教育内容与方式（特别是马克思主义中国化理论和党的政策方针如何在民族地区有效实践的经验），丰富与创新白族地区的思想政治教育工作，同时供包括汉族在内的其他民族借鉴。

（六）调查时间

本课题的调查是结合大学生科研课题和暑期社会实践进行的，也是思想政治理论课教学实践的有效尝试，调查研究共经历了二个阶段，调研成果是师生较长时间反复调查分析共同形成的。第一阶段：2009 年 2 月—2010 年 3 月。第二阶段：2010 年 7 月—2011 年 3 月。问卷调查时间：2010 年 7 月。

三、调查研究的成果

周城村隶属大理市喜洲镇，位于大理市北部，村庄占地 60 万平方米，耕地面积 2850（亩），全村下设 16 个村民小组，总农户 2292 户，人口 10470 人，其中白族占 99%，是全国最大的白族自然村，也是大理地区白族习俗、服饰、民居和民俗活动保存最完好的民族村落之一。有"中华白族第一村""白族活化石"之称。村庄由 1000 多个白族民居院落连成一片，家挨家、户连户，中间很少有空地。有近 3 公里的环村小路，村内南北向干道 3 条，东西向干道 13 条，小巷小道数百条，纵横交错，错综复杂，是典型的白族村落。村中的大青村、古戏台、龙泉寺及本主庙构成了周城村独有的民俗风情和历史文化。大青村下是千年不变的晚街，是村民交易产品、乘凉休闲的重要场地；大青村东侧是清代建成的古戏台，在节日、集会时，这里是文艺演出、文化传播的主阵地，也是旅游观光的胜景。龙泉寺是大理释、道、儒三教合一传统宗教的典型，是周城宗教文化活动最重要的场所，具有鲜明的民族特色。

作为一个村落，周城村人多地少〔人均占有耕地 0.26（亩）〕，自然资源贫乏，基本依靠种植和畜牧为生，生存条件比较恶劣。1 万多人聚居在 1.5 平方公里的村落，昔日的周城，涉及邻里瓜葛、打架斗殴、意外伤亡、环境破坏等诸多不良现象时有发生。

改革开放大大改变了周城的物质生活和精神面貌，激发了周城的发展潜力，通过多年的艰苦努力，当今的周城成为享誉全国的物质文明和精神文明著名村落。经济上，快速、协调发展。他们针对人多地少、小商品经济较为活跃的实际，抓住了小城镇开发和大理发展旅游文化产业的春风，立足村内优势，形成了"以小城镇开发为龙头，发展旅游业、服务业，提升民族加工业，发展特色农业"的经济增长模式，成功地把资源优势转化为经济优势，取得了明显成效。2010年，全村农村经济总收入达48104万元，其中，农业收入1550万元，牧业收入431万元，运输业收入2688万元，建筑业收入4224万元，服务业收入9204万元，民族工业收入12636万元，商饮业收入17166万元。农民人均纯收入达6214元，安全饮用水率达100%，农户使用上液化气、电磁炉和沼气灶等新型能源。在政治方面，村委会已经设有较为规范的党组织，包括1个党总支、3个党支部、21个党小组。在各级党委和政府的正确领导和帮助下，学习政治思想理论知识，培养政治立场和素养，积极贯彻和实施党和国家的方针、政策。在提高物质文明的同时还努力创建精神文明，把培养诚信、文明、守法、时尚的"周城人"作为新时期精神文明建设的重点，积极营造文明、安定、团结的村风，重视发展基础教育，加强对青少年的培养和教育，切实提高了村民整体文明程度。这些不仅提升了村民的科学文化素质，丰富了村民的现代知识和理论水平，而且促进了传统优秀文化即白族文化更好地继承和发展，进而带动了社会的安定以及经济的发展。在社会事业方面，周城村建立健全了妇委、民兵、老协、治保调解等群团组织，村里有九年制学校、幼儿园、卫生所、农民文化宫、兽医良种改良站、护林防火队、商贸街管理站、环卫队和志愿消防队9个事业单位，有周城民族扎染厂、金花奶粉厂、水电管理所3个集体企业。全村参加新型合作医疗2200户、9024人，"参合"率户数为96%。社会事业设施配套齐全，服务功能强大。周城村在各级政府的支持下大力修缮道路，改善村民的福利待遇，完善保险事业，落实社会保障体系，积极开展扶危救济，村民安居乐业，实实在在感受到了改革开放带来的实惠和利益。

总之，周城在改革开放和市场经济的大背景下继承了白族文化的古老传统，取得了许多荣誉，而这些优秀成果的获得与周城长期以来的有效的思想政治教育工作是分不开的。可以说中国共产党的思想政治教育工作在这里发挥了"生命线"作用，我们在调查中深深体会到了这一点，尤其是在少数民族地区的农村，思想政治工作更是显得重要和必要。这就需要我们认真调研、分析，总结其富有特色、富有成效的实践经验，并力所能及地加以理论提升，着力探求促进这些地区发展和进步的内在动因。

（一）进行思想政治教育的重要性和必要性

众所周知，思想政治工作是中国共产党的优良传统和政治优势，在革命、建设和改革的各个时期，都发挥着"生命线"与"灵魂"的积极作用。中国共产党在领导人民的过程中，与时俱进的方针政策和举措的宣传和贯彻实施需要思想政治教育工作来开辟道路。马克思主义理论的巨大指导功能，决定了思想政治工作的重要性。

从整个中国范围内来说，思想政治工作的重要性如此，少数民族地区，尤其是在农村地区，思想政治教育工作更是必要的。首先是少数民族容易对外来文化、理念存在强烈的排外性，交通、语言、民俗习惯、宗教信仰等都在一定程度上制约着新思想、新风尚的传入和接受。其次，随着行政体制、经济体制等一系列的改革，对农村尤其是少数民族农村地区有很大的冲击和影响。最后，农村人民群众接受外界思想不够全面，难以正确判断外来文化观念。以上这些问题都需要党和政府高度重视，尤其要抓紧抓好思想政治教育工作，正确发挥思想政治教育工作对这些地区人民群众的方向、动力、聚合等功能。要完善中国共产党的思想政治教育工作，就要加强对少数民族农村地区的思想政治教育理论研究和实践总结。

周城村作为少数民族农村地区的白族村落，却与其他地区不同。周城人崇尚"学习别人而不丧失自我"的格言。随着国家的繁荣富强，周城人也跟随党的步伐，在各级党委的高度重视和政府的大力支持帮助下，认真贯彻党的一系列路线、方针、政策，从实际情况出发，不断加大农村各项工作的改革力度，采取行之有效的措施，使得周城的经济从以前的缓慢发展，逐步迈入快速、协调发展的快车道，周城的各项基础设施建设和生产、生活蒸蒸日上。在学习外来先进生产、生活理念的同时，有效开展思想政治教育工作，使其政治、经济、文化都取得了许多辉煌成就，尤其在经济上已发展到现代社会主义社会的现代化经济。当然周城也不可避免还存在一些不足和问题，但其成功的发展经验不仅证明了思想政治教育工作的必要性，也印证了思想政治教育工作的重要价值之所在。

（二）在周城白族文化村开展思想政治教育的可能性和优势

1. 白族文化兼容性的特点易于吸收外来文化和进步思想

白族是我国西南边疆一个具有悠久历史和文化的少数民族，80%以上的白族人居住在大理白族自治州。大理风景秀丽、气候宜人，在这片美丽富饶的土地上，勤劳，勇敢的白族人民以他们悠久的历史、发达的文化、多姿多彩的风土人情吸引着众多人的目光，也吸引了许多学者的考察和研究。早在古时候，就有许多外来民族与之交融，形成了特有的开放性和包容精神，创造了一个多元文化和谐共处的文化生态环境，对人类的发展有积极的意义，也为思想政治教育的开展提供了较好的文化环境。一方面，白族文化不断地丰富自身，适应时代变革，吸收和借鉴外来文化。特别是与汉族文化的交流，不但形成了许多有价值的文化形式，也逐渐营造了一个在民族关系上平等、和睦，在文化上相互学习，相互借鉴的文化家园。另一方面，白族人民的信仰提倡了一种亲和、和谐的价值理念，不排斥外来的先进的思想，主张与其平等交流，和谐共处。为此，思想政治教育的许多精神内容就容易渗透进白族人民的思想观念中，并与当地文化思想相融合，凸显了白族文化在思想政治教育实施过程中的优越性。

2. 周城村的地理优势以及对白族文化的良好继承和弘扬

周城，位于大理市白族第一镇——喜洲镇，被誉为"全国最大的白族自然村"。它西靠苍山、东望洱海，214国道从村中通过，交通便利，还有蝴蝶泉、花甸坝、龙首关等风景名胜相依托，更有典型的白族村风民俗，其民族语言、民族建筑、民族服饰、古戏台、本主庙等，富有浓郁的白族文化韵味，吸引了古今中外的名人来此游玩或考究。明代徐霞客曾游历并作记，近代郭沫若、丁玲、费孝通等也曾驻足一游，为我们的调查研究提供了许多有关的文献资料。周城，这个拥有悠久历史的古老村落，始终保持着质朴而浓厚的白族传统文化，人民群众世世代代受到纯正的白族文化熏陶，使整个村庄都充满了民族性和开放性的文化氛围，为思想政治教育工作的顺利开展提供了许多可能性。

3. 周城村发展的辉煌成就以及在思想政治教育方面的成功范例

来到周城这个古老的村庄，我们深深感受到民族传统文化与现代文明相交融的气息。作为一个独立完整的自然村形成的行政村，周城在改革开放和市场经济的大背景下既继承了白族文化的古老传统，又抓住机遇，深化改革，始终与党和国家的方针、政策、路线同步，不断与时俱进，在社会主义的建设道路上展现出了良好的时代风貌与蓬勃生机，成功地将党的思想理论和路线方针付诸实践。这从周城近年来取得的桂冠就可得知："全国民族团结进步先进单位""中国特色经济村"，云南省政府授予的"云南省学习实践'三个代表'重要思想先进集体"荣誉，大理州政府授予的"亿元村""小康示范村"称号等，都彰显了周城白族村社会的文明与和谐。然而，从更深层次的角度分析，这些优秀成果与周城长期以来的有效的思想政治教育工作是分不开的，同时也是值得其他地区借鉴的。因此，通过调查研究并系统总结周城的思想政治教育工作的内容与方式及经验，尤其挖掘出融汇在其民族文化中的思想教育因素，不仅有利于弘扬白族优秀文化，繁荣中华民族文化，而且对今后的政治经济工作也有重要价值和意义。

4. 村民良好的素质和浓厚的民族精神

根据对有关资料的分析以及在周城村的观察、与村民的交流，我们发现周城的村民都比较温和与亲切，易于亲近与沟通。由于他们的生活水平都较高，物质利益得到较好的保障，所以相对于一般的农村地区的人民群众来说，他们在精神状态上、素质修养上都给人留下良好印象，有部分人还具有与其他民族地区难以比拟的先进思想觉悟。此外，村民深厚的民族感情也促使村民凝聚成一个团结进取的集体，大部分人以个体发展和集体的进步为荣，热心于周城村的各种活动和事业。这就为思想政治教育者与群众的交流工作提供了有利条件，有助于高效地传达和贯彻实施党和国家的方针政策，同时解决好群众的思想问题和实际生活问题。

（三）周城村思想政治教育的基本内容及特点

1. 党和国家大政方针、政策的宣传教育

问卷题号：18. 村委会或村党支部有没有组织对国家方针政策的学习？（调查结果见表1）

表1　第18题调查结果

对　　象	经常有	偶尔有	没有	不清楚
干　　部	93.87%	6.13%	0	0
普通居民	68.57%	14.28%	7.15%	10%

由表1可知，有93.87%的村干部普遍认为开展了这方面的工作；大部分村民能关注村内的活动，并且在党组织的领导下学习国家的大政方针，占了总比例的68.57%。另外，从我们与村委会党支书的交谈中即可知，在新中国建立之初，趁着周城发展的一片大好形势，村里开展了较为全面的思想政治教育，大力宣传了党和国家的发展思想理念、前进方针、民族政策以及全国性的对内、对外政策，也包括了对少数民族的优惠政策等，帮助人民更多地

理解国家的各项措施，收到了良好的效果。

2. 树立对党和社会的正确思想观念

问卷题号：13. 你了解周城的党支部和党员情况吗？（调查结果见表 2）

表 2　第 13 题调查结果

对　　象	了解	一点点	不了解
干　部	81.63%	12.24%	6.13%
普通居民	57.15%	20.71%	22.14%

问卷题号：6. 如果你认为你的思想存在问题，你如何解决？（多选）（调查结果见表 3）

表 3　第 6 题调查结果

对　　象	自我调整	向村委会党员领导咨询	向他人求助	其他
普通居民	35.71%	51.43%	34.29%	14.29%

问卷题号：2. 你认为当前周城的白族文化在继承传统的基础上有没有受到社会发展的影响而有所创新？（调查结果见表 4）

表 4　第 2 题调查结果

对　　象	有	一点点	没有	不清楚
干　部	79.59%	14.29%	6.12%	0
普通居民	48.57%	17.14%	7.14%	27.15%

由表 4 可知，问题 13 和问题 6 表现了村民对党的认识程度和信赖度，问题 13 的调查结果中有 93.87% 的干部和 77.86% 的普通居民都对本村党的情况有所了解，问题 6 的调查中有 51.43% 的居民会选择党的相关组织开导自己的思想，结合访谈也说明了由于村领导的有效的思想工作的开展，人民群众越来越积极主动地学习党的方针、政策，领悟到党的领导的优越性及其思想的先进性，对党也越来越信任，对党的思想理论及政策认同度比较高，受到进步思想的影响大，不再只是盲目崇拜本主文化，排斥党的教化。而问题 2 的调查结果则表现出了人民对社会的认识，有 93.88% 的干部和 65.61% 的普通居民都肯定了社会的发展给周城带来的新风气，白族文化作为当地人民重要

的精神支柱，社会的发展也促进了这种文化的与时俱进与创新。随着社会的发展进步，周城经济社会文化也在发展进步。通过各种资料的研究，我们发现村民大都认识到周城的发展进步，离不开国家发展、民族团结进步的大环境的重要作用，并且不断地为丰富和创新白族文化而贡献自己的力量。他们认识到了自己的人生价值必然要在社会的大环境中才能实现，所以，他们虽然身处农村，却也关注社会，而不再只顾个人的生存，忽略社会的利益。另外，党的政策与当地民俗发生冲突的情况也存在。例如：国家颁行的《婚姻法》中对结婚年龄的限定与本村人的观念有所分歧（周城有着早婚的历史传统）。当村干部发现了人民的情绪，就及时为他们分析了这一规定对社会、对人民的作用和价值，使他们逐渐地理解，缓和了自己的矛盾情绪，也开始抛弃一些传统的保守落后的观念，接受了更多新兴的社会新观念。可以说，村民在党的思想政治教育的引导下，不断更新对社会的认识和思想观念。

3. 以科学的发展思路和目标凝聚人心并形成共识

问卷题号：7. 你和其他村民会不会一起讨论周城应如何发展的问题？（调查结果见表5）

表5　第7题调查结果

对　　象	会	不会
干　　部	81.63%	18.37%
普通居民	71.42%	28.58%

数据显示，81.63%的干部都能与群众交流整个村的发展问题，也有71.42%的村民对本村的发展有自己的认识和看法。结合我们的访谈以及收集到的村民委员会向村民发放的《周城白族民俗旅游村简介》等材料，我们发现人们不仅在积极探讨这一问题，并且在周城依托地理和传统文化优势，大力发展民俗文化旅游产业，形成较为完整的白族文化旅游产业集群这一方面，各级党委、政府和周城老百姓已形成了共识。正是村民们浓厚的集体荣誉感和民族精神，使他们将自己的利益与整个村的发展相结合，共同为着民族的进步而奋斗。

4. 富有本地特色和时代性的村规民约

问卷题号：17. 你认为周城的村规民约是否符合白族人的生活习惯？（调

查结果见表6)

表6　第17题调查结果

对　　象	符合	有一些不符合	不符合
普通居民	80%	14.28%	5.72%

从表6可知，80%的居民，即大部分人认同了本村规范的民族特色，都比较乐意接受符合自己生活习惯的村规民约，并且自我约束。可见，我们规范群众的思想行为时，不能一味灌输大而空的思想内容，只有适应了人民的风俗习惯，符合了人民的心理，具体可感，贴近群众，才能深入民心，将其内化和外化，收到好的效果。除了与村规民俗相结合，周城的村规民约还不断推陈出新，具有鲜明的时代性。有许多农村地区的村规民约往往是延续了几十年不变，甚至是根本没有规范的村规民约。而在周城村，村领导不仅带领着群众跟党走，学习实践"八荣八耻"和公民道德规范，还据此制定了"20要"村民公约，其中通俗又不乏科学的语言不仅让人民群众时刻领悟党的精神，同时又指导着村民从自我做起，从小事做起，真正实践"八荣八耻"及公民道德规范的精神，树立良好的村风民风，可谓与时俱进。

5. 法律法规等民主法治教育

问卷题号：20. 村委会在进行有关切身利益的决定时，会不会征求村民意见和考虑村民的感受？（调查结果见表7）

表7　第20题调查结果

对　　象	经常会	偶尔会	不会	不清楚
干　部	83.67%	16.33%	0	0
普通居民	72.14%	14.28%	7.14%	6.44%

由表7可知，村民在周城安居乐业，很大部分在于党组织能关注人民群众的真正需要，有83.67%的干部和72.14%的普通居民都觉得村民的意见和感受得到重视，并且能在村决策中体现出来。此外，据村支书的谈话，我们还了解到村里通过各种各样的媒介，在宣传栏、广播等进行普法教育，使农民学法、知法、守法，学会运用法律武器维护社会秩序，保护自身合法权益，提高了自身的民主法制意识，以适应建立社会主义市场经济体制的迫切

需要，以法治农，以法兴农，使周城村的各项工作渐渐纳入了法制的轨道。

6. 周城村的科学文化教育

（1）科学务农，科学致富

根据我们的访谈调查，周城村的经济主要以旅游服务业为主导产业，强势复苏民族手工艺，但同时也在调整农业产业结构。在巩固优质水稻种植的同时，发挥本地优势，扩大大蒜等经济效益高的生态农作物种植规模和新品种乳牛的养殖范围。村里还提倡科学务农，倡导"科学技术是第一生产力"，发放各种宣传学习资料，并集中组织教授，得到了村民广泛的认可和欢迎。此外，村委会还推出了"党员致富工程"，通过一系列的资金、技术和项目，大大推进了农民致富的进程。

（2）发展白族乡村文化

为引导村民开展健康文明的业余文化生活，周城不断健全文化设施，建设和完善了白族文化宫和各类文化活动室，增添了各类书籍和相关电器设施。2006年还被中宣部确定为全国首批"万村书库"示范点。为营造人与自然和谐发展的人文环境，周城加大社会公益事业的投入力度，让人们感受改革的春风和文明的气息。与此同时，周城还把精神文明建设与社会治安综合整治相结合，在保障社会安定的条件下，大力提高村民的精神文化修养。在"法轮功"事件中，周城村委会及时开会研究讨论，分析这一现象的原因和发展情况，迅速采取有效措施，积极宣传和倡导正确的信仰观念，纠正盲目的崇拜心理，有效抵制住了这一邪恶组织思想的侵蚀，形成了健康向上的思想观念和文化氛围。周城村不仅依然保持着淳朴的乡村文化，也不乏现代文明气息。

7. 党的新政策、新举措的宣传教育

中共"十六大"确立了全面建设小康社会的目标。我们必须适应国内外形势的新变化，顺应各族人民过上更好生活的新期待，把握经济社会发展趋势和规律，坚持中国特色社会主义经济建设、政治建设、文化建设、社会建设的基本目标和基本政策构成的基本纲领。此后，又相继推出了和谐社会的建设、科学发展观等一些新政策、新举措，为周城的发展提供了新的发展契机，注入了新的活力，使白族文化更加丰富和充实。

（1）全面建设小康社会

问卷题号：1. 你觉得自己现在过得怎么样？（调查结果见表8）

表 8 第 1 题调查结果

对　　象	很好	一般	比较差	很糟
干　部	75.71%	16.33%	8.16%	0
普通居民	77.85%	14.29%	4.29%	3.57%

由表 8 显示 75.71% 的干部和 77.85% 的普通居民觉得自己现在过得很好，加上"一般"的选项，超过 90% 的人都比较满意现在的生活，认为自己的生活过得比较好。在这数据背后实实在在反映着改革开放以来周城的新变化和新生活使干部、群众过得比较舒坦，内心满足，心理平衡。其实，任何时候，任何情况下不平衡都是存在的。而少数周城村民即便经济生活不怎么富足也能够反映出良好的精神状态，不能不说是思想政治教育工作、精神文明建设起到了很大的作用。从我们走访周城所观察到的来看，周城的各项建设都带有许多现代化的气息，村民的精神面貌也积极向上，大人谈笑风生，小孩嬉戏玩耍，而老人则享受着晚年的悠闲自在。如今人民群众并不仅仅只是追求温饱，他们有了更多的精神层次的需求并且也得到了较好的满足，这便是小康社会、和谐社会建设及新农村建设带来的成果。但是村干部也意识到要克服小富即安的思想。在一封村委会"致各农户的公开信"里，我们了解到村委会结合了本地的民族特色，向群众介绍了小康示范村建设的重点及原则，针对实际问题整改，多方面完善了农村的村容村貌整治工程，道路硬化工程，绿化美化工程，住宅建设改造工程，产业开发工程，社会事业建设工程，社会保障工程等，让村民有更高的追求。从村委会里那"小康示范村""全国民族团结进步先进单位"的牌匾便可知，党的有力领导和全村人的团结奋斗促进了周城的更高层次的建设。

（2）周城的白族新农村建设

问卷题号：3. 村民之间产生矛盾而吵架的情况经常发生吗？（调查结果见表9）

表 9 第 3 题调查结果

对　　象	经常有	偶尔有	没有	不清楚
干　部	6.12%	73.47%	16.32%	4.09%
普通居民	5.72%	62.86%	24.28%	7.14%

问卷题号：5. 近30年来，周城村里有没有出现过不良的村风（例如：盗窃，聚众赌博、闹事等)？（调查结果见表10）

表10　第5题调查结果

对　　象	经常有	偶尔有	没有	不清楚
干　　部	8.16%	59.18%	28.58%	4.08%
普通居民	9.96%	64.29%	23.61%	0.14%

问卷题号：8. 像周城的村民文化宫这类公共设施是否满足村民的需要？（调查结果见表11）

表11　第8题调查结果

对　　象	满足	不满足
干　　部	79.59%	20.41%
普通居民	70%	30%

以上数据即可说明周城在新农村建设过程中的成效。在周城，村民间的矛盾现象较少，综合干部和群众的统计数据，平均只有5.92%的人认为发生的较多，可见邻里之间的和睦与融洽。村里的不良风气也很少，大多村民都认为周城是淳朴的村庄。在世世代代白族文化的熏陶下，人民都善良质朴，在新农村建设的号召下，村民更是热心于自己生存发展的物质和精神环境的提升，痛恶一切破坏周城新气象、新风貌的现象，及时积极地纠正错误的行为，为创造一个新的周城形象而努力着。除此，有79.59%的干部和70%的居民认为村内的公共设施较为完善，能够满足村民各方面尤其是精神提升的需要。据我们的调查，周城村内还建立了较完善的老年人协会、妇女联合会等适合不同人群的社会团体，这些群众组织在新农村建设中发挥了不可替代的作用，受到了各有关部门的嘉奖，村委会的荣誉室里还挂着多块不同级别的奖牌。周城依托紧邻的享誉中外的蝴蝶泉大力发展了旅游产业，并充分发掘本村特有的传统扎染工艺，在继承的同时不断创新、拓展，促进了民族文化产业的发展，提高了人民群众的物质和精神生活水平。早在党的号召之初，村领导就向人民宣传了建设社会主义新农村的目的和意义，指出了推动农村走上生产发展、生态良好、生活富裕、村风文明的科学发展道路。

因此，村民与村委干部对新农村建设的一系列政策方针都一致认同，也努力为周城的新农村建设出谋划策，贡献力量。

（3）和谐社会建设

问卷题号：11. 因为白族本主文化的影响，你在接受外来文化时是否有抵触情绪？（调查结果见表12）

表12 第11题调查结果

对　　象	有较大的情绪	有一点情绪	没有	不清楚
干　　部	0	6.12%	81.63%	12.25%
普通居民	7.15%	35%	51.69%	5.71%

问卷题号：4. 如有产生矛盾，主要是通过什么途径解决的？（调查结果见表13）

表13 第4题调查结果

对　　象	通过村委会调解	村里声望高的老者等的调和	其他村民的劝解	双方事后进行和解	其他
普通居民	50.71%	12.15%	11.43%	20%	5.71%

周城本来就是一个静谧、祥和、安适的乡村，具有浓厚的民族风情，到处充满了和谐与朝气。虽然在改革开放后不可避免地要遭到外来文化尤其是市场经济条件下许多西方强势文化的冲击，并由此产生文化冲突。但是，在周城，其豁达开放的文化精神却使各种文化和谐共处。白族文化向来都善于吸收和借鉴各种不同的文化思想，所以即使人民深受本主崇拜的影响，却在接受外来文化时很少有抵触情绪。据以上调查数据显示，干部几乎没有较大的抵触情绪，完全没有的占了总比例的81.63%，普通居民的情绪也较少，有51.69%的居民没有丝毫抵触情绪。结合我们对文献的分析和访谈可知，周城村人民具有一种包容、和谐的价值理念，反对冲突，反对排斥外来文化，主张各种思想文化的交流与相互学习借鉴，这也就是和谐社会构建的一个重要基础。此外，由问题4及之前的问题3的调查中，我们看到周城村民之间的矛盾较少，即便产生矛盾（这是不可避免的）大多能合理冷静地调解一些问题，有50.71%的普通居民选择了村委会的调解，说明了人民都愿意遵从村领

导的教导或劝说，抑或通过双方协商和解，不扰乱秩序、违反治安，不做蛮干甚至违法的事。同时，村委会还把党建工作与构建和谐社会相结合，一方面，深化农村精神文明建设，积极推进社会主义文化建设，设立了"十星户"等评选制度。另一方面，在配合上级组建农村警务室的基础上，充实了村级调解员，在各小组建立了信息员，把调解关口前移，有效化解了农村热难点问题的发生。近一年的时间，共先后调解了47起各种纠纷，成功率达98%。

（4）学习实践科学发展观

科学发展观是近年来党的重要方针和举措，在村领导的宣传教育和指导下，村民大都认识到了这一大政方针的重要性和意义。村委会结合本村实际带领大家学习了"落实科学发展观，推动民族村发展"的学习动员材料，不仅提出了领导干部实施科学发展新举措的具体做法，即：一是发挥优势，因势利导，发展民族经济；二是因地制宜，虚功实做，推动村风文明；三是抓住机遇，落实政策，促进社会和谐。从这三个方面着手，在物质文明方面，放手发展生产力、发展经济，立足优势，提出了"以小城镇开发为龙头，发展旅游产业服务、提升民族加工业、发展特色农业"的发展思路。在精神文明方面，主张培养诚信、文明、守法、时尚的"周城人"。在群众利益和社会文明方面，强调心系百姓的利益，充分尊重民族同胞的主体意愿，认真落实党的各项惠民政策，加大社会公益事业，改善村民福利待遇，落实社会保障体系。政策的贯彻落实离不开群众的理解、支持和奋斗，好的发展思路出台了，村民赞同了，村领导重视凝聚力量，号召群众参与，同心同德，共同努力，使周城的发展朝着更加科学文明的道路方向前进。

8. 个人发展的理想信念教育

问卷题号：21. 你是否想过要走出村庄，到城市里发展或者追求更多的知识？（调查结果见表14）

表14　第21题调查结果

对　　象	有	没有
干　部	81.63%	18.37%
普通居民	65.71%	34.28%

由上表再结合我们对村民的访谈可知，有 81.63% 的干部及 65.71% 的普通居民都在党组织的号召和鼓励下树立起自己较为远大的理想，通过多方面的教育和网络电视等的影响，村民对外面的发达城市都心存向往和追求。他们中有许多人不再只是一味固守家园和崇拜本主文化，而是重新树立起了自己的理想信念，愿意走出家门去闯一闯。他们渴望通过走出去而获得更多的知识与信息，拓展自己的视野。于是，不少周城人到其他地区、城市做生意、办产业、干事业，渴望着人生能够更有价值。党组织不但追求整体的发展，集体的利益，也越来越重视个人的发展。他们尊重人民的意愿，也为他们的发展提供了各种环境和条件。这样，不少周城人不仅在外干出了成绩，发家致富了，实现了个人的价值，也为社会、为国家作出了贡献。

(四) 周城村思想政治教育的基本方式及特点

1. 利用党和国家各个特别时段的集中系统高强度教育

中国共产党思想政治教育的根本方法在于：实事求是、群众路线、结合业务工作开展思想政治教育。周城村在开展这一工作时，紧跟党的工作步伐和精神，在党和国家开展社会主义教育活动、"三学"活动（"三个代表"重要思想教育活动)、党的"先进性教育""学习实践科学发展观活动""创先争优活动"等各个特别时段，都充分传达其活动精神，进行相关工作，分别取得了好的成效。在多次党内教育活动及党建工作中，周城发扬基层党建设示范的作用。在软硬件方面，党组织两手齐抓，做到了"四个落实"，即从党员的活动场所、教育机制、激励机制及党建长效机制加强建设。同时，根据本地的实际情况，还推进了"党员致富工程""素质教育工程"；深化了农村无职党员设岗定责活动。这些举措使周城的发展在科学的思想指导下与时俱进，使村民的教育更加富有主动性、时代性和有效性。这种利用党和国家各个特别时段的集中系统高强度教育，避免了以往在出现问题时候的"手忙脚乱"，不断进行正面的教育，有利于帮助村民形成一种正确的思想意识，而减少了不良的思想行为的产生，真正达到思想政治教育工作的舆论引导、理论武装及思想教育前置效果。

2. 民主管理，联系群众，定期与不定期地召开各种会议

问卷题号：19. 村委会或村党支部有没有组织对国家方针政策的学习？如有，采用以下那些方式？（调查结果见表 15）

表15　第19题调查结果

对　　象	召开村民大会	通过广播和电视	分发报纸、杂志等材料	上门指导，帮助学习	其他
干　　部	100%	90%	81.63%	90%	2.25%
普通居民	93.86%	94.29%	86.43%	77.86%	5.71%

通过对我们收集的资料和访谈分析，周城村的思想政治教育的方式多种多样，将管理与教育有机结合，在联系群众的前提下，进行民主管理。对此，党组织不仅设立了各种部门，制定了村规民约来管理群众，而且通过经常性和集中性的村民代表会议、村民大会、党员会议、村干部会议等，在理论教育的同时，以讲授、引导学习、宣传等方式开展。又将理论与实践相结合，使村民通过劳动教育和社会服务活动等实践活动进一步理解党的思想理论。同时，又不忘加强党员和其他村干部学习与自身修养的提高，通过召开形式多样的会议，一方面，有助于在为人民办事时能够民主决策，集思广益，改革创新；另一方面，时时督促党员的政治、道德、思想、能力素质等的不断提升，提高他们的办事效率和水平。

3. 将文化与思想政治教育有机结合

问卷题号：10. 周城是大理经济发展较快的白族村庄，你认为这和周城的文化得到良好继承和保护有关吗？（调查结果见表16）

表16　第10题调查结果

对　　象	有很大关系	有一点关系	没有关系	不清楚
干　　部	77.55%	20.41%	2.04%	0
普通居民	62.14%	21.43%	7.86%	15.07%

通过上表，我们看到了有77.55%的干部和62.14%的普通居民都认识到了文化的重要价值。村委会在思想政治教育的过程中不仅在整个村庄创建了一种有利于工作开展的文化氛围和环境，更通过挖掘利用文化中有利于教育的因素对群众进行党的思想理论的宣传。首先，利用了当地人民包容豁达的的胸襟和民族文化精神，教育村民积极主动地参与到先进思想文化的学习中。其次，尊重村民的宗教信仰，引导其与社会主义新文化相适应、相统一。通过本主宗教的一些有影响人物来帮助宣传党的一些方针政策，开展各种形式

的信仰教育，将思想政治的具体内容与一些教条相渗透。这样通过文化与思想政治教育二者的相互渗透和发展，促进了思想政治教育发挥其引导、激励功能，也就更容易令百姓信服，进而内化成为人民群众内心的想法与信念，体现在现实生活的日常行为中。这种内化与外化的效果是思想政治教育工作所追求的理想境界。

4. 理论灌输与实践服务相结合，以解决村民的现实问题为主

问卷题号：15. 在你困难的时候，党组织是否有对你及你的家庭提供过实际的帮助？（调查结果见表17）

表17　第15题调查结果

对　　象	有过很大帮助	有过一些帮助	没有过帮助
普通居民	70%	22.14%	7.86%

由表17我们看到了党为人民服务的根本宗旨得以贯彻落实。有92.14%的居民都认为党组织对自己和家庭有过切实的帮助，可见他们确实是为群众做了许多实事，深得了民心。另外，根据我们的访谈，党组织主要是运用了理论灌输思想政治观念和解决实际难题相结合的方式，以帮助人民获得切身利益为首要任务，获得了人民的普遍支持和认同。因为毕竟农村的发展不及于城市，农村群众的生活还有许多不便的地方，思想觉悟也不是很高，只有深入到群众中，真正帮他们解决一些切身的利益问题，他们才能感受到党的温暖和先进性，也才能乐于配合党的工作。这正是周城村干部深刻认识到的道理，所以也在工作中收到了很明显的效果。

5. 开展村民喜爱的各种文化活动

问卷题号：9. 村里会不会经常有本地方特色的活动？（调查结果见表18）

表18　第9题调查结果

对　　象	有	没有	不清楚
干　部	87.76%	12.24%	0
普通居民	78.59%	15%	6.43%

从这个调查结果，我们知道了有87.76%的干部和78.59%的普通居民都认为村里经常开展人们比较喜爱的富有本地本民族特色的活动。一旦人们热

爱某种活动，就会积极参与。所以，村领导善于抓住村民的心理，通过调查分析，了解村民喜欢做的事，做村民喜欢的事，村民的积极性就能得到提高。所以在举办活动期间，村领导不仅仅注重其娱乐性，还在其整个过程中进行相关的思想政治教育，例如主持人在节目开始之前的开篇词、领导的致辞等，对一些和谐理念的提倡，对中国特色社会主义理论的宣传等，使整个活动在一片热情欢乐的气氛中，洋溢着周城人的喜庆，也渗透着国家大政方针的精神。如此，人们不但容易接受活动中所灌输的思想并付诸行动，还能在一种愉悦的氛围中创造出更多的物质和精神财富，产生更多的新文化。

6. 以新颖的教育宣传方式提高工作的效率和广泛性

问卷题号：16. 你认为村里的党员有没有在村里的各方面生活中起到带头作用？（调查结果见表19）

表 19　第 16 题调查结果

对　　象	有	没有
干　部	85.71%	14.29%
普通居民	72.14%	27.85%

问卷题号：14. 村里是否有党员与你进行过较长时间的交谈？（调查结果见表20）

表 20　第 14 题调查结果

对　　象	经常有	偶尔有	没有
普通居民	63.58%	26.42%	10%

问卷题号：12. 你的家庭成员之间会不会一起讨论一些时事热点问题？（调查结果见表21）

表 21　第 12 题调查结果

对　　象	经常有	偶尔有	没有
干　部	59.18%	36.73%	4.09%
普通居民	42.85%	35.71%	21.42%

结合表 21 中的数据及我们的访谈资料，我们看到周城不是一味低效率地

向所有群众进行思想政治教育。这样不仅浪费人力、财力、物力，而且收到的效果也不理想。于是，周城制定出了一套富有创新性的工作方法。从问题16的调查结果中，综合干部和普通居民，有78.93%的人认为，党员在村里起到了较大的模范带头作用。从问题14的回答中表明，有90%的居民认为党员有和自己进行过交流。从问题12的调查又可知，综合干部和居民统计数据平均有87.75%的人会和家人一起讨论时事热点问题等。由此，我们可知，首先，周城通过发挥党员的先锋模范作用，以身作则，为人民树立良好的榜样，使人民信服和尊敬党员。而后，又派出在思想政治教育方面能力较高，口才好，说服水平高的优秀党员分散工作。先与一些教育基础良好，觉悟较高的群众进行交流，做好他们的思想政治教育工作。之后又让他们在自己的家庭里进行宣传，进而又扩展到邻居，到整个家族，乃至整个村庄。他们还从比较典型的具有代表性的家庭着手，选择其中素质较高的家庭成员，使之发挥宣传教育骨干作用。在家庭的氛围中、在邻里交流中有效渗透思想政治教育，从而收到很好的效果，周城就这样在不断的摸索中总结各种新颖的方法，获得了不小的成就。

7. 充分利用各种大众媒介，不断完善思想政治教育的环境

由于越来越多现代化的新鲜事物进入了农村，人们获得信息的渠道更加多样化，对传统的方式产生了一些厌倦。于是周城村的工作也适应着时代的进步，不断更新传播思想的媒介。如充分利用电视电影、书画等艺术作品，新闻媒体，互联网等各种大众乐于接受的媒介，宣传科学、正确的思想文化，并且倡导形成全民健康向上的学习氛围。此外，周城还不断地优化思想政治教育的环境。不仅仅优化了外在的政治、经济、文化、舆论社会环境，还注重村民内心的塑造，使人民群众拥有一个平和的心境去接受党的教育和指导。

四、结语

就上述调查研究的成果，我们又进一步做了一些分析，总结了周城村开展思想政治教育工作的成功经验和存在问题及对策。当然，这些调查研究还不够深入、不够全面、不够系统，希望能有更多的专家学者能更深入全面地探讨，为我们党的思想政治教育工作水平的提高提供更多有价值的材料。

（一）周城村开展思想政治教育工作的成功经验

1. 重视思想政治教育的主体、客体、介体、环体四个主要因素的优化，科学、灵活地协调各因素之间的联系

思想政治教育的主体即思想政治教育者，客体即被教育者，介体即思想政治教育的内容、方法、原则、目的等，环体即思想政治教育环境。这四个因素既相互统一，又相互对立，是对立统一的矛盾体，不可分裂，缺一不可。周城村在开展思想政治教育工作的过程中，其主体主要是村委会、学校、社会团体等工作人员和其他的党员。在培训中，不仅要求其有马克思主义信仰及一致的政治、思想、道德等素质，还要求根据本地发展特色及村民的生活习惯、民众心理等实际情况开展工作，要求其在日常工作和特色活动时期留心观察受教育者的心理行为表现，以利于保证思想政治教育的实效性。对思想政治教育的客体则根据不同的依据，将其分为不同的群体，首先重点抓干部，其次主要抓青少年，防微杜渐，逐步取得受教育者的信赖和支持。思想政治教育的介体主要就是其内容和方法，从调查研究所得成果来看，其不仅具有一般思想政治教育的内容和方法，还深入挖掘，由浅入深，从细节到整体，从国家到社会到周城村再到个人，都是依据本村的民族特色和发展情况来开展思想政治教育，既不违背思想政治教育的目的，又运用各种途径达到多重效果。思想政治教育环境是整个环境中那些与思想政治教育活动和人的思想品德形成和发展有密切关联的因素所构成的。这需要较长的时间才能形成，还需要经过长期地继承、创造、优化。而周城村早在建国初期的大好形势下，深入学习国家大政方针，由上而下，从硬件设施的设立到思想观念的宣传教育，都一直在营造一个良好的氛围和环境，不断促进思想政治教育的民族化和现代化。因为以上这四个因素的有机结合，才能促进思想政治教育工作的最大功效的发挥，所以周城村在思想政治教育过程中，要求主客体平等互动，主体要尊重客体的心理行为习惯，调动客体的学习积极性，客体则主动学习并积极配合工作。然而思想政治教育不仅仅是主客体的对话，它需要介体的联结，即教育者遵循思想政治教育的原则，以一定的方式方法，讲授教育的内容，并达到思想政治教育的目的。而这都需要主客体发挥其主观能动性，只有受教育者真正吸收并将其内化，成为自己的稳定的品格和行为习惯，才是达到了功效。同时，思想政治教育环境又对这一功效有很大程度

的影响。所以又要求合理选择思想政治教育环境，并加以优化，使工作达到事半功倍的效果。思想政治教育的这四个因素十分复杂，不能分离但也不能简单机械地结合，所以一定要根据当地的具体情况来开展，"有调查才有发言权"，只有适合人民群众的才是最好的工作方法。因此，要科学地协调思想政治教育各因素，任何环节都要把握好，都要实施到位，才会有切实的成效。

2. 始终从党的根本宗旨出发，遵循思想政治教育的原则，按照思想政治教育的基本规律，充分利用资源，不断推陈出新，突出特色，收到实效

周城村虽是西南边远地区的少数民族村落，却始终关注中央的方针政策，服从党和国家的领导，跟着党与时俱进。不仅在日常工作中开展思想政治教育，还抓住了党和国家在各个特殊时期进行集中的高强度教育，将党的思想理论和民族政策、农村政策及时传达给村民。本着为人民服务的宗旨，周城村在思想政治工作的过程中，一直遵循着方向性、民主性、教育与管理相结合、针对性和实效性、继承与创新、齐抓共管等原则，按照适应超越这一基本规律，即思想政治教育活动既要适应受教育者的思想政治教育品德基础和发展需求，又要超越其原有的基础，体现社会思想政治教育品德需求的规律。在坚持主旋律教育的同时，实地调查了解本村的发展实际，推出了各种符合村民需求，适应其发展的教育理念和特色方法。例如，"党员致富工程""双带三培养"措施；把党的建设与经济发展、创建和谐乡村的巧妙有机结合，使思想政治教育更通俗、更贴近群众、更具民族性、更符合本地发展的需求因而也就更具针对性和实效性。不仅激发了人们生产生活的积极性和创造性，也完善了党的建设工作，有效推动了思想政治教育工作的顺利开展，让人民群众在发展中乐于接受教育，并付诸于实践。

3. 正确运用思想政治教育的载体，多角度、多方面地将思想政治教育渗入到管理、文化建设、活动、大众传播等载体中

思想政治教育的载体是承载、传导思想政治教育因素，能为思想政治教育主体所运用、且主客体可借此相互作用的一种思想政治教育活动形式，是思想政治教育过程各要素相互联系的枢纽，是各要素相互作用实现的形式。开展思想政治教育工作，离不开正确的载体，人们长期的学习已经不乏理论研究，而真正通过载体发挥功能的实践活动却是需要深入探讨的。周城村在工作中，坚持"以人为本"，从各种角度首先运用了管理载体，通过解决村

民的现实问题，对本主这一宗教文化的合理管理，以及形成全民的经济建设发展模式的种种，都将思想政治教育的多方面渗透到其中。一方面促进了对村民的科学管理，另一方面使思想政治教育内容在无形中成为村民的自我规范意识。此外，还注重村民的社会实践活动，推动从外化到内化的过程。周城村通过设立农民文化宫、成立金花文艺队、洞经古乐队等四个业余文艺队，开展人们喜闻乐见的文化娱乐活动，既是将文化建设载体和活动载体相结合，双管齐下，让村民感受本地白族优秀传统文化的熏陶，汲取其崇高、包容、和谐的文化精神，又在切身行动中感受到思想政治教育提升了自己的文化、道德素养，并且能在日后的行为中注重这些素质的积累和提高。又如"十星级文明户"评选活动的开展，就是周城村进一步深化农村精神文明建设，积极推进社会主义文化建设的非常有意义和特色的活动，有效承载了思想政治教育者和受教育者的教育内容，将道德、卫生、科技、文化、教育等精神文明以一种正面和激励的形式予以传导，使这一方面的教育不再呆板与枯燥，更加深入人心，为民所赞。

4. 思想政治教育需要重视文化的传承和创造

马克思认为教育可以改变一般人的本性，将使人们摆脱现在这种分工为每个人造成的片面性，其根本原因就在于教育过程实质上是文化化人的过程。因此，从这个意义上来说，要充分发挥思想政治教育的功能，有赖于加强文化的创造和发展，注重对历史经验的积极借鉴，古为今用。文化需要继承，但更需要创造。周城正是认识到了这一点，所以，他们不仅重视传统文化的继承与弘扬，日积月累地不间断地使其优秀的成分积淀，使传统的白族优秀文化延续发展到现在，同时也在不断地铸就传统与现代相结合、民族化与大众化相结合的新文化。周城村重视保护着自己的文化精神，也注重白族文化、传统文化中一些对党的思想政治教育工作具有结合价值的理念的发展。其中的特殊性和民族精神不仅推动了党的思想政治教育在民族地区的成功实践与发展，也为我们提供了很好的思想政治教育理论借鉴。还有它的开放性，它的海纳百川，也是我们所应该学习的。在这个全球化的浪潮下，我们要有世界的眼光和胸怀，就要更多地研究白族文化的内涵和价值。

（二）周城村在思想政治教育过程中的问题与对策

在总结这次调查研究时，我们不仅看到了思想政治教育工作在周城成功开展的经验，包括具体的内容和方法的有效实施。与此同时，我们也注意到了在少数民族农村地区面对新形势、新情况，思想政治教育工作也有不适应或难以应对的方面。比如，怎样适应工作对象的新变化？当前农村思想政治教育对象发生分化，有"农业劳动者、农民工、雇佣工人、农村知识分子、个体工商户和个体劳动者、私营企业主、乡镇企业管理人员和农村社会管理人员"。由于这些阶层的分化，教育对象的思想政治状况也随之发生变化，这就要求思想政治教育工作者及时了解农村居民思想的实际情况和新变化，有层次性、有针对性地开展思想政治教育工作。但是，周城村也如同我国大部分农村一样，在实际工作中还存在明显的不适应情况。又如，不少村民只注重私人利益，忽视国家和集体的利益；政治参与意识明显增强，但参政能力差；传统的封建文化有回潮的趋势，宗教势力有所抬头，部分村民对宗教过分崇拜并夹杂着封建迷信，农民烧香拜佛以求消灾保福的观念仍不同程度存在，有的村民以宗教信仰自由为由搞封建迷信活动。

有些文化程度低且经常待在家里或只是出入于家庭与土地之间的群众，他们获得信息的渠道很有限，与村委会的联系不多，造成了对村里的许多活动都不清楚，对党的大政方针更是不了解；网络普及率不高，思想政治教育工作缺乏现代气息。特别值得一提的是，不少村民是富起来了，而随着原来的集体企业改制成为民营企业，村委会的集体收入极其有限，出现个体富、集体穷的新情况，使思想政治教育工作难以全面、深入开展。以上这些情况和问题，对周城村的思想政治教育工作的开展增加了难度。这些问题都需要我们党和政府高度重视。一是要增加财政投入的力度，引导经济文化产业的建立和完善，为其集体创造更多的创收条件和平台，提高其经济实力，以便使其有钱办事。二是上级领导及有关部门要加强指导，进一步提升村干部思想政治教育工作水平，并进一步改善相关工作的硬件设施。三是要采取各种措施、通过多种渠道让村民群众与时俱进地及时学习新知识、新思想，了解新信息。四是要大力开展科技兴农教育和思想道德文化教育，使村民形成与我国现阶段生产力发展水平相适应的思想观念和发展意识，让他们充分认识并深刻理解国家现行的方针政策，并用好政策、用足政策，结合实际贯彻落实。五是要进一步弘扬和发展民族文化，大力发展地方特色经济，并以强有力的思想政治教育工作为思想政治保障，促进其经济社会快速发展、和谐发展、可持续发展。六是周城村"两委"班子也需要在建设学习型组织方面狠下功夫，不断提升思想政治理论水平和适应新情况、解决新问题的能力。七是在思想政治教育工作方面，要善于总结经验，发扬成绩、找准问题，建立或完善思想政治教育工作新体制机制，使工作迈上新的台阶，使精神文明建设在新农村建设中发挥更大的促进作用。

（三）周城经验对广大少数民族农村的借鉴意义

对大理周城白族村的思想政治教育内容与方式的调查研究所得的成果，不仅为周城思想政治教育工作提供更为系统、全面和理论化的经验参考，帮助其更有效合理地开展思想政治教育工作，从而有助于经济社会的全面进步，也有利于丰富和创新白族乃至包括汉族在内的其他民族地区的思想政治工作。以便将周城开展思想政治教育工作的成功经验推广到广大少数民族农村地区，希望我们的调研成果能成为一份对完善我国农村思想政治工作有一定参考价值的材料。

首先，白族文化的开放性和包容精神值得其他少数民族学习和借鉴。只有善于吸收先进文化的民族才能获得发展，才能取得进步。在开展思想政治教育的过程中，就要引导地方人民不盲目排外，积极引进一些新思想、新观念、新文化，并将各种文化相融合，与时俱进。对优秀的文化要加以弘扬，让群众吸收其博大的文化精神，一方面培养了人民豁达宽广的胸怀，另一方面有利于人民群众接受思想政治教育的内容，积极进取，努力学习各种科学文化知识，不断实现人生的价值。

其次，民族传统优秀文化是思想政治教育的重要内容，尤其在少数民族地区更需要保护和弘扬。而将文化加以利用，提取其文化精髓，挖掘其思想政治教育的价值因素，融合先进的文化，结合当今的和谐社会理念，就能成为一个重要的思想政治教育载体。一旦重视了文化这一重要载体，就有助于文化产品的创造和保护，有助于精神文化的传承，有助于从实地情况、从人们的心理、从科学合理的角度去开展工作。须知，文化是少数民族地区的宝贵精神资源，也是开展思想政治教育工作的方式来源。

再次，要将少数民族农村地区人民群众对思想政治教育的感性认识提升到理性认识，逐渐提高人们相关的理论水平。在多数偏远的农村地区，教育水平有限，人们的认识能力也不高，对思想政治教育的理论研究还处于比较低的水平，或者仅仅是引用旧有的理论，缺乏创新性和有效性。所以思想政治教育就要重视提升教育者的理论水平，要注重其自身的素质修养，要真正地全面科学地认识和理解何谓"思想政治教育"。党员要发挥先锋模范作用，善于在日常工作中总结成功经验和有效方法。思想政治教育工作者要充分认识思想政治教育的重要性和意义，并自觉树立"思想政治工作是经济工作和其他一切工作的生命线"的意识，确定科学合理的思想政治教育内容，再采用各种行之有效的方式方法向被教育者宣传教育，人民群众才会有效接收和内化。总之，要建立一套较为完善、具体可行的思想政治教育体制，对本地区思想政治的相关内容加以提炼，将实际工作中的各种做法和经验升华至理性的层面，才有利于促进有关工作的科学化和有效性。

最后，要注重推陈出新，农村地区的人民群众并不都是遵循古老传统的思想，他们很需要新鲜的事物和理念来填补以往贫乏、陈旧的生活。但是作为经济文化较落后的地区，经济发展始终是首要的任务。而将党的建设和经济发展相结合就是很好的创新模式。既是对内容的创新，更是以一种新颖的灵活的方式使人民在不知不觉中感染思想政治教育的魅力，在保持党员先进性的同时，促进人民的致富工程，可谓一举多得。而在具体的工作过程中，如何吸引群众，如何让内容与方式更富有新意，则要根据当地习俗和风尚，实事求是、解放思想、务实求真地开展思想政治教育。

中国共产党的思想政治工作始终都在与时俱进，要促进其现代化、民族化、大众化，保障其实效性，还需要我们付出更多的努力，无论在理论研究还是实践方式上都需要不断丰富和创新。这里所做的报告只是个案调查，仅提出了一些调查资料和浅薄的观点与看法，希望对少数民族农村地区的思想政治教育有一定的借鉴意义，也希望能有越来越多的专家学者和实际工作者引起重视并投入其中，不断扩大研究的范围和深度，促进中共思想政治工作真正发挥其优势和功能，为中国特色社会主义事业提供更强有力的思想政治保障。

参考文献

[1] 郝翔，朱炳祥．周城文化：中国白族名村的田野调查［M］．北京：中央民族大学出版社，2001．

[2] 陈万柏，张耀灿．思想政治教育学原理［M］．2 版．北京：高等教育出

版社，2007.

[3] 陈万柏，张耀灿. 思想政治教育学原理 [M]. 北京：高等教育出版社，2007.

[4] 吴松. 论中国少数民族地区的思想政治教育 [M]. 昆明：云南大学出版社，2002.

[5] 檀传宝. 信仰教育与道德教育 [M]. 北京：教育科学出版社，1999.

[6] 编辑委员会. 喜洲镇志 [M]. 昆明：云南大学出版社，2005.

[7] 崔运武. 中国少数民族地区思想政治教育概论 [M]. 昆明：云南大学出版社，2005.

[8] 郝翔，朱炳祥. 周城文化：中国白族名村的田野调查 [M]. 北京：中央民族大学出版社，2001.

附件1

问卷调查表

尊敬的周城村村民：

您好！

首先请您原谅打扰了您的工作和休息。

我们是大理学院课题调查组师生。目前，我们正在进行有关白族文化中的思想政治教育内容与方式的科研调查，希望能得到您的协助与支持。

本调查不用填写姓名和工作单位，各种答案没有正确与错误之分。您只需按自己的实际情况在合适的答案上打"√"，或者在_____填上适当的内容。

祝您全家和谐幸福！谢谢！

大理学院社会实践课题调研组

2010 年 7 月

1. 你觉得自己现在过得怎么样？（　　）

A. 很好　　　　　B. 一般　　　　　C. 比较差　　　　　D. 很糟

2. 你认为当前周城的白族文化在继承传统的基础上有没有受到社会发展

的影响而有所创新？（　　　）

    A. 有　　　　　　B. 一点点　　　　　C. 没有　　　　　　D. 不清楚

    3. 村民之间产生矛盾而吵架的情况经常发生吗？（　　　）

    A. 经常有　　　　B. 偶尔有　　　　　C. 没发现　　　　　D. 不清楚

    4. 如有产生矛盾，主要是通过什么途径解决的？（　　　）

    A. 通过村委会调解　　　　　　　B. 村里声望高的老者等的调和

    C. 其他村民的劝解　　　　　　　D. 双方事后进行和解

    E. 其他_____

    5. 近三十年来，周城村里有没有出现过不良的村风（例如：盗窃，聚众赌博、闹事等)？（　　　）

    A. 经常有　　　　B. 偶尔有　　　　　C. 没有　　　　　　D. 不清楚

    6. 如果你认为你的思想存在问题，你是如何解决的？（　　　）

    A. 自我调整　　　　　　　　　　B. 向村委会领导咨询

    C. 向他人求助　　　　　　　　　D. 其他_____

    7. 你和其他村民会不会一起讨论周城应该如何发展等问题？（　　　）

    A. 会　　　　　　B. 不会

    8. 像周城的村民文化宫这类公共设施是否满足村民的需要？（　　　）

    A. 满足　　　　　　B. 不满足

    9. 村里会不会经常有本地方特色的活动？（　　　）

    A. 有（比如_____）　　　　B. 没有　　　　　C. 不清楚

    10. 周城是大理经济发展较快的白族村庄，你认为这和周城的文化得到良好继承和保护有关吗？（　　　）

    A. 有很大关系　　　　　　　　　B. 有一些关系

    C. 没有关系　　　　　　　　　　D. 不清楚

    11. 因为白族本主文化的影响，你在接受外来文化时是否有抵触情绪？（　　　）

    A. 有较大影响　　　　　　　　　B. 有一点点

    C. 没有　　　　　　　　　　　　D. 不清楚

    12. 你的家庭成员之间会不会一起讨论一些时事热点问题？（　　　）

    A. 经常有　　　　B. 偶尔有　　　　　C. 没有

    13. 你了解周城的党支部和党员情况吗？（　　　）

A. 了解　　　　　B. 一点点　　　　C. 不了解

14. 村里是否有党员与你进行过较长时间的交谈？（　　）

A. 经常有　　　　B. 偶尔有　　　　C. 没有

15. 在你困难的时候，党组织是否有对你及你的家庭提供过实际的帮助？（　　）

A. 有过很大的帮助　　　　　　　B. 有过一些帮助

C. 没有过帮助

16. 你认为村里的党员有没有在各方面起到带头作用？（　　）

A. 有　　　　　　B. 没有

17. 你认为周城的村规民约是否符合白族人的生活习惯？（　　）

A. 符合　　　　　B. 有一些不符合　C. 不符合

18. 村委会或村党支部有没有组织对国家方针政策的学习？（　　）

A. 经常有　　　　B. 偶尔有　　　　C. 没有　　　　D. 不清楚

19. 如有，采用以下那些方式？（　　）

A. 召开村民大会　　　　　　　　B. 通过广播和电视

C. 分发报纸、杂志等材料　　　　D. 上门指导，帮助学习

E. 其他_____

20. 村委会在进行有关切身利益的决定时，会不会征求村民意见和考虑村民的感受？（　　）

A. 经常有　　　　B. 偶尔有　　　　C. 没有　　　　D. 不清楚

21. 你是否想过要走出村庄，到城市发展或者追求更多的知识？（　　）

A. 有　　　　　　B. 没有

谢谢您的合作！

调查统计结果如下：

我们在周城村共发放问卷 200 份（其中干部 50 份，普通居民 150 份），收回问卷 192 份，回收率为 96%，有效回收率为 94.68%。其中，干部有效回收 49 份，普通居民有效回收 140 份，有效回收率分别是 98% 和 98.60%。具体情况如下：

问题 1. 你觉得自己现在过得怎么样？

对　　象	很好	一般	比较差	很糟
干　　部	75.71%	16.33%	8.16%	0
普通居民	77.85%	14.29%	4.29%	3.57%

问题 2. 你认为当前周城的白族文化在继承传统的基础上有没有受到社会发展的影响而有所创新？

对　　象	有	一点点	没有	不清楚
干　　部	79.59%	14.29%	6.12%	0
普通居民	48.57%	17.14%	7.14%	27.15%

问题 3. 村民之间产生矛盾而吵架的情况经常发生吗？

对　　象	经常有	偶尔有	没有	不清楚
干　　部	6.12%	73.47%	16.32%	4.09%
普通居民	5.72%	62.86%	24.28%	7.14%

问题 4. 如有产生矛盾，主要是通过什么途径解决的？

对　　象	通过村委会调解	村里声望高的老者等的调和	其他村民的劝解	双方事后进行和解	其他
普通居民	50.71%	12.15%	11.43%	20%	5.71%

问题 5. 近三十年来，周城村里有没有出现过不良的村风（例如：盗窃，聚众赌博、闹事等）？

对　　象	经常有	偶尔有	没有	不清楚
干　　部	8.16%	59.18%	28.58%	4.08%
普通居民	9.96%	64.29%	23.61%	0.14%

问题 6. 如果你认为你的思想存在问题，你是如何解决的？（多选）

对　象	自我调整	向村委会党员领导咨询	向他人求助	其他
普通居民	35.71%	51.43%	34.29%	14.29%

问题 7. 你和其他村民会不会一起讨论周城应如何发展的问题？

对　象	会	不会
干　部	81.63%	18.37%
普通居民	71.42%	28.58%

问题 8. 像周城的村民文化宫这类公共设施是否满足村民的需要？

对　象	满足	不满足
干　部	79.59%	20.41%
普通居民	70%	30%

问题 9. 村里会不会经常有本地方特色的活动？

对　象	有	没有	不清楚
干　部	87.76%	12.24%	0
普通居民	78.59%	15%	6.43%

问题 10. 周城是大理经济发展较快的白族村庄，你认为这和周城的文化得到良好继承和保护有关吗？

对　象	有很大关系	有一点关系	没有关系	不清楚
干　部	77.55%	20.41%	2.04%	0
普通居民	62.14%	21.43%	7.86%	15.07%

问题 11. 因为白族本主文化的影响，你在接受外来文化时是否有抵触情绪？

对　　象	有较大的情绪	有一点情绪	没有	不清楚
干　部	0	6.12%	81.63%	12.25%
普通居民	7.15%	35%	51.69%	5.71%

问题 12. 你的家庭成员之间会不会一起讨论一些时事热点问题？

对　　象	经常有	偶尔有	没有
干　部	59.18%	36.73%	4.09%
普通居民	42.85%	35.71%	21.42%

问题 13. 你了解周城的党支部和党员情况吗？

对　　象	了解	一点点	不了解
干　部	81.63%	12.24%	6.13%
普通居民	57.15%	20.71%	22.14%

问题 14. 村里是否有党员与你进行过较长时间的交谈？

对　　象	经常有	偶尔有	没有
普通居民	63.58%	26.42%	10%

问题 15. 在你困难的时候，党组织是否有对你及你的家庭提供过实际的帮助？

对　　象	有过很大帮助	有过一些帮助	没有过帮助
普通居民	70%	22.14%	7.86%

问题 16. 你认为村里的党员有没有在各方面起到带头作用？

对　　象	有	没有
干　部	85.71%	14.29%
普通居民	72.14%	27.85%

问题 17. 你认为周城的村规民约是否符合白族人的生活习惯？

对　象	符合	有一些不符合	不符合
普通居民	80%	14.28%	5.72%

问题 18. 村委会或村党支部有没有组织对国家方针政策的学习？

对　象	经常有	偶尔有	没有	不清楚
干　部	93.87%	6.13%	0	0
普通居民	68.57%	14.28%	7.15%	10%

问题 19. 村委会或村党支部有没有组织对国家方针政策的学习？如有，采用以下那些方式？

对　象	召开村民大会	通过广播和电视	分发报纸、杂志等材料	上门指导，帮助学习	其他
干　部	100%	90%	81.63%	90%	12.25%
普通居民	93.86%	94.29%	86.43%	77.86%	5.71%

问题 20. 村委会在进行有关切身利益的决定时，会不会征求村民意见和考虑村民的感受？

对　象	经常会	偶尔会	不会	不清楚
干　部	83.67%	16.33%	0	0
普通居民	72.14%	14.28%	7.14%	6.44%

问题 21. 你是否想过要走出村庄，到城市发展或者追求更多的知识？

对　象	有	没有
干　部	81.63%	18.37%
普通居民	65.71%	34.28%

附件2

在周城，我们收获

风景秀丽的蝴蝶泉

白族文化在这里丰富和发展

我们与亲切的村委会领导进行了交谈，
并取得了成果

小康建设的模范，光荣的牌匾

调研采访中

大理大学大学生恋爱道德调查研究报告

大理大学马克思主义学院　张光映

一、问题的提出和调查的开展情况

当今中国高校，校园里出双入对的大学生随处可见，成了一道靓丽的风景。同时，一幕幕爱情悲喜剧，也在校园里不断上演……如何减少悲剧，使大学生在顺利完成学业的同时，能够收获甜蜜的爱情，实现学业与爱情的双赢，这需要大学生自身的思考，也需要教育者关注、重视和研究。

大学生恋爱道德，指大学生在恋爱过程中，调节和处理与他人、集体、家庭、社会、学业等的关系所应遵守的基本行为规范，以及在此基础上表现出来的观念意识和行为品质。本报告着眼于大学生恋爱这一高校校园中的普遍现象，对大学生恋爱道德问题开展调查研究。笔者以大理学院学生为调查对象，发出问卷 370 份，收回有效问卷 355 份。统计显示，"曾经谈过"和"正在谈恋爱"的 240 人，占 67.61%，说明大学生恋爱已经成为高校的普遍现象。一、二、三、四年级"曾经谈过"和"正在谈恋爱"分别占 53.61%、68.89%、72.42%、80.77%，说明越到高年级，谈恋爱的比例逐渐递增。大学生恋爱会遇到很多困惑和难题，处理不好不仅影响学习，甚至可能对一生带来无法弥补和不可挽回的损失。大学生如何获取扎实的专业知识，提高综合素质和能力，同时走出一条恋爱的坦途？从某种角度讲，仍需要教育者的"传道""授业""解惑"，给学生以点拨、引路和指导。

二、调查的主要问题和简要分析

（一）恋爱的态度和对象选择问题

大学生能否谈恋爱？这在 20 世纪 90 年代中期以前确有争论性，现在谁这样问就是"老土"。大学生不仅可以谈恋爱，即使结婚也是法律允许的。

教育者关心的应是如何帮助学生树立正确的恋爱观，如何使大学生度过四年有意义的宝贵时光。

在恋爱问题的态度上，认为恋爱是"丰富大学生活和人生经历的重要的一门选修课，不谈是一大遗憾"和"随缘"的两项占91.83%，说明绝大多数学生能够比较理性对待恋爱问题。而"别人谈，我也谈""最好不谈"等占8.17%，比例虽不高，但它说明几点：一是大学生恋爱存在跟风现象；二是部分大学生或固守传统，或以学习为重不愿在大学期间恋爱，不愿把时间花费于风花雪月之中。

在恋爱对象的选择方面，学生最看中的是"性格""才干"和"相貌"三项，分别占85.92%、74.65%和65.35%；而"跟着感觉走""经济状况""地域"也分别占47.04%、42.25%、38.59%。说明多数学生对待恋爱问题既着眼现实，又考虑将来。但"跟着感觉走"是一种盲目的做法，很有可能会走进恋爱的死胡同。

（二）恋爱与学习的关系问题

学习知识，提高综合素质和能力，是社会和学校对大学生的基本要求。学生不仅要学好书本知识，还要读懂社会这本大书，锻炼各方面的技能，包括学习和锻炼婚恋方面的知识和技能。走向社会之前，需要学习的东西很多，这要求大学生把握好面临的各种问题的"度"，避免顾此失彼导致的畸形发展。

谈恋爱对学习是否有影响？认为"有正面影响和促进作用"以及"没有影响"两者之和为48.73%，"有负面影响和阻碍作用"的占23.10%，"不知道"的占27.60%。"不知道"的，一是还没品尝到爱情的滋味；二是虽在恋爱，但还没对爱情与学习问题进行认真思考，属于"糊涂的爱"一类。上述数字说明多数学生对恋爱与学习的关系问题是有所思考的，但相当比例的学生不能处理好爱情与学习的关系。对于整天沉溺于恋爱中的行为，87.61%的学生认为"不值得"，10.99%的学生认为"值得"；沉溺于二人世界的做法，54.93%的学生认为"会影响其他方面能力和素质的提高"，21.69%的学生表示"不知道"，23.10%的学生认为不会对其他方面造成影响。

大学生主要的任务是学习，因为恋爱影响学习，是舍本逐末。部分学生整天沉溺于恋爱之中，陷于二人世界，需要予以警示：爱情诚可贵，学业价更高。恋爱是一股甘泉，不是一口陷阱，不愿喝甘泉而要深陷于泥沼之中，四年时光因为恋爱而荒废，最终即使拿到大学文凭却没有真才实学，走出校门时一无所学则悔之晚矣。不仅如此，有的同学不分时间场所，在宿舍、教室等有过分言行，影响自己学习的同时也影响了他人的生活和学习。

（三）恋爱与经济开支的问题

20世纪70年代末到90年代初，大学生恋爱之风不算盛行，且当时属于低收入低消费时代，恋爱成本不高，吃的更多是精神食粮，一般不需要"雄厚"的物质基础。随着社会发展和物质文化生活水平提高，大学生恋爱成本也随之增大。恋爱需要经济上的支出，这是无可厚非的，但究竟怎样支出才是合理的，支出多少才符合大学生这一身份的"度"的问题，确实值得探讨。

关于恋爱的经济开支，80.85%的学生认为因为恋爱经济上的支出会有增加，18.59%的学生认为在支付转移的前提下可以不增加总的开支（缩减其他支出，增大恋爱开支）；34.93%的学生认为谈恋爱会"大大增加"经济开支，有的学生不顾家庭经济状况，周末邀恋人到风景点旅游、下馆子吃饭，节假日、生日、情人节给恋人送礼物等。

钱不是万能的，特别是在市场经济时代没有钱是万万不能的。就大学生而言，适度的恋爱支出是需要的，也是可以理解的。但不可辩驳的事实是：大学生上学成本高，多数学生家庭经济不宽裕，上学主要依靠家庭和政府政策支持。如果恋爱成本过高，就会增添家庭经济负担，给父母带来工作上、思想上的压力。南京某大学生的父亲给儿子写的"一封道尽辛酸的家书"，一是真有其人其事，二是大学生中确有一定的比例的人存在类似情况。大学生恋爱纯粹吃精神食粮是不可能的，在不影响家庭生活、不给父母增加经济负担、思想压力的前提下，可以有适度的恋爱消费。但部分学生在家庭经济窘迫的前提下非理性的恋爱消费，是不提倡的。

（四）恋爱与性关系的问题

性的诱惑是恋爱中难以逾越的一道难关，现代大学生性观念比较开放，谈恋爱发生性关系的情况屡见不鲜。谈恋爱产生性的冲动是正常的，即使是发生了性关系，虽不值得提倡，但从人情、人性的角度讲还是可以理解的。问题的关键是许多学生对性知之甚少，或者对性的问题存在许多认识上的误区。

恋爱中发生性关系对双方或单方是否有影响，有怎样的影响？关于恋爱与性关系问题，71.83%的学生表示周围"有"或者"听说过"同学因恋爱而外出租房、包房，65.92%的学生认为谈恋爱发生性关系是"正常"的，或是持一种"理解"的态度，82.25%的学生对在校园内安放安全套自动销售机的做法持肯定态度。对"谈恋爱发生性关系而最终双方又分手"这一问题，42.25%的学生认为"可能会有较大影响"，47.04%的学生认为"会有一点影响但也是正常的"，9.58%的学生认为"不会产生较大影响"，只有1.13%的学生认为"没有影响"。为什么近99%的学生认为"如果发生了性关系最终又分手"对双方是有影响的，而且有42.25%的学生认为有较大影响呢？

部分学生因为恋爱激情难抑发生性关系，如能采取保护措施而两人最终结为连理，对恋爱双方影响不大。但如果保护措施不当导致怀孕，亦或保护措施得当而最终双方分手，对双方特别是女方不仅在学习、身体和在心理上都可能带来严重的负面影响，严重的可能使女方（由于中国传统的贞节观念）未来的婚姻家庭生活面临种种难题。中国传统婚恋道德对婚前性行为持排斥态度。发生性关系后再次恋爱，尤其会给女方带来心理阴影。另外，纯真的恋情能给人以美好的回忆。人离不开周围的环境，脱离不了现实的世界，大学生恋爱对待性关系问题，需要有一种严肃的审慎的态度。

（五）恋爱与社会公德的问题

社会公德是个人在社会（包括学校）需要遵守的行为规范，大学生恋爱的社会公德，要求大学生不能因为恋爱而对自己和他人带来负面影响和损害。大学生恋爱中一些常见的行为，例如：在校园、宿舍、教室过分亲热，甚至还有外出租房、包房等，这是传统道德不倡导的。

对于大学生恋爱在公共场所的亲密行为，表示"不能容忍"的学生为16.34%，持"劝诫"或"基本不赞同"的学生为65.07%，两者之和为81.41%。在开放式问卷中，一些同学对恋爱双方在公共场所的过分亲密行为深恶痛绝。另从网络、出租车司机、社会各类人士等反映看，谈恋爱外出租房、包房的学生虽是个别现象，但对大学生群体、学校声誉的消极影响极为严重，且这样的学生由于过分沉溺二人世界，难以学到扎实的专业知识和技能，他们即使能领到一纸文凭，但与其大学生身份及其所需具备的素质能力而言也是名不副实。

知书识理是读书人应有的品性，古今如此。大学生应该是社会公德的遵循者，恋爱中的言行应充分考虑社会影响和社会评价。但部分大学生贪图一时之快、一时之乐，在公众场合调情、拥抱接吻、发生矛盾打架哭闹，不仅为许多大学生所不齿，更为社会所不容，严重影响了大学生群体的声誉，这对大学生走向社会将可能带来诸多不利的影响。

（六）恋爱与其他同学相处的问题

与人相处，不给他人带来负面影响而是带来便利，人际便能和谐。校园里由于私人空间的短缺，恋爱双方的过分亲密行为，如：午休和晚上熄灯就寝还在宿舍、自习时在教室谈情说爱，在校园等其他公共场所搂抱、接吻，外出包房、留宿在恋人宿舍、恋爱双方发生矛盾在宿舍、校园等公共场所打架哭闹等行为，直接影响了同学的学习和生活，让人心理不畅快，甚至厌恶、恶心。60.56%的学生认为谈恋爱会影响与其他同学的相处，认为"不会影响"相处的学生只占24.79%，表示"不知道"的学生占14.56%。说明多数学生不能处理好"既要谈好恋爱，又要搞好与同学相处"的问题，这种顾此失彼、"抓着芝麻丢了西瓜"的做法，小的讲是取得一时之乐而舍弃了同学之间的友好情谊，大的说是丢了自己的人品人格而丧失了做人的尊严。

（七）恋爱与就业的问题

爱情是美好的，也是美妙的，爱人和被人爱都是幸福的。从对方取得愉悦或给对方以愉悦，这是一条爱情的起码法则。但从道德角度而言，爱一个人不是与对方及时行乐，是需要付出，需要责任，需要为对方的现在和将来考虑。换言之，爱情也需要经营，需要珍惜，需要珍爱。

这些年，大学生就业难已成为严峻的社会现实，恋爱时由于感性成分过多，临近毕业时因为就业问题，一对对恋人劳燕纷飞、天各一方，最终不得不分手的情况比比皆是。毕业前面临分手的危机，表示愿意"积极争取、努力挽回"占24.79%，而选择"顺其自然""不在乎天长地久，只在乎曾经拥有"两者占75.21%，说明大学生把恋爱与婚姻两者结合起来加以考虑的人不多，不少人把恋爱作为"一段经历""一门必修课"来对待，所以大四时一些遗忘了爱情的学生忙着"恋爱"补课也就不足为怪。大学生恋爱中表现出来的这些言行，就我们"80后""90后"的兄长、父辈而言，多数是难以接受的，这也是对传统的婚恋观的一种冲击。

(八) 恋爱双方的问题

爱一个人与爱一件物是不同的。"己所不欲，勿施与人；己之所欲，尽施于人"。爱一件物可以占有它，把它作为私人物品；爱一个有思想有灵魂的活生生的人，只能与他（她）沟通，和他（她）在同一平台上进行对话，给予他（她）你想要从他（她）那里得到的东西，而不能把他（她）作为物品占有。

怎样看待对方，把恋爱的对象置于一种什么样的地位？调查中17.46%的学生希望恋爱对象"随时随地都听自己的话"，81.69%的学生表示"不会"；产生矛盾化解的方法，有72.96%的学生选择"视情况而定"，选择"对方必须先向自己道歉或认错"以及"自己会主动向对方道歉或认错"两者之和为23.38%；恋人与他人产生矛盾，表示"坚决站在恋人一边为恋人两肋插刀"的学生占6.76%。这说明在处理与对方、与他人矛盾事情上，一定量的学生极为自私，把恋人置于"物"的地位想方设法据为己有，或不分是非曲直而盲目为恋人去赴汤蹈火，这是极不应该的，也是十分有害的。

三、存在主要问题的原因分析

在恋爱道德方面，大学生主要存在如下问题：不能处理好恋爱与学习的关系，不能处理好恋爱与性的关系，不能处理好恋爱与社会的关系，不能处理好恋爱与其他同学的关系，不能处理好恋爱与金钱的关系，不能处理好恋爱双方的关系等，对上述问题的原因进行分析，可以总结如下：

(一) 社会的影响

首先，随着社会开放度的扩大，各种各样的信息、观念对大学生带来的影响和冲击。面对传统的和现代的、东方的和西方的各种婚恋观、性爱观，大学生被淹没其中，由于没有明确的分辨力和顽强的抵抗力，难免被交叉感染。其次，处于今天的市场经济时期，加之受资本主义享乐观的影响，一些大学生过多追求物欲和享乐，推崇爱情至上、享乐至上，认为"生命诚可贵，爱情价更高"，甚至"爱情没有了，一切皆可抛"。最后，是各种媒体及成人世界的不良影响，给大学生在少儿时期的心灵中便播下了莠种。

（二）家庭教育的疏漏

父母是孩子的启蒙教师，家庭对孩子的影响而言是不可忽视的。现代大学生的父母多属于"60后"一代，他们的小学、中学有的乃至大学时期，更多受的是传统思想的影响，没有接受过现代婚恋家庭的教育。在他们成家以后及子女成长的过程中，社会飞速发展，生活节奏加快，更多的人搭乘着社会这一飞奔的列车马不停蹄，先天教育的不足，无暇去或主观上不愿去"补课"，他们作为子女的启蒙教师，教育中难免出现顾此失彼、挂一漏万的现象，所以孩子就难以接受到健全的家庭教育。孩子家庭教育的养分不足，进入大学后出现畸形发展也就不足为怪。

（三）学校教育的乏力和欠缺

首先，由于受应试教育的影响，基础教育存在重智轻德，重知识学习，轻素质培养、能力培养和情商培养，学生在中学时代缺乏生理知识和性健康教育。其次，进入大学后，在课程设置上，由于学校的重视程度和专业教师不足等问题，在大学生婚恋问题上，学校不能完全满足大学生的要求。再次，对于大学生婚恋问题，没有更多的人去主动思考和研究，相关的学生工作者遇到问题畏首畏尾、敷衍了事。

（四）大学生自我约束、修养的不足

首先，部分学生进入大学后，缺少了紧迫感，甚至常常感到空虚无聊，在一段时间甚至长时间内没有了像高中时代那样的目标追求，用谈恋爱的方式去填补慰藉自己精神的寂寞。其次，部分学生把恋爱当作重要的"必修课"去盲目地学习，有的甚至把有没有男朋友（女朋友）、把谈过的恋爱次数作为炫耀自己魅力的资本。最后，大学生不能够正确对待失恋问题。失恋与恋爱是一对孪生姐妹，都是大学校园中的普遍现象，但一些大学生遇到失恋问题时不能正确处理和对待，会做出出格之事，如伤人、自伤、杀人或自杀事件。

四、提高大学生恋爱道德水平的建议对策

由于大学生角色的特殊性，大学生到底应该具有什么样的恋爱道德？归结起来，就是在恋爱过程中，要有强烈的责任意识，要处理好与家庭、学业、

社会、集体、同学以及与恋人等的关系。在处理好恋爱与家庭的关系上，要体恤父母的辛劳，不因为恋爱给家庭带来经济上的负担，给父母背上思想包袱，怀有一颗感恩之心，让父母对自己的所言所行感到放心、宽心和自豪；在处理好恋爱与学业的关系上，要把学业摆在首要的位置，做到恋爱和学业双赢；在处理好与社会关系上，讲求社会公德，不在公开场所有过火的行为，不因为恋爱而减少了与社会的接触，积极参加社会实践，不断增强自己各方面的素质和能力；在处理好与集体的关系上，牢记自己是宿舍、班级、院系和学校的一员，积极投身融入集体活动中；在处理好恋爱与同学的关系上，不因为恋爱而深陷入二人世界而影响同学的学习和生活，保持和同学的正常交往，维护同学之间的团结和友谊；在处理好恋爱与恋人的关系上，做到尊重对方人格平等，恋爱专一与爱情忠贞，不因为恋爱给恋人带来学习、思想以及身体上的消极影响。

为解决大学生恋爱道德中存在的问题，提高大学生恋爱道德水平，高校及其教育者可从以下几个方面入手。

(一) 大力加强校园文化建设，倡导校园文明行为

健康有益的校园文化生活能够满足大学生的情感要求，是消除大学生孤独感，培养大学生健康情操，强化道德力，珍视快乐人生的良好方式。丰富多彩的精神文化生活不仅体现在活动形式的多样化、活动次数频繁上，而且也包括参加活动的人员要群众化，让每一位同学有显示自己才华、表现自我价值及自尊心得到尊重的机会，尽量给他们情感满足的机会。班级、共青团、学生会、学生社团要在校园文化建设活动中发挥积极作用。

(二) 加强思想政治教育，注重舆论引导

首先，要帮助大学生树立远大的理想，鼓励他们"学业在先，恋爱在后"，大力宣传和表彰努力学习、积极工作的典型，引导他们把主要精力投入学业。大学生是青年之中的佼佼者，志当高远，要处理好恋爱与学习的关系，因恋爱而影响学业的进步是非常可惜的，也是极不应该的。其次，要教育恋爱大学生树立正确的恋爱观，彼此间以诚相待，忠贞专一。恋爱对象的挑选应以共同的理想志趣做基础，而不是为了满足暂时的生理或心理需要。再次，要引导他们恋爱时应保持格调高尚，行为端庄，一方面促使他们把恋爱化作激励机制，督促自己进取向上；另一方面教育他们文明恋爱，给别人

以清新愉快的感受。

(三) 广开课堂教育的渠道，开展恋爱道德教育

课堂教育是对学生进行教育的主要阵地和主要渠道，要充分利用"思想道德修养与法律基础""三生教育"等必修课，开设青年教育、婚恋道德教育、恋爱心理健康教育等选修课，以及举办相关的讲座，帮助大学生解决恋爱中出现的思想上、心理上的问题，让广大学生树立起正确的恋爱观，使大学生在学好专业知识顺利完成学业的同时，也能鼓起爱情的风帆一路远航。

(四) 开展性道德、性健康教育

鉴于大学生性观念的开放，对大学生进行性道德、性健康教育是十分必要的。法国教育家卢梭说："避免邪念的唯一办法就是免除神秘。"通过性教育，纠正大学生性意识中的偏差，建立健康的性意识，树立起正确的道德观念和法制观念，正确进行两性间的交往，正确处理爱情和同学友谊的关系。同时，要重视发挥心理咨询机构的重要作用，对个别因恋爱问题引发心理疾病和心理障碍的学生进行单独辅导，帮助他们恢复信心，避免恶性事件的发生。

(五) 加强管理，建立健全规章制度，规范恋爱行为

学校、院系、学工部等各部门对大学生谈恋爱要加以教育、管理和约束，齐抓共管，形成合力。教育工作要注重平时，注重过程，不能只是在大学生恋爱越轨时，才加以处理和强调，平时则放任自流；也不能把大学生的恋爱思想教育推给某一部门。学校要制定出规章制度、处理措施，公之于学生，做到有章可循，而且严格执行，严肃纪律。

(六) 建立心理咨询中心，开展心理咨询活动

设立心理咨询中心，为学生提供专业的心理辅导，及时解决他们恋爱的各种心理问题，并且积极开展宣传讲座，让学生正确认识心理咨询，恋爱中遇到问题能寻求正确的解决途径。对学生恋爱中出现的问题能及早发现，及早解决。

(七) 加强师德师风建设，建立和谐师生关系

近些年由于各种因素影响，师生之间相对距离较远、关系淡化，教师工作的两条腿"教书"和"育人"一条粗一条细畸形发展，这固然与学校对教

师的考评有关，更与"育人"观念的弱化有关。所以，学校要加强师德师风建设，切实把"育人"工作作为教师考评的重要指标并落到实处。作为教师，要注重师德修养，关心爱护学生，与学生结成师友关系，使学生在遇到困难或疑惑时能够主动自觉地向教师敞开心扉。

(八) 建立松散性管理的"恋爱之角"

谈恋爱需要一定的私人空间，而校园内一切场合都属于公共场所，学生在教室、宿舍、图书馆、校园里搂抱接吻等行为有碍观瞻，解决这一矛盾，可以借鉴像学习中开辟"英语之角"一样开辟"恋爱之角"，可以是室内，也可以是室外，学校对"恋爱之角"实行松散式的管理方式。

参考文献

[1] 张枫霞. 当代大学生生存状态调查 [M]. 北京：华文出版社，2006.

[2] 紫薇，佐桐. 中国校园性观念调查——一份来自中国高校的性观念调查报告 [M]. 北京：民族出版社，2004.

[3] 梁金霞. 大学生思想政治教育热点问题研究 [M]. 济南：山东大学出版社，2006.

[4] 鞠文灿. 未成年人思想道德建设新问题与对策 [M]. 长春：东北师范大学出版社，2005.

大理市城镇社区管理创新及建设调查报告

大理大学马克思主义学院　鲍宏光　李海燕

为了响应学校关于组织暑期学生社会实践活动的号召，马克思主义学院和政法与经管学院联合组织了以"大理市城镇社区管理创新及建设"为调研主题的社会实践团队，由马克思主义学院总支书记胡椿教授和马克思主义基本原理概论教研室主任鲍宏光副教授带队，有思想政治教育专业的 4 名硕士研究生和政法与经管学院公共事业管理专业的 6 名本科生参与，共 12 人。

本次调研时间为 2011 年 7 月 4—16 日，为期 13 天。调研采取实地调查和问卷调查相结合的方法，与大理市民政局、大理市团委、下关镇政府、大理镇政府、下兑敬老院、满江派出所的有关人员进行了座谈，从大理市的大理镇和下关镇抽取 13 个社区进行了深入调研。调查问卷分为社区管理者卷和社区居民卷，其中，社区管理者卷实际发放 166 份，有效回收率 100%；社区居民卷实际发放 310 份，有效回收率 98.06%。

通过以上深入访谈了解、问卷统计分析及参阅相关文献资料，我们基本掌握了大理市城镇社区管理及社区建设的基本情况。

一、大理市城镇社区管理呈现的亮点

大理市是大理白族自治州州府所在地，同时也是全州政治经济文化中心。全市辖 10 镇 1 乡、1 个省级高新技术开发区、1 个省级旅游度假区，共 111 个村委会、31 个社区居委会，是大理州城镇发育相对成熟的（县）市。和全国其他城镇一样，近年来大理市也在积极探索如何有效加强城市基层社会管理，推动城市社区建设，养成社会自治能力的办法，也取得了一些成效。

（一）党、政高度重视城镇社区建设工作

大理市党委和政府高度高度重视社区的建设与发展，已把加强社区社会管理作为大理市"十二五"时期的一个重要课题，制定了相关的政策、制度。如出台了《大理市深入推进社会矛盾化解、社会管理创新、公正廉洁执法实施意见》。另外，据我们了解到，目前政府根据国家新的政策规定已经落实了城镇社区居委会的办公条件和工资待遇（办公用房面积不低于 400 平方米，社区居委会工作人员的工资待遇不低于每月 1500 元），都充分说明了党、政对社区社会管理的重视与关心。

（二）社区居委会工作很好地贯彻了民主原则

调查结果表明，大理市城镇社区的领导产生方式和途径是民主、公开、公平的。据统计，81.93% 的社区管理者来源于区内群众推选的代表，55.42% 的社区管理人员来源于大学毕业生（社区管理者卷）；59.87% 的社区领导由"基层选举产生"（社区居民卷）。

（三）社区居委会工作人员整体素质较高

65.06% 城镇社区工作人员是"中共党员"，62.05% 的工作人员属于专职人员；40.36% 的工作人员学历为"高中或中专"，26.51% 为"大专"，21.08% 为"大学本科"，11.45% 为"初中"，0.6% 为"研究生及以上"；39.76% 的工作人员从业时间为"1~3 年"，15.66% 为"4~6 年"，14.46% 为"7~10 年"，13.85% 为"10 年以上"；40.36% 的社区工作人员的年龄为"41~50 岁"，33.74% 为"31~40 岁"，22.89% 为"30 岁以下"；85.8% 的社区工作人员对自己的工作职责"有清晰的认识"。这些说明大理市大部分社区工作人员的个人素质、业务专业素质都较高，学历结构与从业时间结构分布较均匀，社区机构年龄分布结构较合理，职责清晰。

（四）社区居委会的服务职能和角色定位准确

55.26% 的居民认为所在社区居委会的"办事效率基本可以，效果还不错"，有 36.18% 认为"办事效率高，效果显著"；有 61.84% 的居民表示在对社区提出意见或建议时，社区管理者都"热情对待并回应，合理的意见和建议能够落实"。

有些社区居委会为了方便居民办事，对办公区域的布局也做了人性化的设置。如龙溪社区居民委员会把工作窗口分为 4 个板块：一号窗口受理劳动保障、社会化管理、居民医疗保险等 6 项服务；二号窗口受理共青团、精神文明等 8 项服务；三号窗口受理民政、优抚、助残等 9 项服务；四号窗口受理党建等 2 项服务。而 86.14% 的社区管理者也"很喜欢"目前从事的工作。

从以上数据及访谈的情况可以看出，大理市大部分社区居委会的工作人员对社区的"服务"职能和角色都有一个准确的定位。他们以居民为本，以社区为家，坚持社区居民的主体地位，服务意识强，服务水平高，真正做到了权为民所用，利为民所谋，诚心诚意为人民群众办事、服务，从而也增强了社区居民对社区的认同感和归属感。

（五）社区居委会工作推动方式多样化

社区居委会工作人员一般只有 5~10 人，事务多而杂，有些工作和信息不可能由这几名干部直接一一传达到各住户。针对这个难题，大理市社区居委会的工作人员大胆创新，通过各种途径在第一时间内准确地将一些重要信息、情况传达给居民，让居民能在有效的时间内了解并实施社区各种工作，实现了社区居委会工作推动方式的多样化，同时也丰富了社区居民了解社区情况的途径。

据我们调查结果显示，74.34%的居民通过"社区的宣传栏"了解社区情况，53.95%的居民通过"社区开展的活动"，29.61%的居民通过"社区的横幅"，18.09%的居民是"听别人说起"，16.45%的居民通过"媒体宣传"，13.16%的居民通过"相关文件"，3.29%的居民也通过"其他"途径了解社区情况。

（六）社区公共服务体系较完善，服务水平较高

1. 社会福利与社会保障机制较完善

据我们了解，大理市城镇社区的社会福利与社会保障机制较完善。社区积极开展面向老年人、儿童、残疾人、社区困难户、优抚对象、下岗失业人员、社区特殊人群等弱势群体和特殊对象的社会服务。如社区积极向民政部门上报社区困难户的情况，办理低保手续，帮助社区困难户申请城镇最低生活保障金及廉租房，做好帮扶工作，建立特困职工档案，并在节假日入户慰问；通过多种渠道想法设法的为社区下岗失业人员解决工作问题；投入大量社区经费解决老人问题，建立老年人公寓，组织老年人开展各种有益身心的活动，成立老年协会组织，并在"九九"敬老节期间慰问老年人，等等。

2. 社区卫生服务工作效果明显

78.29%的社区设有卫生服务中心，并有 51.64%的居民会在"小病时去社区卫生服务中心"。这说明社区卫生服务中心在居民中的影响力还是广泛

的。大理市各社区居委会也高度重视计划生育工作，不仅组织辖区群众学习培训，还积极走上街头宣传并发放相关的资料、药品。另外，还积极开展防艾工作，有的社区专门成立艾滋病防治领导组，定期培训防艾宣传人员，开展防艾知识宣传活动。社区居委会所开展的这些工作为社区居民提供了一个安全的环境。

3. 社区公共文化服务设施齐全，文化活动丰富多彩

91.57%的社区有"图书阅览室"，81.93%有"宣传栏、阅报栏"，74.7%有"文体活动室"，63.25%有"科普宣传长廊"，45.18%有"体育健身场所"。可以说，社区公共文化服务设施较齐全。社区书屋是社区文化服务的一个亮点，书屋设施齐全、书籍种类多样、学习环境宜人，居民可以免费借阅，为居民提高文化素养提供了一个平台。此外，社区还大力开展社区文艺活动，高度重视城镇社区广场文艺汇演，为居民营造了一个休闲放松的环境；有的社区还组织了丰富多彩的文化活动，像"文明排队日"活动、"保护洱海"活动、"尊老敬老献爱心"活动等。

4. 社区环境优美，治安状况良好

我们了解到，大理市各社区认真开展了"门前三包""除四害""禁白"（禁止使用塑料包装袋）等工作，并取得了一定的成效，给外来游客留下了深刻的印象。社区治安状况比较良好，每个社区都设有社区警务室，保障了居民的人身财产安全。

5. 流动人口管理全面化、人性化

在流动人口管理方面，82.49%的社区都是由社区居委会管理，其中，85.54%集中在"计划生育管理"，78.92%集中在"人口信息管理"，69.88%集中在"居住管理"，30.72%集中在"医疗保健管理"，27.71%集中在"子女教育管理"，18.67%集中在"就业管理"，16.27%集中在"劳动保障管理"，6.63%集中在"自身发展管理"，1.2%针对"其他"。通过这些数据可以得知，当前大理市城镇社区对流动人口的管理服务领域已越来越广泛，所涉及的范围也越来越全面。就我们了解，流动人口只要证件齐全，在社区就与当地居民一样享受同等待遇，如：看病就医、就业、子女教育等方面。不仅如此，还通过实行银行联网的方式解决流动人口的一些实际问题，可以说，对流动人口的管理服务已越来越人性化。在较大程度上破解了"流动人口管理难"的难题。

6. 社区志愿者队伍参与范围广、作用大

社区志愿者队伍是社区工作顺利开展的重要保证。调查结果显示，67.11%的社区有志愿者队伍，并积极开展相关活动。如：大理镇五华社区有7支社区志愿者队伍（包括社区青年志愿者服务队伍、社区消防志愿者队伍、社区科普志愿者队伍、社区文艺志愿者队伍等），银苍社区有9支（即党员志愿者队伍、文明行为义务劝导员、网吧监督员、信息宣传员等），下关镇关平社区有3支社区志愿者队伍等。这些社区志愿者队伍各司其职，为社区发展作出了很大贡献。社区居委会的一名工作人员告诉我们，如果没有社区志愿者的支持配合，社区工作将无法正常运行，由此可见社区志愿者队伍的作用是不可替代的。

（七）社区管理逐步实现信息化

60.84%的社区都在运用计算机网络管理，建有信息平台。这说明在网络信息时代，大理市半数以上的城镇社区都在与网俱进，充分利用网络信息，逐步实现办公自动化、信息化，提高办公效率。值得一提的是，在这方面，大学生村官发挥了非常重要的作用。

二、大理市城镇社区社会管理存在的问题

大理市大理市城镇社区社会管理取得了很大的成绩，但也存在着不容忽视的一些问题。在理顺政府、市场、社区三者之间的关系，转变政府职能，发展社会中介组织，回归社区自治功能，社区管理创新等方面还存在有待改进的方面。

（一）社区尚未真正实现"自治"

目前大理市大理、下关两城区59.63%的社区管理属于政府主导模式。传统的社区管理体制下，社区是与政府机构——对应的"小政府机构"，主要是属于上级行政的隶属机构；而在社区管理体制改革后，社区突出的是自治功能。但就我们了解到的情况是，社区没有真正的实现"自治"，继续充当着"行政"管理角色，这说明社区还存在角色混乱、职能不清的问题，改革工作的推进还有差距。

（二）社区组织机构与运行机制尚不健全

据我们调查了解，在社区组织机构方面，社区管理人员人数2~4人的有

4.22%，5～7人的有37.35%，8～10人的有48.19%，10人以上的有10.24%；有7.23%的社区管理者认为社区管理机构设置并不合理。访谈中我们还了解到社区工作通常情况下是一人兼数职，人少事多，大量时间陷入繁杂事务之中。10.85%的社区干部表示"人手不足，难以维持"。结合这些数据以及访谈了解中可以知道，当前大理市社区组织管理机构及编制设置还有待完善，其运行机制也有待进一步健全。

（三）社区工作繁、杂、多、难，负担过重

社区在整个社会建设中处于最基层、最前沿的位置，是党和政府联系人民群众的桥梁和纽带。正是因为这个重要位置，社区居委会的工作任务无形之中就加重了。

就我们了解的情况，大理市大部分社区居委会都存在社区工作繁、杂、多、难的情况。在我们调研队深入社区过程中，深刻体会到了社区工作的复杂性。社区在名义上是一个对人民负责、为人民服务的自治组织，但实际情况却是忙于解决各种各样的问题（有些问题并不在社区管理范围之内）。社区居委会工作人员一方面要承担机构本身人员少、事务多的现实问题，另一方面还要承担一些原本不属于自己工作范围内的额外工作，工作压力确实很大，有些时候甚至存在周末也无法正常休息的情况。需要引起相关部门的高度重视。

（四）社区权责不对等，未能实现"权随责走"

目前大理市城镇社区普遍存在社区权责不对等的问题。社区承担了各种各样的工作，但由于社区本身的角色定位，社区没有过多的职权做沟通协调工作，导致在开展工作过程中出现不配合的情况，增加了工作的难度。这无形之中把社区居委会置于一个尴尬的处境。某社区工作人员感慨说"有责无权的人不做事，有责有权的人不管事，无责无权的人在做事"，这句话透出了社区居委会工作人员的无奈之情。

（五）社区居民结构复杂，管理难度大

40.36%的社区认为"社区居民人员结构复杂，很难管理"，这是当前社会管理的最大问题。人数多、结构复杂，意味着居民需求多样化，该如何实现最大限度的和谐，让每一个居民都满意，确实值得各级政府和社区管理者思考，要有创新。

（六）社区经费不足，资金短缺

1. 社区工作人员待遇低，劳动付出与所得不成比例

83.13%的社区工作人员工资月均收入在1000元以下，社区日常工作繁、杂、多、难，所得报酬太少，劳动付出与所得报酬不成正比，这个问题亟须解决。

2. 社区开展工作经费短缺，制约社区的发展

社区经费82.53%来源于"政府财政拨款"，47.59%来源于"社区自筹"，22.29%来源于"多形式、多渠道向社会筹集资金"，7.23%来源于"辖区内的企事业单位支持"，1.81%来源于"其他"。目前，50%的社区存在"经费不足"的困扰，仅有7.23%的社区工作经费"够用"。另外，57.23%的社区管理者认为"财政拨款有限，资金短缺"。这是当前社区管理存在的最大问题。

（七）部分社区居民社区意识淡薄，社区归属感不强

12.83%的居民不愿意积极参与到社区管理建设中；38.82%的居民在知道有社区活动的情况下也不去参加活动，18.42%的居民"从不参加"社区组织的各种活动；15.46%的居民"很少关心"设区的建设及发展情况，而3.29%的居民"从不关心"社区建设。问及在思想上、生活上遇到困难和问题时，仅有36.84%的居民会找社区工作人员解决问题，更多的（75.66%）居民倾向于选择亲朋好友。这说明由于各种原因，不少居民对社区的归属感不强，社区意识淡薄，参与社区建设的积极主动性不高。

（八）社区居民对社区的满意度有待提升

社区居民对社区的满意度一定程度上反映了社区工作的质量，是衡量社区工作好坏的重要标准。29.6%的居民对自己目前的生活状况"不满意"，12.83%的居民对所居住的社区"不满意"；50.66%的居民认为社区提供的服务"对自己有帮助，但帮助不太大"，更有16.77%的居民认为"没什么帮助"。这些数据表明了大理市部分社区居民对社区工作不是很满意，需要社区工作人员继续改进方式方法，努力让更多的居民满意。

三、加强和创新大理市城镇社区管理的对策建议

结合大理市城镇社区管理的实际状况，我们认为应从以下几个方面来加

强和创新城镇社区管理。

（一）理顺和创新城镇社区社会管理体制

我国城镇社区从成立之初就充满了行政色彩，尽管近几年都在积极地实行社区角色转变的探索，但终究还是难以摆脱这个问题。体制是个社区发展的根本问题。现阶段，我国正处于社会转型期，城镇社区社会管理体制的弊端显现出来也是难以避免的，关键是如何合理有效地解决问题。只有正确理顺当前城镇社区社会管理体制，对症下药，积极探索，才能破解体制障碍。如，针对目前社区无法真正实现自治的问题，笔者认为，可以借鉴深圳盐田区"一会（分）两站"的盐田模式[2]，政府可以在社区设立一个工作站，该工作站的工作人员由政府部门委派，专门负责政府在社区的工作，肩负行政与服务职能。如此一来，社区工作繁、杂、多、难的问题就可以解决，相应的也就能实现"权随职责"，进而就能摆脱社区"虚化"处境，真正实现社区的自治功能，实实在在做到为人民负责。

（二）更新管理思维，真正转变职能，少包办、别错位、勿缺位

社区管理体制改革后，政府与社区是指导与被指导的关系，但在实际操作中却不自觉地保持了以往政府与派出机构之间的领导与被领导的关系。这也是造成现在社区"千条线一根针"，事多人少的主要原因。所以，政府的管理思维要更新，要科学界定政府职责，要从强调"政治控制"，转向"依法提供公共管理和公共服务"，解决好政府在城镇社区社会管理中的职能"包办""错位""缺位"等问题。政府部门在工作中应该做到"能不管的，尽量少管""应该管的，必须管好""不该管的，坚决退出"。

（三）健全社会管理的法律制度

《中华人民共和国城镇居民委员会组织法》是一部保障基层群众自治组织建设，发展城镇基层居民民主，促进城镇社区发展进步的重要法律。但该法是 1989 年 12 月 26 日经党的第七届全国人大常委会第十一次会议通过，于1990 年 1 月 1 日起颁布实施的。到今天已历经 21 年。这 20 多年来，社会发生了很大的变化，但相关法律却未能及时更进。笔者认为，应当根据实际情况对该法以及有关法规进行修订，使其更有规范与保障作用。值得庆幸的是，国家已经意识到这个问题。中国民政部基层政权和社区建设司副司长王金华在 2011 年 6 月 30 日表示，民政部决定于 2011 年 6 月正式启动《城镇居

民委员会组织法》修订工作。"将在全国范围内进行深入调研，了解和掌握各地社区居民委员会建设的现状及存在的突出问题，广泛听取省（区、市）、城镇及城区、街道、社区干部群众及专家学者的意见，使修订后的组织法更符合时代的要求，贴近基层的实际，真正体现广大民众的愿望。"

（四）改进工作，满足居民多层次多样化需求

随着市场经济及各项改革的深化，大量的单位人口、流动人口源源不断地流入大理地区，社区人口增加、人员结构复杂，社区居民的需求也随之呈现多层次、多样化。要真正服务好居民，作为社区居委会的工作人员，必须要放更多心思在居民身上，时刻关注不同居民的不同需求，并尽最大努力给予满足。

（五）整合社区各种资源，鼓励社区自筹经费

社区经费大多数来源于政府财政拨款，政府要对应众多的社区，受政治、经济等各方面因素的影响，对社区建设的拨款是有限的，不可能完全顾及。社区经费问题的解决，一方面，各级党委、政府要深入细致地做好沟通协调及宣传工作，在高度重视之余想尽一切办法支持社区建设；另一方面，社区不能"等、靠、要"，要大力整合社区的各种资源，通过拉赞助、自主发展经济实体等方式自筹经费，不受制于政府的财政拨款，实现"自救""自立"。

（六）完善社区建设，增强社区吸引力

部分社区居民对社区管理与社区建设不是很关心，积极性不高，社区意识不强，究其原因主要有两点：第一，长期以来形成的自上而下的政府领导社区、社区为政府办事的传统行政观念已在社区居民心中根深蒂固，认为社区就是政府的一个职能部门，跟自己毫无关系，这样就严重影响了居民对社区建设的参与；第二，社区宣传工作不到位，宣传力度有待提高。居民不了解社区的工作，自然而然就不关心社区，结果就导致没有兴趣也更不愿意参与社区建设。针对这一情况，社区管理者要继续探索创新社区管理的新方法，最大限度丰富社区生活，充分通过居民喜闻乐见的方法开展活动，最大限度服务居民，最大限度减少建设不和谐的声音，增强社区的吸引力。

四、结语

近几年来，大理市城镇社区管理成绩是卓越的、显著的，是值得肯定的。

但是，成绩属于过去，要在现有社会管理条件下，运用现有的资源和经验，依据政治、经济和社会的发展态势，尤其是依据社会自身运行规律乃至社会管理的相关理念和规范，研究并运用新的社会管理理念、知识、技术、方法和机制等，对传统管理模式及相应的管理方式和方法进行改造、改进和改革，建构新的社会管理机制和制度，以实现社会管理新目标。

调查研究结束了，但我们都感觉"意犹未尽"，感触很多。首先，我们真切地体会到教师和学生开展社会实践很有必要。只有步入社会亲自接触调查，才可能有真正的体验，了解社会，开阔视野，增长才干，并在社会实践活动中认清自己，对自身能够进行客观评价。这对教师也一样。其次，真正体会到社会调查的艰难。正像有位学生总结时所说："学习准备工作不简单、沟通工作不简单、基层的调查不简单。"但是，也正是这种"不简单"磨砺了我们师生，特别是为学生将来步入社会积累了难得的经验。最后，我们从大理市这个具体的（县）市域情况，真实的感受到了我国经济社会的巨大变化和进步，对中国共产党、中国特色社会主义，对祖国的未来充满了信心。

参考文献

[1] 汪波，苗月霞，梁莹. 城镇社区管理体制创新研究——行政、统筹、自治之三元复合体制［N］. 全国和谐社区建设理论研讨会暨首届城区论坛.

[2] 邹文开，唐政秋，张苏辉. 社区社会组织参与和谐社区建设的途径和方式研究［N］. 全国和谐社区建设理论研讨会暨首届城区论坛.

[3] 赵勤，周良才. 社区管理［M］. 北京：中国劳动社会保障出版社，2007.

[4] 雷洁琼. 转型中城镇基层社区组织——北京市基层社区组织与社区发展研究［M］. 北京：北京大学出版社，2001.

城乡统筹视野下大理州实现"农转城"目标的调查与思考

大理大学马克思主义学院　凡丽　赵映香　李钢

　　加大城乡统筹力度促进农业转移人口转变为城镇居民是创新发展战略，推动城乡发展一体化，全面建成小康社会的强劲动力和重要抓手。党中央、国务院高度重视加快推进城镇化和农业转移人口市民化，城镇化被提到前所未有的高度。党的十八大报告从全面建成小康社会的战略全局出发，明确提出加快户籍制度改革，有序推进农业转移人口市民化，城镇化质量明显提高。2012年12月召开的中央经济工作会议指出，城镇化是我国现代化建设的历史任务，也是扩大内需的最大潜力所在，是我国经济增长的巨大引擎，要求"积极稳妥推进城镇化，着力提高城镇化质量……要把有序推进农业转移人口市民化作为重要任务抓实抓好"。

　　大理州在落实党的十八大精神和中央经济工作会议的要求中，明确统筹城乡发展要以促进农业转移人口转变为城镇居民为抓手，全面促进城乡基础设施完善、产业相融，实现城乡经济协调发展，缩小城乡差距；以"农转城"为突破口，建立和完善促进城乡和谐发展的现代社会管理新机制；形成以城乡公共服务均等、共享为前提的新的政府公共服务供给新机制。其中，城乡基础设施完善和经济协调发展是基础，户籍制度改革是关键，实现公共服务供给城乡均等化是目标。在统筹城乡协调发展过程中，如何及时以"农转城"为抓手突破户籍屏障，由点到面，促进城乡生产方式、生活方式、社会管理的变革，带动城乡产业相融，带动城镇基础设施、公共事业建设和公共服务供给向农村延伸，促进社会管理制度创新，实现城乡居民同权同利，成为城乡统筹中既无法回避，又尤为重要和迫切的问题。为了解大理州"农转城"工作的实施状况，2012年8月至12月，调查组深入大理州政府政策研究室、"农转城"工作办公室、"农转城"工作的典型示范县、乡镇和农户中进行调研，全面了解大理州"农转城"工作现状，针对大理州"农转城"工作中的突出问题及其成因进行分析，提出实现大理州"农转城"目标的建议。

一、"农转城"的内涵和大理州实施"农转城"的基本构想与现状

"农转城"是"农业转移人口转变为城镇居民"的简称，是农民转入城镇就业并生活，成为城镇新居民和逐步融入城市的过程。这一概念具有深刻而丰富的内涵：一是身份的转变。这是市民化的根本特征，农民变成城镇居民后，将享受到以户籍制度为基础的社会福利、利益分配等制度安排，实现身份的真正转变。比如富裕农民、私营企业主虽然在城市就业、长期居住在城镇，生产方式和生活工作地域也在城镇地区，但是他们不是真正的市民，原因就在于他们并未获得城镇居民户口与身份。二是地域的转变。工作、生活地点由农村地区向城市地区转变，他们的生产、生活地点不再以家庭为单位集中在自然村落附近，而是与所从事的职业和居住社区相联系。三是生产方式的转变。对纯粹的农民而言，他们由从事农业生产活动向非农生产活动转变，劳动对象、生产工具等发生变化。四是保障方式的转变。农民主要依靠土地和家庭实现自我保障，但是土地的保障功能较低，家庭保障方式很脆弱，体现互济性的社会保障非常薄弱，因此农民在应对疾病、老龄等问题时缺乏保障；相比之下，城市具有相对完善的养老、医疗、失业等社会保障制度，覆盖面和保障程度较大。可见城乡之间在社会保障待遇上差距明显，因此社会保障方式的转变是目前我国市民化的关键环节。五是思想观念与交往方式的转变。城镇化后，其工作、生活的社会环境也发生了变化，城市文明代替了乡村文明。在相对封闭和保守的乡村，农民小农经济意识很浓，带有一定封建思想，人们的交往主要依赖于家庭、宗族、村落，以血缘关系和地缘关系为主，交往单调、信息闭塞；然而在更开放、更多元、竞争更激烈的城市，市场经济意识得到广泛传播和认可，人们拥有更强的进取精神和更积极的心态，人们的交往主要依靠社会利益关系，同时接受着众多不同思想和信息。六是人口素质的转变。这是城镇化的最终结果，城镇化后的人口不仅逐渐拥有能够适应现代化大生产的科学文化知识和劳动技能，还在城市文明的熏陶下拥有新的价值观、思想意识等，人口素质不断提高。

在大理，"农转城"由于其赖以存在的社会经济发展程度具有特殊

性，其内涵又有特殊含义。一是"农转城"居民"兼有两个身份"，即在2028年内（本轮承包期内）给予进城或就地转户的农民"城乡兼有"的特殊身份待遇。"农转城"居民盖上"城乡两床被子"，让转户居民既能享受农村惠民政策，又能平等共享城市的公共服务。二是"农转城"居民"享有五项保留"，就是继续保留转户农民的农村土地承包经营权、宅基地及农房的使用权、林地承包权和林木所有权、原户籍地五年内的计划生育政策、参与原农村集体经济组织资产分红权等五项权益。三是对"农转城"居民"提供五项保障"，就是确保农村转户居民充分享受城镇保障，进入城镇住房、养老、医疗、就业、教育等五大保障体系，实现城乡制度之间的有效衔接和融合，确保转户居民实现平稳过渡。

2012年4月，大理州为了贯彻落实《国务院办公厅关于积极稳妥推进户籍管理制度改革的通知》和《云南省人民政府关于加大城乡统筹力度促进农业转移人口转变为城镇居民的意见》，成立了"农转城"办公室，针对大理州情制定《大理白族自治州人民政府关于加大城乡统筹力度促进农业转移人口转变为城镇居民的实施意见》（以下简称《实施意见》），明确提出了到2020年，全州新增城镇户籍人口不低于100万人的工作目标，户改正式拉开帷幕。一是成立州、市（县）行政首脑为组长，相关部门主要领导为成员的"农转城"协调领导小组。专题研究并制定"农转城"《实施意见》，明确"农转城"工作目标、工作步骤、政策措施。各乡镇成立了相应的组织机构，负责进村入户的宣传、咨询服务和调查摸底以及发动工作，公安机关开设转户绿色通道，简化转户手续，为转户群众提供了便捷的转户条件。二是组建了州、市（县）"农转城"办公室，具体负责指导、督查工作，并形成一日一报的工作机制，及时掌握了解"农转城"进展情况。三是明确大理州"农转城"的阶段性目标及其步骤是：到2020年，城乡统一的户籍管理制度基本建立，城乡体制基本接轨，二元结构基本改变，城乡差距明显缩小，滇西中心城市功能有效发挥，全州新增城镇户籍人口不低于100万人。具体工作分三步走：第一步：2011—2012年为探索阶段，主要任务是做好调查摸底、制定政策措施、细化职能职责、组织宣传发动等工作。在此基础上，突出重点，完成15.5万人以上的"农转城"任务。第二步：2013—2015年为重点突破阶段，力争每年完成不低于12万人的"农转城"任务，逐步使家庭富裕、有进城意愿的农民能够转变为城镇居民，有条件的农民工大部分转变为城镇居民，农村籍大中专毕业生能够基本在城镇稳定下来并获得发展，承包地已被征用而未转"城"的失地农民的城镇居民身份问题能够得到妥善解决，全州城镇化率达45%左右，城镇建设和承载力进一步加强。第三步：2016—2020年为常态推进阶段，力争每年完成10万人以上的"农转城"任务，到2020年全州城镇户籍人口占总人口的比重上升到45%左右，城镇化率达50%以上，城乡一体化发展格局基本形成。

截止到2012年12月31日，从各县"农转城办"上报的数据得知，大理州共完成"农转城"人数177710人，其中超额完成57710人，12个县市全部超额完成年内任务。这说明"农转城"工作，领导有力，工作到位，农民群众转户热情高涨的结果（见表1）。

表1 2012年度各县市"农转城"计划任务数及完成情况一览表

州市	任务数（人）	完成数（人）	百分比（%）
大理州	120000	177710	148.09
大理市	40000	44494	111.24
漾濞县	4000	6503	162.58
祥云县	20000	28957	14.48
宾川县	8000	16661	208.26
弥渡县	6000	13083	218.05
南涧县	5000	8922	178.44
巍山县	7000	11145	159.21
永平县	7000	13534	193.34
云龙县	6000	9844	164.07
洱源县	7000	10618	151.69
剑川县	4000	4525	113.13
鹤庆县	6000	9424	157.07

2012年大理州农业转移人口转变为城镇人口的成绩是不容否定的，但在操作过程中存在一些不容忽视的问题。

二、大理州"农转城"工作中存在的突出问题

户籍制度是国家行政管理的一项基本制度。我国现行户籍制度从1958年

实行以来，历经 50 多年风雨，随着国家经济社会的发展，其缺陷显而易见，户改呼之欲出。像大理州这样大规模的户改，在操作过程中难免出现一些问题。基于对"农转城"工作可持续开展的需要，需要正视这些和分析研究这些问题，在实践中不断解决问题，才能提升"农转城"质量，最终实现"农转城"工作的顺利进行。就目前而言，大理州实现农业转移人口转变为城镇居民的目的并没有完全达到，主要表现在以下几个方面：

（一）"就户籍改户籍"

"就户籍改户籍"指的是从目前转移的成效看，转移户虽然户籍上转为城镇居民，但实质仍然是农民。一是从转户居民职业和居住区域来看，就地"农转城"占 16 万多，包含建制镇城镇转户人口和集体供养的农村低保户人口，所占比例达 94.38%，有合法稳定职业、稳定住所转户和优秀农民工人数不到 6%。（见表 2）90% 多的人生活方式、文化观念尚未发生根本转变，即滞后于"农转城"的初衷。二是由于"农转城"居民享有在农村的"五保留"，既有稳定农村生活的一面，但也有制约"农转城"居民拼搏精神的一面。特别是目前由于工业化、城镇化滞后的条件下，导致"农转城"居民就业转移不畅，农村生产要素在一段时间内还不可能实现优化配置，即"农转城"居民在一段时间内生产方式不可能发生根本转变。三是缺乏公共基础设施建设和公共服务建设以及土地置换等方面的配套政策支持，一定时期内难以实现城乡公共服务制度之间有效衔接，建制镇的"农转城"居民与城市居民共享公共服务尚需时日。

表2　2012 年度各县市"农转城"中主要转移人群、转移人数及比例一览表

州市	合计（人）	建制镇城镇转户（人）	百分比（%）	集中供养农村五保户（人）	百分比（%）	有合法稳定职业转户（人）	有合法稳定住所转户（人）	有稳定职业、稳定住所百分比（%）	优秀农民工（人）	百分比（%）
大理州	177710	160452	90.29	7277	4.09	383	7830	4.62	119	0.07
大理市	44494	43778	98.39	88	0.20	73	37	0.25	14	0.03
漾濞县	6503	6219	95.63	225	03.46	14	19	0.51	5	0.08

续表

州市	合计（人）	建制镇城镇转户（人）	百分比（%）	集中供养农村五保户（人）	百分比（%）	有合法稳定职业转户（人）	有合法稳定住所转户（人）	有稳定职业、稳定住所百分比（%）	优秀农民工（人）	百分比（%）
祥云县	28957	22057	76.17	889	3.07	6	5874	20.31	15	0.05
宾川县	16661	15719	94.35	495	2.97	34	39	0.44	6	0.04
弥渡县	13083	11982	91.58	853	6.52	39	56	0.73	18	0.14
南涧县	8922	6000	67.25	1110	2.44	127	1557	18.87	19	0.21
巍山县	11145	10129	90.88	834	7.48	14	75	0.80	7	0.06
永平县	13534	13053	96.45	442	3.27	4	1	0.04	14	0.10
云龙县	9844	8873	90.14	851	8.64	5	20	0.25	4	0.04
洱源县	10618	9861	92.87	416	3.92	25	124	1.40	9	0.08
剑川县	4525	3963	87.58	534	1.80	13	4	0.38	0	0
鹤庆县	9424	8818	93.58	530	5.62	29	24	0.56	8	0.08

（二）农民对户改政策与执行心存疑虑，转户积极性有待提升

调查中，我们了解到，虽然农民普遍赞成户改，但他们对政策的落实却心存疑虑。一是担心合法权益无法保障。农民普遍存在"前瞻有愁""后顾有忧"的情况，"前瞻有愁"主要是担心进城后政策设计中所承诺的转户农民就业、养老、医保、教育、住房等权益能否真正落实，怕丧失原有农村权益。调查走访中，农民反复地询问这几个问题，关注之情尤为迫切；"后顾有忧"主要是进城落户有风险，担心进城后，特别是怕本轮承包期结束后生活无着落。因此，解决进城农民的"忧"与"愁"，已经成为推动农民向市民转化的关键。二是担心政府承诺无法兑现。三是担心无法顺利融入城市生活。随访中，部分群众表达了对转户后融入城市生活的担忧。

（三）"农转城"时间仓促，相关制度和配套措施准备不足

"农转城"是今年4月云南省政府强力推进提高城镇化率的一个重要举措，体现了顺应时代发展的要求和惠民精神，它既是解决城乡差距、社会公平的需要，也是扩大内需、增加经济社会发展动力所在。但由于时间仓促，在缺乏财力、物力支持和城镇公共设施、公共产品短缺，城镇产业接纳就业能力弱，农村居民转移能力更弱的前提下，州政府出台《实施意见》。明确提出了2012年的年内目标，经过各方努力，虽然转户数量超过预期，但从根本上说没有实现"农转城"初衷。现实中配套制度准备不足，缺乏可操作的具体细则支撑。《实施意见》在很多方面不明确，导致具体经办人心中无底，不知如何操作，农民群众产生疑虑，程度不同制约"农转城"顺利开展。

（四）逆城市化倾向

城市化的本质是产业化和在充分就业前提下的完全市民化。在城市经济欠发达的情况下，过度推行城市化，步伐迈得太快时，会呈现出违背城市化发展规律的倾向，出现农业转移人口与城市发展不协调。城市化从本质意义上考察，持续快速的经济发展是城市化进程得以稳定、健康延续的动力。所以，城市化推动不是越快越好，也要遵循科学发展规律。城市化推动太快，短时间过多人口聚往城镇，如果城镇正常运行所需维持、改善的各种经济关系、组织制度所构成的综合系统并没有完整跟上管理，就不可避免地带来区域城镇的就业紧张、基础设施、公共产品和能源供应紧张，导致人民需求得不到满足，也会造成负面影响。一般来说，城市化过快或过度推进虽可促进经济发展，但也易造成不少弊端。户籍改革的推进应循序渐进，在户改的同时改善相关配套措施，加强政府各部门的协作，要提高户改的质量，而不能一味追求数量指标的完成，以防各地压力过大采用不合理或变相强迫方式完成户改目标，从而损害转户农民的利益且为以后社会稳定留下隐患。

（五）政策创新有待突破

当前大理州各县的农转城工作基本停留在简单转户层面，如何因地制宜地出台完善的配套政策来盘活农村的承包地、林地、宅基地，使财产变资本；如何构建与农民工特点相适应的相对稳定就业机会和就业保障制度，使农业转移人口有稳定的工作、稳定收入、稳定的社会保障；如何使城镇打工者能够买得起房子，每年不再像候鸟一样迁徙、漂流，从制度上解决进得来、留得住的问题；如何从关爱农民、支持农民的角度打好擦边球，用足用够政策方面来落实新权益还有待加强和突破。

综上所述，随着时间推移，"农转城"工作面临的困难会进一步加深，不仅一些前期存在的显形矛盾会进一步扩大，而且一些隐性、潜在的矛盾将会越来越明显，只有从经济、政治、文化、社会等方面寻找制约这些问题的深层次因素，并在实践中解决好这些问题，才能实现大理州"农转城"的目标。

三、实现大理州"农转城"目标的主要障碍及其成因

"农转城"目标的实现不是简单的技巧问题，背后是经济实力、制度安排、文化相融、社会保障能否支持到位的问题。就目前大理州而言，存在经济、政策、文化、社会方面阻挡"农转城"目标实现的因素。

（一）经济障碍

经济障碍是指经济方面存在阻挡"农转城"目标实现的因素。就大理州而言，主要存在农业产业化程度低、现代农业所在比重更低；工业化水平、城镇化率低；现代服务业滞后；州县公共财政支持乏力；家庭经济保障能力弱等因素。这些因素制约"农转城"目标的顺利实现，主要表现在：

1. 产业障碍

大理州经济发展总体水平不高，经济总量小，产业结构处于低端，产业对"农转城"人员就业"推吸"能力有限，这是制约"农转城"目标实现的根本性因素。

首先，经济非常落后，农业产业化发展的整体水平低。2011 年年末，大理白族自治州户籍总人口 354.7 万人，完成地区生产总值 568.5 亿元，全州人均 GDP 达到 16388 元，不到全国平均水平（35000 元）的一半，经济非常落后。目前，大理州很多农村还处在小农经济的状态，农村市场体系不完善，靠市场机制实现农业转移人口向城镇集聚的进城非常缓慢。当下，大理州农村户籍人口达 80% 以上，从事农业生产的农户仍以人力、畜力和小型机械作业，农业劳动生产率低，实施规模经营难的矛盾十分突出，传统农业对劳动力转移的推力仍然十分有限。2011 年，大理州农业生产产值 123.5 亿元，占三次产业结构比例为 21.7%，远远高于 11% 的全国平均水平，农业落后严重制约着农业人口的转移。农业产业化程度低，大理州目前农业产业化发展的整体水平还处于初创阶段。

其次，大理州市场化、工业化、城市化水平低。2011 年，我国国内生产

总值 471564 亿元，全部工业增加值 188572 亿元，工业化率为 40%。云南省生产总值 8750.95 亿元，全部工业增加值 3205.85 亿元，工业化率为 36%。大理州生产总值 568.49 亿元，全部工业增加值 197.56 亿元，工业化率为 34%，比全国低 6 个百分点，比全省低 2 个百分点，说明大理州工业化程度低。2011 年全国城镇化率达 51%，大理州城镇化率为 36%，城镇化率低于全国 15%，大理州工业化水平滞后于城镇化发展水平，导致工业化、城镇化与服务业的发展没有形成良性循环，产业集聚拉动农业转移人口就业力不强。由此可见，市场化、工业化、城镇化率低是经济发展程度低的主要表现，也是拉动农村劳动力向二、三产业转移困难缓慢的直接原因。

最后，第三产业发展缓慢，无力强劲快速接纳农业转移人口就业。大理州第三产业从纵向比发展较快，2011 年三产产值达 206.8 亿元，比 2010 年增长 15.5%，占三次产业结构比例为 38.4%。但从横向来看，2010 第三产业的产值和就业，占 GDP 和就业人口总数的比重，中国 2010 年的数据为 44% 和 35%，大理州仅为 36% 和 20%；第三产业产值和就业，相对于国内平均水平显得更低。目前大理三产突出体现出结构不合理，发展层次低的特点。三产仍然以传统的批发、零售和餐饮、运输仓储和旅游业为主，而现代金融、保险业、信息产业所占比重低，网络服务业缺失，特别是文化、教育、科技、体育等与提高居民素质相关的产业发展水平较低。

2. 财力障碍

财力障碍是指"农转城"受家庭经济条件制约和州、市、县公共财政支持能力约束。体现在：

首先，家庭经济制约。目前大理州农村家庭经济条件处于总体温饱向总体小康过渡的阶段，家庭经济不宽裕，这是制约"农转城"目标实现的核心因素。当下，大理州城镇居民人均可支配收入 17713 元，农村居民人均纯收入 4733 元，城镇居民人均可支配收入是农村居民人均纯收入的近 4 倍，这是吸引"农转城"人员的动力之一，但由于城镇居民人均消费性支出 13558.9 元是农村居民人均消费性支出 4282 元的 3 倍多，使相当部分农民对"农转城"反应冷淡。

其次，公共财政支持能力弱。"农转城"不仅仅是简单的农民社会身份的改变，实质是"农转城"人员能否享有最基本的公共服务制度的均等化问题，背后是经济实力能否支撑。对于大理州而言，2011 年，财政收入刚好达到 100.27 亿元，而支出达 159.62 亿元。在入不敷出的情况下，还要拿出 330 亿元来支持"农转城"，这对 1 年财政收入 100 亿元的大理州来说，简直就是天文数字。没有强大财力支撑是无法完成"农转城"目标的。未来 8 年大理州"农转城"人员 100 万，实现基本的公共服务制度的均等化，按人均投入 33 万元，需要政府支出 330 亿元。这样的投入没有经济发展的支撑，没有经济实力的提高是很难做到的。

3. 补偿不明

补偿不明是指经济补偿标准未出台，不明确。《实施意见》指出：充分保障农村转户进城居民的财产、居住等各项权利，对自愿退出农村宅基地、农地和林地的农村转户进城居民给予合理补偿。现实中大理州各县市都没有出台退出农村宅基地、农地和林地的农村转户经济补偿政策。宅基地、农地和林地的具体补偿标准还未出台，导致相当部分的农村人口在犹豫观望。农民对于退出农村宅基地、农地和林地的补偿预期较高，因此不少农民对农转城的积极性不高。

（二）政治障碍

政治障碍是指城乡有别的政策、"农转城"方面法律缺失以及城镇管理机制不完善等因素程度不同存在阻碍"农转城"目标的实现。

1. 政策障碍

当前大理在"农转城"进程中还存在"50 多个二元政策"方面的障碍，甚至于在"农转城"后工作、生活的各个环节都不同程度地存在着明显的阻碍因素，特别是二元户籍和土地使用政策严重限制了"农转城"进程。主要表现为：

第一，户籍成为利益的载体，极大地阻碍了人口的正常迁移。附加在农村户籍制度上的有别于城镇的对农村户口优惠的相关社会经济政策以及由此形成的对农民有利的分配状态，使农民担心"农转城"后失去已经享受到的有利于农户待遇，导致出现一些群众不愿转、持观望态度等问题。

第二，城乡有别的土地使用政策削弱了农民的进城能力，制约了"农转城"工作的深入开展。现实中农民土地权益受损已成为制约"农转城"的重要因素。首先，城乡居民享有的经济权利不平等。其次，征地补偿标准不合理。再次，土地收益分配不合理。最后，适应社会主义市场经济要求的城乡统一的土地使用权流转市场尚未形成。

2. 法律障碍

时至今日《中华人民共和国户籍管理法》还未出台，处理户口迁移主要依据各种行政命令和政策规定。户籍管理立法相对滞后，制约了城乡一体化进程。从全国层面看，至今我国户籍制度的法律依据仍是1958年颁布的《中华人民共和国户口登记条例》，社会各界和广大人民群众期待已久的《户籍法》虽已进入立法调研阶段但由于种种原因至今还未出台。这一条例在很多方面与当今市场经济的发展要求和人民生产生活的实际需要不相适应，严重制约了人口的合理有序流动，损害了进城务工经商人员的合法权益。

3. 管理障碍

管理障碍是指行政运行过程中城镇管理机制不完善，束缚着"农转城"后城镇居民生活质量的提升，影响农民转户的积极性。此次就地"农转城"，基本按农村管理体制进行管理，对城镇管理机制冲击不大。但随着"农转城"的加速，未来8年，"农转城"后的城镇居民对社区的依赖越来越大，加强社区建设，已成为完善城镇功能的重要组成部分。现实中，"农转城"的加速对社会管理与公共服务体系建设的需求与社会管理与公共服务体系建设步伐比较缓慢的矛盾较为突出，束缚着"农转城"后城镇居民生活质量的提升，对"农转城"程度不同产生制约。

（三）文化障碍

文化障碍是指"农转城"农民由于认识限制、文化知识和技能的缺失、法律的贫乏以及信息不对称所造成的对"农转城"的阻力。

1. 农民对"农转城"工作存在认识不清、认识错误

"农转城"工作中对农民的动员、宣传工作不扎实，程度不同流于形式，农民对转户的重要性和给农户将要带来的实惠以及政府的支持能否实现等诸多方面感到茫然，许多农户担心转后造成"两头空"。"农转城"政策抽象性的表现就是许多政策不具体。农民受认知能力、价值观念等的限制不愿意转变为城镇居民。

2. 农村人口素质不高

农民能否变市民，从根本上说取决于农民自身的文化知识和技能状况。据2011年5月23日大理州第六次全国人口普查领导小组办公室发布的《大

理州第六次全国人口普查主要数据公报》：大理州普查实际登记的6周岁及以上人口中，具有大学（指大专以上）文化程度的16.2万人；具有高中（含中专）文化程度的30.3万人；具有初中文化程度的112.0万人；具有小学文化程度的145.8万人；文盲人口（15岁及以上不识字的人）为14.1万人，文盲率为4.08%。具有高中以上文化程度的占11%，89%的人口初中以下文化程度。在城乡人口素质对比中，农村人口受教育的程度更低、掌握的技能更少、法制观念更弱。

3. 信息障碍存在

由于长期以来大理州人口迁移甚少，缺乏常态化的就业信息发布，"农转城"居民寻找就业机会的方式比较单一，除了自己寻找就是朋友介绍，信息不灵在所难免。这种信息障碍，致使农民不清楚大理州各城镇劳动力供求情况，不知道向什么城镇流动有效，不知道如何获得城市就业机会，更不知道如何推荐自己。无法获得较多较新的就业信息也就意味着他们很难寻找到合适的就业机会，就业问题解决不好，转户农民很难真正融入城市，也为社会带来了诸多不稳定因素，即影响了农民转户的积极性，又阻碍了"农转城"户改的进程。

（四）社会障碍

现实中社会保障无法实现"无缝对接"、社会事业发展滞后和社会融合机制缺失，直接导致农民对"农转城"的热情不高、动力不足。

1. 社会保障条件不到位

中国社会保障制度划分为城镇社会保障制度和农村社会保障制度两大体系。社会保障多元模式貌似公正合理，事实上带有歧视性。

首先，"农转城"人口在社会保障方面如何实现无缝对接工作，《实施意见》没有明确规定何时对接？如何对接？时至今日相关细则没有出台，"农转城"相关政策不明朗。如：原农村集中供养"五保户"，"农转城"后是否自动获得城镇最低生活保障，什么时间开始执行，标准如何规定不明确；原享受农村最低生活保障人员，"农转城"后符合条件的是否享有城镇最低生活保障，什么时间开始享受，指标限制如何突破，不得而知；"农转城"人员养老保险交纳费用方面，缴纳时限、缴纳费用标准等问题不明确。一是按逐年缴满15年且达到法定退休年龄才可领取养老金，那么年龄偏大的"农转城"人口，逐年缴满 15 年后年龄已大，享受年限较短，甚至无法享受。二是如受"男性公民满 45 岁、女性满 40 岁，养老保险不得补交"限制，那么年龄偏大的"农转城"人员养老保险如何缴纳，缴纳标准和领取标准不明晰，从而使"农转城"户顾虑重重。这种由于社会保障实施政策不明朗，导致相当部分群众对"农转城"持观望态度，从而成为人口城市化过程中的又一个障碍。

其次，现行的社会保障制度将社会保险的对象限定为城镇职工，由于"农转城"的多数人员作为城镇企业聘用的临时工或合同工，就业不稳定，雇主通常不愿意为其投保，"农转城"人员实际上被排斥在社会保险之外。

最后，社会保障政策执行力度低，使农民对"农转城"有忧虑。当前，《实施意见》明确要求将转户居民缴纳入四项基本保险。但由于城镇社会保障体系自身的承受力和农转城人员缴费能力的双重制约，以及这些政策执行力度低，执行范围也窄，大部分农转城人员仍然难以在事实上加入失业保险、医疗保险、养老保险和基本生活保障，社会事业发展滞后。

2. 社会事业发展滞后

随着"农转城"快速推进，给社会事业的发展带来了巨大的压力，导致当地基础设施和公共资源不堪重负。大理州现有城镇公共资源十分有限，改善公共资源受限的状况需要一定的时间和大量的资金投入，在过渡期转户群众能否共享城镇资源仍存疑问。当下城镇现有的中小学、医院、公共图书馆、综合体育场、公园等社会事业已难以满足人民群众日益增长的需求，这就影响了城镇的要素集聚能力、辐射带动能力的提升。"农转城"加温急需解决城镇基础设施、公共服务事业的现状与急速增长的大规模迁入人口之间的矛盾。

3. 社会融合机制缺失

农民就地农转城后，原有的农村管理体制没有变、生活方式没有变、生产方式没有变、社会关系网没有变，甚至思维方式固化，加之城乡时空阻隔，作为城镇居民不得参加城市社区活动，也不能根据自己的意愿参与到与城镇其他利益群体的"博弈"过程中，在政治决策时他们处于"缺位"状态。面对农民成为城镇新居民和逐步融入城市的过程中突出存在的经济支撑能力弱、政策障碍尚未破除、文化阻力大、社会保障"无缝对接"困难等因素的阻力，不仅影响农转城目标的顺利实现，还严重制约着市场化、工业化、城镇化、现代化的发展，急切需要寻找变迁路径。

四、实现大理州"农转城"目标的建议

"农转城"是一个涵盖经济、政治、文化、社会等多方面的综合性统筹转变过程，是人类从传统社会向现代文明社会的全面转型和变迁的系统工程。要保证这一系统工程平稳而健康地运行，需要统筹安排社会大系统内部经济、政治、文化、社会各子系统的高效配合与同步协调。针对"农转城"现状、障碍因素和原因，结合大理经济社会发展实际，关键要创优"农转城"的经济、政治、文化、社会保障等支撑条件，才能为加快"农转城"提供内在动力和外部条件，为此需要做好以下工作。

(一)经济支撑是实现大理州"农转城"目标的基础

"农转城"目标能否实现的核心是经济实力能否支撑的问题。在各项建设中，壮大社会经济实力是核心，它既为实现"农转城"目标提供现实经济保障，又为"农转城"后解决各方面的问题奠定经济基础。

1. 优化产业结构，为"农转城"人口提供就业的载体

就"农转城"过程而言，以发展现代农业为抓手，推动农业剩余劳动力转移，以壮大城市二、三产业为核心，为农业转移人口提供接纳载体。具体做法如下：

第一，发展现代农业，最大限度解放农业劳动力，推动农业剩余劳动力向非农产业转移。开拓现代农业重点是推进农业规模化经营和现代农业科技支撑，创新农业经营机制，从而最大限度地解放和转移农业人口。就大理州而言：一是大理州各县（市）政府要按照党的十七届三中全会指出的产权明晰、用途管制、节约集约、严格管理的原则进一步改革和完善农村土地产权制度，积极探索土地流转促进现代农业规模化、集约化发展的新机制。二是加强农业科技服务体系的建设，保障技术培训、实用技术推广、信息咨询、病虫害防治等服务不缺位。三是做大做强现有龙头企业的同时，积极引进外资，创新农业经营机制，打造特色品牌，努力把高原特色生态农业建成千亿元产业。以大理现代农业综合示范园、祥云现代农业蔬菜示范园、弥渡蔬菜现代农业园、宾川特色水果现代农业园、洱源现代循环农业示范园、南涧茶叶现代农业园、剑川马铃薯现代农业园为平台，引进大企业、大集团开发大

理高原特色产业，培育一批带动面广、带动能力强的农业龙头企业，拉长农业产业链。

第二，强化劳动密集型工业发展战略，大力加强工业这个农业人口转移的接纳载体建设。对于大理州而言，一方面，要坚定不移地推进工业强州战略，不断壮大矿冶、机械制造、能源、烟草、生物资源及优势农产品加工、建筑建材产业、化工和轻纺工业。另一方面，在较长时期内坚持发展劳动密集型工业仍将是我州经济发展的重要方向，这为大理州接纳农业人口转移提供可能。再一方面，要强化工业园区基础设施配套，完善扶持政策，积极引进央企、省企、有实力的民企和一批重大工业发展项目落户园区。

第三，推动农业转移人口与旅游业有机结合，创新农业转移人口接纳模式。目前，要充分发挥旅游业"一业兴、百兴旺"的综合带动效应，大力发展乡村休闲度假旅游，拓展吸纳农业转移人口的就业能力。一是利用旅游二次创业机会，积极发展乡村旅游。以特色村、古镇、古村落、湖光山色等休闲度假为重点，丰富吃、住、游、玩、购的地方特色内涵，强化这五个要素的特色建设，吸引大批农业转移人口就地就业、创业。二是发展绿色观光休闲农业。创新农业人口接纳新模式。三是推进文化与旅游深度融合，使农业转移人口参与到旅游文化的建设中。办好特色文化旅游节庆活动，做精"三道茶、跳菜、弥渡花灯"等文化品牌，积极发展个性化、差异化的民族特色产品，不断打造新的品牌，吸纳更多的农业转移人口就业。

第四，促进现代服务业向农村延伸，拓展农业转移人口接纳渠道。促进现代服务业向农村延伸。一要大力发展现代服务业。要推进城乡产业融合发展，加速壮大第三产业，形成分工合理、产业对接、城乡联动的产业发展新格局。二要加快服务业转型升级。抓好全国现代服务业综合改革试点项目的实施，推动服务业大发展。三要加快金融保险、网络服务业、文化创意、体育健身、家政服务、信息中介、商务会展等服务业发展。大力发展第三产业，促进现代服务业向农村延伸，拓展农业转移人口接纳渠道。

2. 合理确定经济补偿，为"农转城"人员提供谋生的资本

"农转城"对于"农转城"人员是一次权益和利益的再分配，权益是否得到保障，利益是否补偿合理直接关系到"农转城"的成败。为此需要在"农转城"过程中做好以下工作。一是按照充分保障农民利益原则，针对农村承包地、宅基地、林地"三件衣服"，为农转城户设计一套完整的利益补

偿政策，使转户居民过渡期内或结束后按依法、自愿、市场化原则自主处置宅基地和承包地、林地的使用权和获取收益权。对转户居民在过渡期内或结束后自愿退地的获得合理补偿。二是合理确定退出承包地、林地的补偿标准。党的十八大报告明确要求：改革征地制度，提高农民在土地增值收益中的分配比例。土地承载农民经济、政治、教育、就业、医疗、养老等多方面的权益和保障，退出承包地、林地应通过市场交易来实现，土地价格应以现期市场价和预期收益的综合评估为基础，还要考虑土地对农民承担多重社会保障的功能来测算，实现城乡同权同价。其金额应当能够保障农民在生产、生活、教育、医疗等方面的必要支出，不仅要保持原来的水平，而且要更加有保障。三是对农民的宅基地进行确权认证，允许按市场价自由流转。四是购房补助。自愿退出宅基地使用权及农房的转户居民，可以获得相当于征地标准的住房及其构附着物补助、宅基地使用权补助及购房补助。

3. 增强家庭经济实力，为实现"农转城"人口提供经济后盾

作为农户要善于利用家庭的经济资源，针对消费者偏好日益细化的特点和市场需求多样化的趋势，积极发展家庭经济。一是充分发挥家庭自身的优势，如家庭成员的专长、绝活，加以开发转化，转化成为经济优势。二是充分利用所处的周边优势。三是靠劳动力移动增收。四是提高土地财产资源的融资能力，从而为农民市民化提供原始积累和资金支持。

4. 增强县域经济实力，为"农转城"提供财力保障

增强县域经济实力：一要着力构建独具特色的现代产业体系，加强农业基础，加快县域工业化、城镇化进程。二是围绕招商引资培植财源。坚持把支持工业园区建设作为财源发展的重点，增强园区对产业的集聚力和承载力。三是围绕项目建设培植财源。大理州各县（市）要认真研究中央、省财政政策，积极向上争取各类资金和项目，把项目建设作为增强财税后劲的根本措施，抓紧做好项目储备申报、想方设法加大资金投入、千方百计提供优质服务，打造一批创税能力强、对县域经济具有较强带动作用的大项目、好项目。四是围绕城镇发展培植财源。

（二）政治创新是实现大理州"农转城"目标的保障

政治创新是指变革阻碍"农转城"的具体制度、机制以及社会管理的理念、方式，确立有利于实现城乡一体的新的制度安排，从而使被具体制度和

管理的理念、方式所束缚的创造性解放出来,使农民市民化获得新的制度保障。

1. 制度创新是实现"农转城"目标的保障

要强化制度创新。首先,对制约生产要素自由流动和影响农民增收的制度进行变革。一要推进户籍制度改革,建立自由迁徙、自由定居、户籍随人走、城乡一体的户籍制度。二要健全农村社会保障体系。解决民族地区地方政府财权、事权不匹配问题。三要深化农村土地制度改革,保障城乡土地同权同利。同时,出台相关政策,明确规定流转土地的用途及奖惩机制,以保证18亿亩红线,确保国家的粮食安全。需要进一步深化城镇土地制度改革。其基本方向是国家按照所有权与使用权相分离的原则,实行城镇国有土地出租使用制度(即年租制),将本来一次性收回的土地出让金依据土地出让年限分40~70年收回。

其次,确立新的制度安排,使农民市民化获得制度保障。"农转城"的制度安排对农民来说,设计了"兼有两个身份、享有五项保留、提供五项保障"的政策体系。根据这个政策的解读,在"农转城"的过程中,既要给"农转城"居民保留原有的农村户口本,又要给"农转城"居民颁发新的城镇居民户口本,才能足以保障"农转城"居民切实享有"城乡两个身份"的特殊待遇。保障本轮承包期内"农转城"居民"享有的五项保留"和国家一系列惠农政策,消除群众担心交了农村户口本后现实中出现相应权益无法保障的顾虑。同时,本轮承包期结束后,即到2028年后,对于"农转城"户家庭经济还无力支撑城镇生活的,允许转回农村户口,或通过健全的社会保障体系以保障"农转城"户的基本生活。

最后,加强户籍立法,保证农民市民化有法可依。一是全面梳理相关法律法规,加快户籍管理立法步伐,推动户籍制度改革纳入法制化轨道。二是从法律层面规范户籍制度改革,按照公民自由迁徙原则制定户籍登记法律,创新人口管理方式,以身份证制度逐渐代替户籍管理制度。三是建立能够超越部门利益的机构,专门负责和协调处理农转城过程中的矛盾和问题。

2. 创新管理体制是高效实现"农转城"目标的关键

积极稳妥推进城镇化,必须创新体制机制,破除瓶颈制约。一是优化干部队伍结构,为社区建设提供组织保证。二是创新乡镇资金筹措机制,解决事权与财权不对称问题。三是推动城镇管理数字化、科学化、规范化,切实做到建管并重、以管促建，塑造文明、有序、整洁、和谐的城镇形象，提高基础设施、道路交通、公交车辆、社区安全的智能化管理水平，实现城镇管理向规范化、精细化、应急化转变，提高城镇管理效能。四是坚持以人为本，以搭建就业创业平台、推进文、教、卫均衡发展、完善社会保障体系为重点，不断满足城镇居民的生活需求和发展愿望，促进城乡文化共同繁荣，致力营造居民之间、邻里之间、干群之间和谐的人际氛围，实现和谐发展。五是创新开发实有人口信息采集一卡通综合管理系统。六是乡镇要聚集公安、教育、民政、人社、国土、住建、农业、林业、卫生、计生、残联、关工委等部门，组建"农转城"工作室，给"农转城"人员提供一个方便、快捷的、人性化的转户服务的经办窗口，推动"农转城"工作高效运行。

3. 保障"农转城"人口的权益是实现"农转城"目标的着力点

保障"农转城"人口的权益：一是各级公务员必须时刻牢记执政为民的思想，在工业化过程中，解决好转户居民权益作为调动转户群众积极性的出发点和归属，切实维护好转户居民原来在农村享有的承包地、宅基地、林地、计划生育、集体经济分红以及国家惠农政策等权益保障，认真落实好转户居民在城镇的教育、医疗、社保、养老保险、住房保障、计划生育等权益，让转户居民"名副其实"成为市民，真正享受与当地市民同等的政治、经济、文化、社会等权益，真正使转户居民转得顺心、开心、安心。二是加快建立服务型政府，强化地方政府责任，将"农转城"人口的权益保障纳入政府年度综合考核和领导干部政绩考评指标体系，提高"农转城"人口的权益保障的执行力。三是加大对"农转城"人口的权益保障督查。定期对"农转城"的各项保障措施的落实进行督查，对各项保障措施的落实到位的先进部门和个人给予奖励，对行政不作为将进行问责。四是构建对"农转城"人口的权益争议的处理机制和司法程序，提高争议的处理效率，切实保障好"农转城"人口的权益。

(三) 文化给力是实现大理州"农转城"目标的核心

"农转城"目标的实现，除了需要经济实力的增强和政治制度的创新外，还需要文化给力。从调研中我们明确感到"农转城"工作中突出存在文化"短板"现象，程度不同地制约工作的开展，所以文化给力是实现"农转城"目标的核心。

1. 观念变革是实现大理州"农转城"目标的前提条件

各级政府部门要改变观念，从战略高度认识到农民市民化的重要性。观念创新对于农村居民来说，首先是破除农民受认知能力、价值观念等的限制不愿意转变为城镇居民的旧观念。为此，要鼓励转城人员参加市民素质培训，培养提高他们的市民意识、社会参与意识、城镇管理意识、城镇情感意识、社会责任等意识。

其次，注重"农转城"发动者、宣传者理论素养和政策水平的提升，及时将户改政策清楚、准确、通俗地传达给农民，对农民认识不清、认识错误问题及时、准确并用通俗语言做出合乎政策的解释，为群众答疑解惑，形成全社会理解改革、支持改革并参与改革的良好和谐氛围。

最后，制定明晰、具体的配套的"实施细则"，解决《实施意见》中政策的模糊性、单一性、抽象性的问题，使发动者、宣传者胸有成竹，如流解释。同时也使农民从配套的"实施细则"中进一步明确"农转城"各项具体政策，达到胸中有数，从而消除疑虑。

2. 提升劳动者的发展能力，是实现大理州"农转城"目标的关键

提升劳动者的发展能力有以下措施：

一是提高转户农民的科学文化水平。要加大农村基础教育投入，改善其办学条件；加强师资队伍建设，加大教师顶岗培训力度，加大城乡教师互换力度，切实提高教育教学质量；大力发展农村的职业教育，以当地支柱产业、特色产业为基础，开展实用技术培训，从而使更多劳动力掌握一定的职业技能；重视农村居民的继续教育。利用已有的职教中心及农村成人培训教育网络，有重点、有计划、分步骤地对农村居民进行转岗培训，提高农民进城务工的技能水平；可以借助媒体、广播、公共图书馆等来营造宣传和读书氛围，吸引新市民的参与和学习，从而培养他们的学习能力和提高其科学文化素质。

二是提高"农转城"居民的就业能力。首先，政府要建立健全"农转城"居民素质提升培训机构，在财政预算中设立"农转城"居民教育培训专项资金，定期组织实用技术、劳动力转移技能等培训，同时传递各种信息，向"农转城"居民普及市场经济的基本常识，切实提高"农转城"居民的文化知识和市场适应能力。其次，通过典型引路，发挥市场先行者、技能强者的示范带动作用。依靠他们掌握的信息、技术，带动周围的"农转城"

居民顺利进入市场，激励他们在实践中学习，逐步提升自我。再次，发展"农转城"居民对新知识、新技术的吸收运用能力以及对社会环境的适应能力。最后，发展"农转城"居民经营管理的能力，把市场理念、质量标准贯穿于生产的全过程，以增强"农转城"居民参与市场竞争的能力。

三是提高"农转城"居民法律素养，提升他们用法律武器维护自身合法权益的能力。针对"农转城"居民的迫切需要，把《土地管理法》《劳动法》《劳动合同法》写成通俗易懂的顺口溜、打油诗或列举简单实用的生动故事作为案例对法条进行说明，探索喜闻乐见、易于接受的宣传教育形式，通过送法下乡、举办培训班、开办民间课堂等载体，定期组织农转城居民开展法律知识学习，使农转城居民产生学法用法的浓厚兴趣，进而养成对法律的追求、渴望，从而把所学的知识内化为"农转城"居民的法律素质和依法办事、维护自身合法权益的能力。

3. 畅通信息是现实大理州"农转城"目标的加速器

破除农民市民化进程中的信息障碍，关键在于建立城乡统一的劳动力市场。健全人力资源市场和覆盖"农转城"居民的公共就业服务，发展城乡一体的就业信息化服务。一是尽快建立起州、县统一的劳务用工信息网络。要构筑政府和社会多方为农村劳动力提供就业信息、技术培训、咨询、中介和合法权益保护的服务网络，及时收集、整理、筛选劳务用工信息，采取公告栏、电视、广播等方式定期向社会发布，发挥信息的引导作用，为"农转城"市民提供优质的、畅通的信息服务。二是整合政府部门、农村基层组织和社会有关组织在促进农村劳动力转移就业方面的作用，开展有组织的劳务输出。三是推行劳动合同制，建立合理的劳资双方协商机制，形成合理的劳动关系，保护转户居民的合法权益。落实有关用工政策，依法规范从业环境，加大合同监管力度，在劳动争议的处理上，保护转户居民的特殊利益。

（四）完善社会建设的长效机制是实现大理州"农转城"目标的重要条件

完善社会建设的长效机制最根本的是要把"农转城"居民的民生问题解决好。要切实认真地解决教育、就业、住房、医疗卫生以及社会保障等最基本的民生问题，解决他们的的后顾之忧，提升城市化质量，真正实现"农转城"的初衷。

1. 实现"农转城"人口在社会保障方面合理对接，解决"农转城"人口的后顾之忧

首先，把农转城居民分类吸纳进社会保障体系。一是"农转城"人口有用人单位并签订稳定劳动合同的，随用人单位参加就业地城镇职工基本医疗保险；没有单位的灵活就业人员，可在合法稳定的住所地自愿选择参加城镇居民基本医疗保险、城镇职工基本医疗保险和新型农村合作医疗保险，选择参加城镇居民基本医疗保险、城镇职工基本医疗保险的，按照有关规定办理转移接续手续；随同父母转变为城镇居民的子女，可随父母在合法稳定住所居住地参加城镇居民医疗保险。二是做好新型农村合作医疗与城镇职工医疗保险的转移接续工作。三是完善养老保险办法。与用人单位建立劳动关系的"农转城"人口，按照规定参加企业职工基本养老保险。没有用人单位的"农转城"人口，可自由选择参加城镇居民养老保险或新型农村养老保险。符合规定的"农转城"人口，可参加城镇职工的失业保险、工伤保险和生育保险等。

其次，分层次就是根据实际需要，建立和完善"农转城"人口最急需的工伤保险、大病保险和失业保险，逐步推进"农转城"人口的养老保险。建立包括工伤、医疗、失业、养老保险在内的社会保障制度，在此基础上向城乡统一的社会保障制度过渡接轨。

最后，建立健全"农转城"人口社会保险关系的转移和接续的机制，在不同统筹地区参保缴费的"农转城"人口，若转换工作地点，其个人账户和保险权益，可以只接不转。也可以转到新工作地区，按当地缴费标准折算接续。返回农村的，允许转移个人账户进入农保。不愿转入农保的，应将个人交费和单位为农民工的交费退给本人。

2. 建立就业、住房扶持保障机制是实现"农转城"目标平稳过渡的重要支撑

建立就业、创业扶持机制。各级政府应着力创造公平、公正、宽松的就业环境，引导和扶持各行各业实现充分就业。一是产业、企业发展要密切联系积极的就业政策。二是城镇发展政策要增强对"农转城"居民的吸纳能力及保障"农转城"居民稳定就业的能力。三是落实好对"农转城"人口创业的"贷免扶补"政策，确保有创业意愿和能力的人员成功创业。四是落实好"对稳定、成规模录用"农转城"人口的企业和单位，给予贷款扶持和一定

奖励"政策，增强企业扩大就业积极性。

完善社会保障性住房制度，就是要完善住房保障体系，加快社会、用工单位的廉租住房、济适用房建设，把"农转城"居民纳入住房公积金和部分免税范围，为其购房提供资金支持。

3. 完善公共产品保障机制是可持续实现"农转城"目标的重要吸引力

一方面，政府需要加大对乡镇基础设施，水、电、路、沼气、电信、网络、医疗卫生、中小学校舍及教学设备、农民培训相关的基础设施和生态环境建设等的投资。另一方面，需要加快乡镇社会公共事业发展，除增加政府对乡镇社会公共产品的投入外，还要加大乡镇公共事业改革的力度，以改革促发展，建立平等的公共物品供给制度，确保增加对乡镇教育、卫生、文化和基础设施等的投入，建立城乡统一的公共服务体系。

4. 建立社会融合机制是实现"农转城"目标的重要的心理融合器

一是让"农转城"居民逐步融入企业，促进劳动关系和谐稳定。要合理稳定提高他们的工资水平，保障他们的合法权益，完善维权法规，健全维权机制。二是从他们子女融入学校做起。"农转城"居民子女融入学校是农民融入城市的基础。三是促进"农转城"居民融入城市社区。允许他们参与社区自治，为他们表达意愿提供平台。四是让"农转城"居民融入城市公共服务体系。农民工市民化的过程，实质是公共服务均等化的过程。五是丰富"农转城"居民的文化生活，统筹加强对"农转城"居民的人文关怀，促进"农转城"居民从情感和生活上融入社区、融入城市。六是创新社会管理体制机制，积极畅通"农转城"居民成才、上升的通道。

综上所述，"农转城"是一项复杂的系统工程，必须以统筹城乡产业发展作为"农转城"的基础条件和载体，通过农推城拉促进"农转城"顺利进行；必须以制度创新作为"农转城"的关键和突破口，为"农转城"提供新的制度支持和保障；必须以教育发展和培训为途径，赋予"农转城"居民以市民化的能力；必须以共享公共服务和融入城镇为目标，实现"农转城"居民与城镇居民同权同利，完成从农民到城镇居民的角色改变。同时必须坚持市场机制与政府主导相结合，纵向与横向的力量相结合，自上而下与自下而上的力量相结合，拉动市民化的实现。"农转城"是一项长期、艰巨的系统工程，它贯穿于整个社会经济转型期，贯穿于城市化和现代化的全过程。

大理大学辅导员队伍稳定问题调研报告

大理大学马克思主义学院　张光映

　　辅导员是高校教师队伍的重要组成部分，是高校从事德育工作，开展大学生思想政治教育的骨干力量，是大学生健康成长的指导者和引路人。加强辅导员队伍建设，对于做好大学生思想政治工作，对于培养社会主义合格建设者和可靠接班人，具有极其重要的作用。辅导员工作如何，直接影响到高校人才培养的规格和质量和高校大学生思想政治工作的效果，而队伍的稳定则是做好辅导员工作极其重要的前提。

一、辅导员队伍稳定问题研究的意义

（一）辅导员队伍建设问题研究现状

　　对于稳定辅导员队伍建设问题，国内研究成果颇多，研究报告或文章多从宏观的或政策的角度展开研究和分析。许多学者主要从辅导员队伍建设的重要性及辅导员队伍在高校应有的地位入手，说明高校对辅导员队伍建设的重要性认识达不到应有的高度，致使辅导员队伍存在严重缺编、工作繁杂且待遇地位低下，从而造成现行辅导员队伍流失转岗的现象。关于辅导员的入口问题，则主要从专业和综合素质等方面进行论述，而很少从是否热爱学生、是否有兴趣和乐意从事辅导员工作方面去考虑。笔者认为，在基本素质具备的前提下，热爱学生，把从事辅导员工作作为一项职业和事业来做，这是做好辅导员工作的基本条件。关于稳定辅导员队伍的对策，主要从辅导员队伍职业化，提高辅导员队伍的地位和经济待遇，以及在评职晋级等能够客观公平的对待甚或给予优待方面展开论述，而极少从辅导员队伍具体的工作职责和加强对辅导员队伍进行思想政治教育等展开论述。笔者认为，划清岗位职责、适当的工作任务，可以突出辅导员作为思想政治工作者这一角色，有利于辅导员集中精力做好本职工作，有利于提高辅导员的思想政治工作水平，有利于提高大学生思想政治工作的质量；加强对辅导员进行思想政治教育，有利于提高辅导员队伍工作的积极性、主动性，有利于提高辅导员的职业道德水平，有利于增强辅导员的职业责任感和职业荣誉感，从而从根本上稳定辅导员队伍。

（二）开展辅导员稳定问题研究的意义

第一，提出在辅导员入口的管理上，不仅要关注其学历、专业、综合素质和能力，更要关注其是否热爱学生工作，是否乐意把辅导员工作作为自己的一项职业和事业来做。兴趣是最好的老师，由于热爱，才会使人在苦于其中的同时感到乐于其中，这是稳定辅导员队伍的根本。

第二，找出辅导员队伍不稳定的主要原因，提出加强对辅导员教育和管理的建议措施，达到既要提高其政治地位又要提高其经济待遇的目的，力求从政策上解决辅导员处于弱势等问题，消除其思想上的不稳定因素，不断提升其职业责任感和职业荣誉感，使其进一步认识到工作的意义和责任的重大。

第三，提出厘清辅导员的职责和任务分配，对于突出辅导员思想政治工作者这一角色，有利于辅导员集中精力做好思想政治工作和提高思想政治教育的质量。

第四，针对学校存在的辅导员流失转岗问题提出管理建议，对辅导员的管理学校要统筹安排，既要制定出切实可行的制度措施，更要注意把白纸黑字的制度措施落到实处。

总之，通过研究，既可以从宏观上，也可以从微观上，在辅导员的入口、制度设计、辅导员的管理和教育等方面提出具有针对性和实效性的建议，为稳定辅导员队伍、加强辅导员工作、提高学校的思想政治教育水平提供有益的借鉴。

二、大理大学辅导员队伍建设和流失情况分析

（一）辅导员队伍建设状况

大理大学 2005 年开始招收第一批学生辅导员，从入口看，一直到 2009 年，对辅导员的要求是本科及以上学历，具有学士以上学位。2010 年开始，招收辅导员的门槛有所提高，要求硕士研究生及以上学历，国家英语考试四级及以上，专业方向不限。除学历要求外，政治面貌要求是中共党员。进入大理大学的辅导员，还须参加大理大学组织的笔试和面试，两者过关才能进入大理大学。这从一定程度上保证了辅导员队伍具有相应的素质，基本

能够适应辅导员学生思想政治工作的要求。2005 年至今，大理大学共招收辅导员 59 人。这一支队伍，由学校学生工作部和院（系）党总支（党委）双重领导和管理考核。从大理大学建立辅导员队伍开始，学校招生规模不断壮大，辅导员队伍学校思想政治教育和学生日常管理工作方面，发挥了重要的不可替代的作用。辅导员具有教师和管理人员双重身份。为提高辅导员队伍的综合素质，加强对学校辅导员队伍的管理，学校学生工作部多次对辅导员队伍开展如心理健康教育、辅导员职业技能、"三生教育"等业务培训，组织辅导员开展"三生教育"说课比赛、知识竞赛、辅导员职业技能竞赛等，促使辅导员队伍一方面加强思想理论的学习，另一方面是提高自己实践工作的能力。制度建设上，建立制定了《大理大学专职辅导员管理暂行办法》《大理大学辅导员队伍管理规定》《大理大学辅导员考核实施细则》。

（二）辅导员队伍流失状况

历年来辅导员招聘及流失状况如表 1 所示。

表 1　辅导员招聘及流失状况

名称	年份										
	2005	2006	2007	2008	2009	2010	2011	2012	2013	2014	合计
招聘人数	14	3	9	2	0	9	9	5	8	0	59
流失人数	0	0	1	0	5	3	2	3	9	1	24

可以看出，辅导员的流失呈现递增的趋势，从 2007 年起，开始出现辅导员的流失，2009 年至今，辅导员的流失呈现出一种常态化的现象。2005 年至 2014 年，大理大学共招聘辅导员 59 人，流失 24 人，其中有 23 人转向管理或教学岗位，有 1 人先转岗后辞职，流失率达 40.68%。可以说，大理大学辅导员队伍流失率较高，流失现象严重。

历年来辅导员招聘人数及其现在岗状况如表 2 所示。

表 2　辅导员招聘人数及其现在岗状况

名称	年份										
	2005	2006	2007	2008	2009	2010	2011	2012	2013	2014	合计
招聘人数	14	3	9	2	0	9	9	5	8	0	59
在岗人数	2	0	2	2	0	8	8	5	8	0	35

可以看出，大理大学辅导员队伍状况不够稳定，履职年限不长。对多数人而言，不愿长期或一直从事辅导员的工作，只要有机会，就会千方百计地转入教学或管理岗位。2005年招收的14名辅导员，现在岗的只有2人；2006年招收的3名辅导员，现无一人在岗；2007年招收的9名辅导员，现在岗的只有2人。

三、大理大学辅导员队伍建设中存在的问题和原因分析

（一）辅导员队伍建设中存在的问题

1. 制度建设不够完善

大理大学从2005年开始招聘辅导员，2007年制定了《大理大学辅导员考核实施细则》，2009年制定了《大理大学专职辅导员管理暂行办法》、2013年制定了《大理大学辅导员队伍管理规定（试行）》。《大理大学辅导员队伍管理规定（试行）》内容包括总则、基本条件与工作职责、辅导员的配备与管理共三章。制度建设问题包括：一是文字制度的建立和完善；二是规章制度的执行和落实。在规章制度建设方面精细度不够，如辅导员实行学校和院（系）双重领导和管理的体制，具体学校管理哪些内容，院（系）管理哪些内容，在相关的文件规定中不够明晰；对于辅导员具有的"教师"和"管理干部"的双重身份，以及将来辅导员的出路问题，文件中没有相关规定。在制度执行落实方面，在履职年限上，《暂行办法》要求新招聘的辅导员至少履职12年才能转岗，《管理规定（试行）》要求新招聘的辅导员至少履职6年才能转岗，但即使按履职6年才能转岗的要求，也没有认真执行；在辅导员招聘上，《管理规定（试行）》明确提出在"十二五"期间连续5年每年招聘8名辅导员，但2014年却又一个不招。无论出于何种原因，这与辅导员的严重缺编和重视辅导员工作的说法是相矛盾的。

2. 招聘入口把关不严

2005年开始招聘辅导员时，在入口问题上，要求辅导员具有本科及以上学历，没有政治条件的要求；2009年《暂行办法》中有了政治条件的规定，要求"必须是中共党员或预备党员"；2013年《管理规定（试行）》中要求"硕士研究生以上学历"。所以现在硬性的基本条件有两个，一是硕士研究生及以上学历，二是中共正式党员或预备党员。在专业上没有要求。事

实上，辅导员要做好本职工作，需要有较高思想政治理论素养，需要具备教育学、管理学、社会学、心理学等方面的专业知识，更需要辅导员对学生工作的热爱。虽然，在入口上，学校也对应聘者进行笔试和面试的统一考核，但考核不可能做到详细具体，所以难以很好把握应聘者相关的专业知识，难以把握应聘者综合素质的高低，难以把握应聘者对学生工作的忠诚度、热爱度。

3. 数量不足缺编严重

教育部《关于加强高等学校辅导员班主任队伍建设的意见》明确指出，辅导员的配备要科学合理，数量足够，"专职辅导员总休上按 1∶200 的比例配备，保证每个院（系）的每个年级都有一定数量的专职辅导员。"从数量上看，大理大学现有 18000 多学生，现在岗专职辅导员 36 人，学生与专职辅导员之比大约是 1∶500，辅导员数量缺编严重，继续教育学院除外的 15个教学院（系），平均每个院（系）2.4 人。不仅数量严重不足，更不可能按照年级配备专职辅导员。如此严重的缺编，大学生思想政治工作的"骨干力量"如何发挥？大学生思想政治工作"组织者""实施者""指导者"的作用如何发挥？这么一支薄弱的力量要"成为学生的人生导师和健康成长的知心朋友"难度是巨大的，甚至是不可能的。某一项工作重要，不能是说在嘴上写在文件上，而要落实到具体的行动上。在辅导员队伍建设上存在说起来重要做起来次要，说明学校对辅导员队伍建设不够重视。

4. 队伍不稳定流失严重

大理大学 2005 年到 2014 年共招聘专职辅导员 59 人，至今已转岗 24人，转为专职管理岗位的有 15 人（其中 1 人转岗两年后辞职），转入专职教师岗位的有 9 人。对目前工作感到"满意"的只占 17.2%，"不满意"的占51.7%，"说不清"的占 31%。有 75.9% 的辅导员表示只要有机会就会转岗。上述数据说明，辅导员队伍不仅存在事实上的不稳定，即流失现象严重；而且存在心理上的不稳定，许多人表示只要有机会就会转岗。

（二）辅导员队伍不稳定的原因

1. 角色定位不够明确

《普通高校辅导员队伍建设规定》中明确指出："高等学校应当把辅导员队伍建设作为教师队伍和管理队伍建设的重要内容，……辅导员是高等学校教师队伍和管理队伍的重要组成部分，具有教师和干部的双重身份。"《大理大学辅导员队伍管理规定（试行）》也指出："辅导员是我校教师队伍和管理队伍的重要组成部分，具有教师和管理干部双重身份。"从教育部以及学校的文件规定看，辅导员队伍既是教师队伍，又是管理队伍，表面看角色地位似乎十分明确，但实质上是游移不定的。这样的规定，无非是给辅导员转岗找个出路，既可转向教师，又可转向管理，恰恰是辅导员队伍没有职业化、专业化的表现，这对于辅导员队伍的稳定是极为不利的。

2. 工作繁杂压力沉重

辅导员工作任务重，工作内容繁杂，工作压力大，不堪重负，这在大理大学的辅导员身上表现得尤为突出。首先，辅导员面对的学生人数众多，从整个学校看，1个辅导员平均面对500个左右的学生，下属的政法与经管学院，有辅导员2人，面对的本科生人数是2250人（不含9名研究生）。其次，辅导员兼职情况较多，有的兼任学生党支部书记，有的兼任班主任，有的兼任所在学院的分团委书记，有的兼任所在学院工会委员，有的还承担部分教学任务。最后大理大学实行学生公寓晚上值班制度，在值班人员的安排上，学院之间有差别，有的以辅导员为主，有的以辅导员、班主任和学生工作管理人员为主，很少有学院实行教职员工全员值班制。由于学校管理体制不顺，下属学院在学生管理上很少有自主权，这加大了学院具体工作的负担，加之学院管理人员不足，一些看似不属于辅导员的工作，只要与学生有关，就安排辅导员去完成，似乎"辅导员是个筐，只要是学生工作，什么都可往里装"。面对众多的学生人数和繁重的工作任务，再考虑辅导员个人、家庭事务等的因素，辅导员能够做好学校和学院的安排的工作任务都是比较困难的，而要做出具有开创性富有特色的大学生思想政治工作几乎是不可能的。

3. 责任重大地位低下

由于辅导员"管理队伍"和"教师队伍"的双重身份的角色定位，使这支队伍处于一种相对尴尬的地位，专职教师更容易把辅导员作为管理人员看待，管理人员更容易把辅导员作为专职教师看待，从而使辅导员处于教师和管理人员之间的边缘地带，双方的好处都难以沾上。如辅导员按教师系列晋升职称时，一切条件都以管理岗位人员来对待；辅导员竞聘管理干部时，由于辅导员流失率高，学校为了队伍的稳定规定了辅导员履职6年以上才能转岗，这从一定程度上限制了辅导员在管理岗位上的发展。再者，对于学生而言，在他们看来，虽然辅导员与他们的接触相对更多一点，但由于工作量重工作事务繁杂，多数辅导员的工作难以深入下去，所以辅导员在他们心目中的地位和威信不高。另外，从经济地位看，辅导员在学校的经济收入与一般管理人员相比差不多，但他们劳动的付出比一般管理人员总体上要多得多。对于待遇与付出相比辅导员感到"满意"的只占5.2%，"不满意"的占79.3%，"说不清"的占15.4%；与其他工作相比，对自己的待遇感到"满意"的只占3.4%，"不满意"的占84.5%，"说不清"的占12.1%；对于目前辅导员的福利制度，感到"满意"的只占10.3%，"不满意"的占70.7%，"说不清"的占19%。

4. 成就感低失落感强

辅导员是大学生思想政治教育的骨干力量，是大学生日常思想政治教育和管理工作的组织者、实施者和指导者，还应当成为学生的人生导师和健康成长的知心朋友。上述各种角色说明辅导员对学生成长的及其重要性，对培养社会主义合格建设者和可靠接班人有着不可替代的作用。按理说，做辅导员工作应该有崇高的使命感或荣誉感，但实际工作中未必如此。调查中，关于社会是否重视辅导员工作，只有5.2%的人认为"重视"，63.7%的人认为"不重视"，31.1%的人表示"不知道"；关于辅导员工作能否实现自己的理想抱负，表示"能够实现"的只占13.8%，表示"不能实现"的占55.2%，表示"不清楚"的占31%；关于是否能在学生工作中取得成就，39.7%的表示"能够"，有60.3%的表示"不能"或"不清楚"。从上述数据中可以看出，学校对辅导员工作重视不足，辅导员在自身工作中感觉成就感较低、失落感强。这与国家、社会对辅导员的期望是不相符的。

5. 发展路径不够通畅

教育部《关于加强高等学校辅导员班主任队伍建设的意见》指出，辅导员"是高等学校教师队伍的重要组成部分"，教育部《普通高校辅导员队伍建设规定》指出，"辅导员是高等学校教师队伍和管理队伍的重要组成部分，具有教师和干部的双重身份"。辅导员在学校到底处于一种什么样的地位？学校对辅导员的安排定位也只能按教育部有关文件执行。这样的定位，从好的方面说明辅导员应该是个多面手，应该具备有教师和管理岗位两方面的特长，应该有较强的综合素质和能力；从不好的方面正好说明辅导员不是一个专门的职业，而是依附于教师队伍和管理队伍一个特殊群体。所以，最终辅导员的出路，或者走向教师队伍，或者走向管理队伍，而没有自己专门发展的路径。

四、稳定辅导员队伍的建议对策

(一) 严格辅导员的入口出口管理

在辅导员入口管理上，除了学历层次和政治条件的要求之外，还需要注意以下几个方面。一是要考虑应聘者是否有较强的综合素质和能力。辅导员工作的好坏，是关系到将来的建设者是否合格接班人是否可靠的大问题，做好辅导员工作，需要具备多方面的素质和能力。二是要考虑应聘者是否有与辅导员工作相关的专业知识和专业技能。做好辅导员工作，需要辅导员具有思想政治教育学、教育学、管理学、社会学、心理学等方面的知识和技能。所以在辅导员入口上，要考虑招聘相关相近专业人员。三是要考虑应聘者是否具有从事大学生思想政治教育和大学生管理工作的热心和忠诚度。辅导员工作服务的对象是有朝气、有思想、有主见的大学生群体，从业者需要具有高尚的职业道德，具有对学生工作的热爱之情，具有崇高的奉献精神。

在辅导员出口的管理上，一是作为国家层面而言，要真正建立起辅导员职业资格制度，使辅导员工作成为一项单独的职业，既不必依附于教师，也不必依附于管理干部，而自有畅通的职业通道。二是作为高校而言，在辅导员还没有完全走入职业化轨道之前，辅导员作为具有"教师"和"管理干部"双重身份人员，要规定辅导员的履职年限，在期满后，愿意继续做辅导员工作的可以继续从事辅导员工作，不愿做辅导员的，能够畅通地流向教师岗位或者管理岗位，其流向的岗位要与辅导员工作质量的好坏相匹配，是辅导员的流向能够起到正面激励的作用。

(二) 明确辅导员的岗位职责任务

在《普通高校辅导员队伍建设规定》中，提出了辅导员工作的要求和辅导工作的主要职责。高校在制定本校辅导员工作职责和辅导员工作的具体安排中，需要注意以下几个方面：一是按照教育部的文件规定，结合本校实际，制定科学合理的辅导员工作职责，职责条目可在教育部文件的基础上岗位详细，更加具体化，使其更具有操作性。二是在辅导员严重缺编的情况下，辅导员兼职不宜过多，且兼职要紧紧围绕学生工作去安排。三是在可能情况下，不要把辅导员作为"杂工""小工""临时工"去使用，在专业化要求较高的前提下不能把"革命和建设的一块砖，哪里需要哪里搬"作为硬性指标。四是有的专职辅导员的岗位，使用部门作为非辅导员使用，这种情况要严格禁止和杜绝。

（三）按规定配备配齐辅导员职数

根据教育部要求，本科生与辅导员之比是 200：1。这就要求学校高度重视辅导员工作，充分认识辅导员工作的重要作用，按照教育部文件的精神，有计划按比例配备辅导员，使一个辅导员面对一定数量而不是太多的学生，这样辅导员才有更多的时间和精力去考虑如何做工作，去考虑如何做好工作。而不是整天陷入繁琐的事务之中，变成一个事务主义者。

（四）实行辅导员专兼职配备制度

在现有专职辅导员严重不足的前提下，可实行专兼职辅导员配备制度。其有利的方面是：第一，可以弥补辅导员数量的不足，可以减轻现有专职辅导员的工作压力和精神压力；第二，是兼职辅导员可从教师和与学生工作密切有关人员中聘任，这样可以密切所聘任人员与学生的关系，从而实现辅导员工作和原有本职工作相互促进。第三，是其他岗位的人做兼职辅导员以后，可以进一步加深对辅导员工作的认识，这在一定范围内可以消除对辅导员工作的误解和片面认识，有利于辅导员工作在学校地位的提升。

（五）提高辅导员队伍的整体素质

由于现有辅导员队伍专业知识和技能的局限，不利于辅导员工作的有效开展，所以加强对现有辅导员专业知识和专业技能的培训，提高现有辅导员队伍的整体素质就显得尤为迫切。第一，从培训的内容看，应包括思想政治教育理论、教育学、社会学、管理学、心理学等相关专业的知识和技能。第二，从培训时间看，可以长期（3 个月以上）脱产培训，可以短期集中培训，也可以在工作实践中培训学习。从培训形式看，可采取走出去、请进来和内部相互观摩学习相结合。走出去，可派部分辅导员到发达地区，到辅导员工作做得好的高校参观学习或进行长期或短期的进修访学；请进来，是把相关的专家学者请到学校来介绍经验或给予具体的指导。

（六）建立完善辅导员考核激励机制

考核的目的在于提高工作绩效和进一步明确努力的方向，学校要通过对辅导员的考核，让辅导员进一步认识辅导员工作的重要性，认清做好大学生思想政治工作和大学生管理工作与自身事业不是分离而是统一的。所以，必须建立和完善辅导员考核激励的机制，其中必须注意以下几点：一是要制定单独的辅导员考核实施细则，由学校对辅导员进行统一的考核，而不能把对辅导员的考核与对教师和管理人员的考核混在一起。二是对辅导员的考核要紧紧围绕大学生思想政治工作和大学生管理工作来进行，围绕辅导员的工作职责对辅导员进行全面考核。三是在考核中要注重辅导员工作量的付出和实际工作绩效的统一，在工作绩效中突出工作实绩和工作创新、工作研究。四是对绩效突出的辅导员进行表彰奖励，并与辅导员的晋级晋升直接挂钩，如规定什么级别的表彰相当于什么级别的科研成果等，使辅导员在没有专门的职务、职称晋升时，做好工作能够得到社会、学校其他方面的认可。

（七）关注辅导员队伍的切身利益

校、院两级有关领导和部门，要重视辅导员工作，要切实关心辅导员的利益。第一，对辅导员工作的安排，要考虑辅导员的精力，不能让辅导员长期超负荷工作。第二，要关心辅导员的物质利益，使辅导员的付出与他们的经济收入相符合。第三，在辅导员职务职称晋升上给予必要的关注，适当时候向辅导员倾斜。第四，在一些具体工作上，如值班等问题上，不能只安排辅导员去做，全体教职员工都是学生工作者，院（系）可实行全员值班制度。第五，在生活上思想上关心帮助辅导员，使他们切实感受到领导的关心，集体的温暖。第六，建立和实行辅导员短期休假制度，使辅导员的身心得以放松，从而以更高的热情、更多的精力投入到以后的本质工作之中，更好地提高大学生思想政治工作和管理工作的水平和质量。

（注：因涉及更名，为统一口径，原学校文件中"大理学院"统一改为"大理大学"）

附件

大理大学辅导员队伍建设调查问卷

1. 您的性别？（   ）

A. 男   B. 女

一	A	B
人数	13	45
百分比	22.4%	77.6%

2. 您的年龄？（   ）

A. 20~25 岁   B. 26~30 岁   C. 31~35 岁   D. 35 岁以上

一	A	B	C	D
人数	4	51	3	
百分比	7%	88%	5%	

3. 您的学历？（   ）

A. 专科   B. 本科

C. 硕士研究生   D. 博士

一	A	B	C	D
人数		6	52	
百分比		10%	90%	

4. 您目前的职称？（   ）

A. 初级   B. 中级   C. 副高   D. 正高

一	A	B	C	D
人数	45	13		
百分比	77.5%	22.5%		

5. 您的工作年限？（　　　）

A. 一年以内　　　　B. 1~3 年　　　　　C. 3~5 年　　　　　D. 5 年以上

一	A	B	C	D
人数	8	30	1	19
百分比	13.8%	51.7%	1.7%	32.8%

6. 您的月收入？（　　　）

A. 1000~2000 元　　　　　　　　B. 2001~4000 元

C. 4001~6000 元　　　　　　　　D. 6000 元以上

一	A	B	C	D
人数	21	37		
百分比	36.2%	63.8%		

7. 您是哪类辅导员？（　　　）

A. 专职　　　　　　　　　　B. 兼职

一	A	B
人数	56	2
百分比	96.5%	3.5%

8. 您毕业前所学的专业是（　　　　　　　　）。

9. 您每个月与学生深入交流的次数？（　　　）

A. 3 次以上　　　　B. 1~2 次　　　　　C. 几乎没有　　　　D. 从不交流

E. 说不清楚

一	A	B	C	D	E
人数	48	10			
百分比	82.7%	17.3%			

10. 您是否经常深入宿舍？（　　　）

A. 经常　　　　　　B. 有时　　　　　C. 很少　　　　　D. 从不

一	A	B	C	D
人数	38	16	4	
百分比	65.5%	27.6%	6.9%	

11. 您是否通过网络（如飞信、QQ 等）与学生进行交流？（　　）
A. 经常　　　　　B. 有时　　　　　C. 很少　　　　　D. 从不

一	A	B	C	D
人数	51	7		
百分比	87.9%	12.1%		

12. 您所在院系是否定期召开班团会议，传达上级精神、部署相关工作？
（　　）
A. 定期　　　　　　　　　B. 不定期，但经常开
C. 很少，每学期不足三次　　　D. 几乎没有

一	A	B	C	D
人数	36	22		
百分比	62.1%	37.9%		

13. 您如何评价辅导员做学生的"人生导师""知心朋友"的角色定位？
（　　）
A. 80%以上的辅导员能做到　　　B. 50%~80%以上的辅导员能做到
C. 只有不到50%的辅导员能做到　　D. 很少有辅导员能做到

一	A	B	C	D
人数	23	18	13	4
百分比	39.6%	31%	22.4%	7%

14. 您认为在辅导员工作考核中是否应该加入学生评价环节？（　　）
A. 非常必要　　　　　　B. 没必要
C. 无所谓　　　　　　　D. 说不清

一	A	B	C	D
人数	32	13	6	7
百分比	55.2%	22.4%	10%	12.1%

15. 您所在的学校是否定期对辅导员进行定期的考核和评比表彰？（   ）

A. 是　　　　　　B. 不是　　　　　　C. 不清楚

一	A	B	C
人数	56	1	1
百分比	96.6%	1.7%	1.7%

16. 您认为辅导员应该加强哪些方面的培训？（多选题）（   ）

A. 学业咨询辅导能力　　　　　　B. 心理疏导能力

C. 就业指导，职业规划能力　　　D. 处理突发事件能力

E. 语言沟通能力　　　　　　　　F. 科研能力

G. 敬业精神　　　　　　　　　　H. 其他

一	A	B	C	D	E	F	G	H
人数	27	54	37	48	18	37	15	4
百分比	46.7%	93.8%	64.6%	83.3%	31.3%	64.6%	25%	6.3%

17. 您认为加强大学生思想政治教育力度的有效措施有哪些？（多选题）
（   ）

A. 发挥班团和学生会组织的自我管理作用

B. 发挥辅导员、班主任的作用

C. 开展新型宣传阵地，如建立网站等

D. 重视活动形式，扩大活动覆盖面

E. 其他

一	A	B	C	D	E
人数	52	50	40	37	6
百分比	89.6%	85.4%	68.8%	64.6%	10.4%

18. 您认为辅导员与学生沟通的主要方式有哪些？（多选题）（　　）

A. 面谈　　　　B. 电话　　　　C. 网络　　　　D. 他人传达　　　　E. 其他

一	A	B	C	D	E
人数	58	53	54	19	5
百分比	100%	91.7%	93.8%	33.3%	8.3%

19. 您认为辅导员应该具备什么样的品质？（多选题）（　　）

A. 工作能力强　　　　　　　　B. 学术科研水平高

C. 思想觉悟高　　　　　　　　D. 沟通能力强，具备亲和力

E. 主动帮助学生　　　　　　　F. 深入学生，与学生打成一片

G. 阅历丰富，能做学生的人生导师

一	A	B	C	D	E	F	G
人数	47	36	45	51	39	40	48
百分比	81.2%	62.5%	77.1%	87.5%	66.7%	68.8%	83.3%

20. 您对从事学生工作的整体感受是（请在选项相应的空格内打"√"）

项目	同意		不同意		说不清	
	人数	百分比	人数	百分比	人数	百分比
从学生工作中得到成就	23	39.7%	10	17.2%	25	43.1%
对于同事间的人事关系感到满意	39	67.2%	5	8.6%	14	24.1%
认为辅导员进修的渠道充足	3	5.2%	47	81%	8	13.7%
对于我的待遇与付出相比感到满意	3	5.2%	46	79.3%	9	15.4%
觉得领导能体谅辅导员的辛苦	18	31%	21	36.2%	19	32.8%
对目前的工作安排感到满意	10	17.2%	30	51.8%	18	32.8%
觉得其他做辅导员的同事工作态度很积极	23	39.7%	14	24.1%	21	36.2%
辅导员工作有助于自我能力的成长	35	60.3%	8	13.7%	15	26%
与其他工作相比，对自己的待遇感到满意	2	3.4%	49	84.5%	7	12.1%
如果有机会的话，我会转岗	44	75.9%	3	6.3%	11	19%
学校提供的办公硬件能满足辅导员工作需要	22	38%	26	44.8%	10	17.2%

项目	同意		不同意		说不清	
	人数	百分比	人数	百分比	人数	百分比
做辅导员在个人发展上有限制	34	58.6%	9	15.4%	15	26%
与本校其他教师相比，对自己的待遇感到满意	2	3.4%	46	79.3%	10	17.2%
辅导员工作可发挥创造力，并实现理想与抱负	8	13.8%	32	55.2%	18	31%
对于目前辅导员的福利感到满意	6	10.3%	41	70.7%	11	19%
认为社会重视我的工作	3	5.2%	37	63.7%	18	31%
认为辅导员的工作有保障	9	15.5%	35	60.3%	14	24.2%
觉得学生工作很有趣	29	50%	14	24%	15	26%
我的待遇不够正常生活所需	22	37.9%	15	25.9%	21	36.2%

21. 您在辅导员工作中遇到的主要困难和突出问题是什么？

22. 您对辅导员队伍建设工作有哪些意见和建议？

大理大学教风状况调查研究报告

大理大学马克思主义学院　　张光映

一、课题研究的重要性及其前景

（一）教风建设研究的重要意义

什么是教风？教风就是教师的风范，它是教师的德与才的统一性表现，是教师整体素质的核心，是教师道德、才学、作风、素养、治教的集中反映。教风是校风的重要组成部分。从某种意义上讲，教风也是一个学校崇高的精神旗帜，它对学生可以起到熏陶、激励和潜移默化的教育作用。教风好，可以提高学校的知名度，可以提高学校的社会声誉和社会可信度。可以说，教风是一个学校生存和持续发展的不竭动力之源。在我国，高校作为社会主义事业建设者、接班人培养的最后一道关口，教风建设具有其特殊而重要的意义，加强对高校教风问题进行研究，不仅需要教育专家和高校的教育管理者去做，更需要直接面对大学生的一线教师去做。教师给别人一杯水，自己必须是长流水。的确，教师的使命是崇高的、神圣的、伟大的。教师要做好自己的本职工作，需要有严谨的工作作风，需要有良好的教风。

本课题以大理大学作为研究对象，以教风建设为着眼点，在对学校教风问题进行调查研究的基础上，力图总体把握学校的教风现状，找准教师在教风方面存在的问题，找准学校在教师教育管理方面和日常教学管理方面存在的问题，深入剖析教风问题存在的深层次、多层次原因，进一步提出加强改进学校教风建设的建议措施，以期能为学校的决策、日常教学管理、教师教育管理提供积极的参考。同时，对于一线教师提高对自己工作重要性的认识，找出工作中的差距，激发自身内在潜力，做好教书育人工作，也有反观借鉴的作用。另外，还可通过抓教风建设，促进学风建设和校风建设，推动学校的全面建设和发展。开展对大理大学教师校风问题的调查研究，其重要意义主要体现在以下几个方面：

第一，通过对学校教风状况的调查和研究，可以总体把握、全面了解教师教风状况和学校的教风建设工作，从而对学校教师队伍总体的道德、才学、作风、素养、治教等方面有全面的认识和比较客观的评价。

第二，通过对学校教风状况的调查和研究，找准学校在教风建设方面、教师在教风方面存在的主要问题，并从社会、学校和教师三个方面进行深层次的原因分析，从而为提出具有针对性的加强学校教风建设的建议措施奠定坚实基础。

第三，通过对学校教风状况的调查和研究，在找准学校和教师教风问题症结的基础上，提出具有建设性意义的对策措施，以期能够对学校教风建设从决策到具体的管理操作，以及加强对教师的教育管理，促进推动学校的教风建设提供具有实际价值的参考借鉴。

第四，通过对学校教风状况的调查和研究，旨在建设良好教风的基础上，为把学校建设成为"立足大理，服务滇西，面向云南及周边地区……云南先进、西部有广泛影响、南亚东南亚有较高知名度的区域性高水平综合性大学"，为学校更好更快地发展发挥应有的积极作用。

第五，由于现有研究成果对高校教风建设存在问题的原因缺乏深入细致的分析，以及鲜有对高校教风问题开展细致调查的成果，通过对学校教风状况的调查和研究，力图使本课题研究成果对其他高校特别是与大理大学类似的地方高校加强教风建设也能有一定的启迪。

（二）国内教风状况研究简况

对我国高校教风建设问题的研究，理论文章不多，内容多集中在教风建设存在的问题以及加强教风建设的措施方面，对于教风建设的重要性也有一般性的论及，而对于学校在教风建设、教师在教风方面存在问题的原因少有分析，使加强教风建设的措施的针对性减弱，在一定程度上失去了参考借鉴的意义。此外，对某所或某几所高校专门就教风问题进行调查研究的成果很少。

第一，在高校校风建设存在的问题和表现方面。严丽纯在《当前加强高校教风建设的几点思考》一文中，认为教风不正的表现：一是对工作没激情，敬业精神淡薄；二是对学生没爱心，责任意识欠缺；三是对学术没追求，学术腐败日盛。谢华等在《当前我国高校教风存在的问题及解决对策》一文中，认为高校教风存在的主要问题，一是部分教师职业意识淡薄，缺乏应有的职业道德；二是部分教师的知识结构单一，教学过程不规范；三是部分教师纪律涣散，不注重自身素养的提高。李震在《从高校教风建设看良好学风的建设》一文中，认为教风建设存在的问题，一是个别教师缺乏应有的职业道德，二是教学过程不规范，三是课下缺乏与学生的交流，四是不注重自身素质的提高。艾训儒等在《地方高校加强教风建设的实践探索》一文中，认为教师理论学习不够，教学理念不能适应培养高素质人才的要求。学校教学环节管理过程不规范，质量监控和信息反馈不到位；教风考核评价体系不完善，形成优良教风的长效机制不健全。赵观石在《对加强高校教风建设的几点思考》一文中，认为教师存在的问题包括：一是工作不作为；二是教学过程不规范；三是治学不严谨和学术功利化；四是专业研究学术化和教学研究去学术化；五是奉献意识不够育人能力不强。张禧等在《新形势下高校师德与教风建设机制探析》一文中，认为师德与教风建设存在的问题包括：一是岗前教育不足导致对师德的认识"缺课"；二是教育教学实践中对师德修养的主观"缺失"；三是师德建设的客观"缺位"；四是师德建设存在过程"幻化"，并提出了存在问题的种种表现。史玉等在《新时期高校教风建设探索》一文中，认为教风存在的问题主要表现为：不少教师崇拜金钱、权力，不安心教学工作，而热心搞兼职挣钱或跑官场谋求升官；有的教师安于现状，有的高校教学管理制度不健全，教学评价和激励制度不完善；教师梯队建设不合理；教学团队没有生机活力，缺乏应有的学术研究和交流；对学生要求不严格，对学生的迟到旷课、考试作弊、沉迷游乐、打架斗殴等行为不闻不问。教风方面存在的问题，赵明明的《高校教风建设存在的问题及对策》、于本成等的《关于加强高校教风建设的思考》，以及有关学风建设、校风建设、教师职业道德建设等方面的成果均有所论及。周广林等在《高校教风存在的问题及解决途径》一文，以及李艳杰等在《地方高校教风、学风建设研究》一文中，也论及了高校教风中存在的问题。

第二，在加强高校教风建设的措施、思路或建议对策等方面：在上述所涉及的文章中，谢华等认为加强教风建设，基本点是坚持教学工作的中心地位，切入点是强化教师培训，关键点是加强教师的师德建设，突破点是完善管理制度建设。赵明明提出加强教风建设的对策时指出，学校应加强教师的自身建设是教风建设的基础；坚持以教学工作为中心，努力营造良好的教风建设环境；强化教学管理，使教风建设落到实处。李震认为加强教风建设的措施：一是坚持以教学工作为中心；二是加强对教师的职业道德教育；三是加强对教师自身知识更新和能力的培养；四是加强对教师教学方法与技巧的教育和培养。赵观石认为应该从以下几个方面加强教风建设：一是加强对教师的理想信念教育，增强教师的事业心和责任感；二是加强舆论宣传，努力构建教风建设运行机制；三是全面提升教师素质，促进优良教风建设。于本成等认为，加强教风建设的对策，要营造优雅的校园文化氛围，要创设科学规范的管理环境，要营造蓬勃向上的学习氛围，要重视师德建设，教师要加强学习掌握高超的职业技能，要重视入学教育和专业就业方向指导，教师要注重学生能力培养和素质培养。张禧等提出加强教风建设，关键是加强师德建设，而建立师德建设的有效机制，一是加强思想教育建立理性认同机制，二是坚持以教师为本建立师德建设的有效机制，三是坚持以教师为本建立情感认同机制，四是关注教师发展建立利益互动机制，五是完善监督评价体系建立制度保障机制。严丽纯提出要正确处理好几个关系，引进人才和培养人才的关系，教学和科研的关系，个体教学、科研与团队培养的关系，共性与个性的关系，管理人员与教师的关系。喻永红在《试论教育、满足、制度"三位一体"高校教风建设》一文中，提出加强师德教育是教风建设之灵魂，满足教师合理需要是良好教风形成的之基础，完善制度建设是教风建设之保障。余承海等在《高校教风、学风建设须管风先行》一文中提出，加强教风建设首先必须加强管理。王军荣在《改变"重科研、轻教学"才能改变教风学风》一文中指出，改变解决教风中存在的问题首先要解决"重科研、轻教学"的问题。王俊程、周广林等人对于解决教风问题也提出了一些解决的途径措施。

第三，关于教风的内涵、教风建设意义和重要性等，谢华、赵观石、赵明明、于本成、史玉、张禧以及还有一些专家学者均有论及。

总之，通过对国内高校教风建设相关问题研究现状的分析，对教风建设中存在的问题、教师存在的问题分析比较全面，对学校在制度建设和管理方面存在的问题有一些成果，但分析研究不够完善尚有余地挖掘。在加强改进学校教风建设，专家学者提出了许多措施、建议或思路，但是由于缺少对具体学校教风建设问题进行深入细致调查的成果，同时由于学校教风建设、教师教育管理、日常教学管理以及教师教风方面存在问题的原因在成果中少有分析，这就使开展本课题的研究不仅能为加强推动大理大学的教风建设，还可以对其他高校加强推动教风建设具有积极的参考借鉴作用，课题研究不仅在大理大学而且可以在更大的范围层面显示出其积极意义所在。

（三）开展本课题研究的采用的方法

1. 文献调查法

通过重点查阅有关高校教风建设的文献资料和研究文章，着重了解国内高校教风建设问题的研究动态；通过查阅大理大学有关教师教育管理和教学管理的文件资料，正确把握大理学院大学教育管理和教学管理现状。在上述基础上，找准调查和研究的重点和突破点。

2. 问卷调查法

学生是教师直接面对的教育教学对象，对教师的教育教学有着切身的感受。通过对学生进行问卷调查，目的是找准教师在课堂教学中存在的教风问题，以及学校在教风建设中与教师课堂教学密切相关的教师教育管理和教学管理问题，同时找出存在问题的一些原因。

3. 访谈调查法

通过对学校一线教师、学生以及与教学管理有关的干部职工三个层次的人员进行访谈，进一步深入查找教师存在的教风问题，深入查找学校在教风建设中与教风问题密切相关的教师教育管理和教学管理问题，同时深入查找存在上述问题的一些原因。

4. 反思法

课题负责人作为长期从事一线教学的教师，同时也曾长期从事学生思想政治教育和管理工作，通过对自身教学工作以及学校教学管理、教师教育管理和学生教育管理工作的反思，对学校、教师与教风建设相关的一些问题进行反思反省。

5. 观察法

课题负责人在与其他教师相处的过程中，通过日常交谈交往和观察其他教师的言行举止，也可以从一定侧面了解教师的教风状况。

（四）本课题研究的应用前景

首先，本课题的研究可以使学校各级干部和教职员工的对学校的教风现状能有一个客观的判断和认识，以期能对学校加强教师教育管理和日常教学管理，促进学校教风建设等方面的决策起积极的促进作用。

其次，本课题的研究可以触及学校教学管理中的一些深层次问题，对于学校正确看待教师的工作，客观评价教师的劳动，在教师教育管理中更好地落实以人为本，制定和完善教学管理和教师教育管理的制度，促进学校管理的科学化、规范化、人性化具有积极的参考借鉴作用。

最后，本课题的研究对于促进学校的学风、校风建设，对于类似于大理大学的地方高校加强教风乃至学风、校风建设也有一定的启迪作用。

二、大理大学教风状况调查和分析

（一）开展调查的基本情况

开展本课题的研究，课题组所采取的研究方法是以问卷法为主，辅之以文献法、访谈法、反思法和观察法。问卷法主要对学生以进行有关教师教风问题的抽样问卷调查，通过学生对教师教风状况的评价，既看到教师在教风方面值得肯定的地方，同时也找出在教风中存在的影响建设发展的一些问题。文献法重点是查阅有关高校教风建设的文献资料和研究文章，了解国内高校教风建设问题的研究动态；同时通过查阅大理大学有关教师教育管理和教学管理的文件资料，正确把握大理大学教师教育管理和教学管理现状。访谈法主要通过对学校一线教师、学生以及与教学管理有关的干部职工三个层次的人员进行访谈，进一步深入查找教师存在的教风问题，深入查找与教风密切相关的教师教育管理和教学管理问题，深入查找存在上述问题的一些原因。反思法主要通过教学工作以及学校教学管理、教师教育管理和学生教育管理工作的反思，对学校、教师与教风建设相关的一些问题进行反思反省。观察法主要是通过观察其他教师的言行举止，从一定侧面了解教师的教风状况。

在问卷调查方面，课题组在结合学校实际的基础上，制作了一套问卷，除被调查者基本情况外，共30个问题，其中28个属单项选择题，2个属于开放性的问答题，内容涉及教师的师德、职业素质、教学质量、教师育人情况、教师廉洁自律、衣着仪表与职业匹配度、敬业程度、责任心、备课上课态度、上下课时间的执行、课堂管理、讲课技巧、接受新知识新思想、师生交往、对学生的学业引导帮助、对学生的关心、对待学生的公平度的评价，以及教师是否存在体罚学生、上课接打电话、课堂纪律混乱不管、"重教书轻育人""只教书不育人"、上课迟到、下课提前、无故不到课、随意调课、侮辱学生人格等现象的存在。问答题主要是学生如何配合学校抓好教风建设、师德建设等。2015年9月到2016年6月，课题组在大理大学学生中进行教师教风问题的问卷调查，发放问卷500份，发放情况：基础医学院一、二年级50份，临床医学院三、四年级50份，艺术学院一至四年级100份，文学院一至四年级100份，农生学院一至四年级100份，数计学院一至四年级100份。收回问卷475份，回收率95%。2015年12月，课题组对回收的问卷进行统计，475份问卷全部有效。2016年1月至2月，结合其他调研方法收集的资料，课题组进行大理大学教师教风问题调查研究报告的撰写和修改工作。从调查情况看，大理大学教师教风总体状况值得肯定，但同时也存在一些不容忽视的问题，如不引起重视认真加以解决会影响学校进一步建设和发展。

（二）教师教风总体状况值得肯定

大理大学于2001年合并组建（当时称大理学院，2015年更名大理大学），近15年来，学校实现了跨越式的发展，这与历届学校领导狠抓教风建设，与教师队伍重视自身的作风建设、教风建设是分不开的。在问卷调查中，学生对学校教师教风状况的总体评价，很好和较好的为80.2%，较差和很差的为1.0%。学生对教师师德状况的总体评价，很好和较好的为86.5%，较差和很差的为1.3%。学生对学校教师教学质量的总体评价很好和较好的为76.4%，较差和很差的为2.7%。三组数据，其中第一组学生对教师教风状况的直接评价，第二、三组反映教师师德和工作能力即德才状况，与第一组的数据相互印证，是基本吻合的。从三组数据可以得出一个基本的结论：大理大学教师教风整体状况是好的，值得肯定。具体情况如下：

1. 职业素质较高，注重接受新知识新思想

职业素质是指职业内在的规范和要求，是职业人在职业过程中表现出来的综合品质，具体包含职业意识、职业心态、职业道德、职业行为、职业技能等方面。教师职业素质高，表现为教师角色意识强，师德高尚，有学识，有爱心，有扎实的教学基本功，教育教学方法应用得当。调查中，学生对教师职业素质的评价，很好和较好的为85.6%，较差和很差的占0.4%。

另外，在知识科技发展更新迅速的时代，教师不仅要跟上时代步伐学习新知识新科技，更重要的是要运用新知识新科技武装学生。调查中，学生认为教师接受新知识新思想情况很好和较好的为 75.9%，较差和很差的占 4.2%。中学教师压力重点在于学生升学问题，高校教师压力重点在于能否用自己的知识、思想和行为引领学生。所以，高校教师更需要在工作和生活中加强学习和修养，需要不断提高职业素质，不断吸收新知识新思想，才能得到学生认可，也才能更深远地影响学生。从调查看，大理大学的教师职业素质较高，注重接受新知识新思想，能较好地适应时代的发展和要求。

2. 工作责任心强，工作敬业程度较高

从宏观方面说，国家的繁荣富强、民族素质的提高、中国梦的实现离不开教育，教育之本在于教师。完成好历史赋予的使命，需要教师富有强烈的工作责任感、使命感，需要对自己从事的工作具有一种负责任的态度，工作兢兢业业，力求更好、最好，力求精益求精。从微观方面讲，学校要发展，需要得到学生和社会认可，也需要教师有高度的责任感和敬业精神。调查中，学生认为教师的责任心责任感很好和较好的为 83.2%，较差和很差的占 1.5%；认为教师工作敬业程度做得很好和较好的为 84.6%，较差和很差的只占 1.7%。说明大理大学的教师对国家、对学校、对学生、对自己具有责任意识，工作责任心强，勤勤恳恳，富有敬业精神。正因为如此，学校才能在合并组建不太长的时间，得以长足的发展，得到社会认可。也正因为如此，教师工作态度才能得到学生的肯定。

3. 廉洁自律，公平待人，注重自身形象

教育不是产业，学校不是工厂，教师也不是产品生产者或加工者，教育、学校、教师从事的是培养人的事业。学生受教师的影响不仅在于接受知识，更在于教师的思想和行为对他们的熏陶。作为教师，不仅需要在工作中、在课堂上注意自身形象，还需要在日常生活中注重自己的言行，做到真教真信、言传身教、言行一致，用自己的人格魅力润物细无声地影响学生。这需要教师在生活和工作中注意约束自己，清正廉洁，热爱学生，公平地对待每一个学生。调查中，学生认为教师在廉洁自律方面做得很好和较好的为 85.5%，较差和很差的占 1.1%；认为教师在公平对待学生方面做得很好和较好的为 69.9%，中等的为 24.6%，较差和很差的占 5.5%；在教师衣着仪表与职业的匹配度方面，认为做得很好和较好的为 76.8.%，较差和很差的只占

3.4%。说明大理大学的教师队伍，既注重自身内在修养同时也注重自身外在形象，既注重课堂上用知识影响学生，也注重衣着外表对学生的影响，还注重以自身公平待人、廉洁自律的品行影响和感染学生。

4. 教书育人，能关心、帮助和引导学生

教书育人行为世范是教师职业道德的核心内容。现实中常被世人和社会所诟病的是教师"只教书不育人"或"重教书轻育人"现象。在具体工作中，关心、热爱、帮助和引导学生是教师的职责所在，这不仅表现在知识的传授方面，而且包括在生活、思想和品德行为等方面。调查中，学生认为教师教书育人工作做得很好和较好的为 74.9%，较差和很差的占 2.3%；认为教师在关心学生方面做得很好和较好的为 55.6%，中等的为 36.4%，较差和很差的只占 7.0%；认为教师在对学生的学业引导帮助方面做得很好和较好的为 59.1%，中等的为 34.3%，较差和很差的占 6.6%。总体而言，学校教师队伍教书育人工作值得肯定，对学生生活上思想上的关心帮助、对学生学业的引导帮助基本上值得肯定。

5. 遵章守纪，注重课堂管理和时间把握

任何工作都需要有规章制度和纪律的约束，教师工作也不例外。作为教师，需要服从学校安排，遵守学校规章制度。教师课堂上遵章守纪的表现，具体而言就是完成教学计划规定的任务，按时上下课，不随意调课，对课堂出现的问题能及时加以协调和管理。调查中，学生认为教师上下课时间执行得很好和较好的为 75.3%，中等的为 20.2%，较差和很差的占 4.0%；对于课堂管理，认为教师做得很好和较好的为 61.7%，中等的为 32.2%，较差和很差的占 6.1%。上述两组数据，中等的分别为 20.2% 和 32.2%，说明一些教师在上下课时间的把握以及对课堂的管理做还不够好，有待提高。特别是大学生上课迟到早退、在上课时间随意进出教室和玩手机等行为，不能视而不见，坐视不管。但总体上，学生对大理大学教师上下课时间的把握和课堂管理情况基本是认可的，说明多数教师能遵守课堂基本规范和要求。

6. 讲求方法，注重讲课和教育的技巧

教师授课教学的方法多种多样，有讲授法、谈话法、讨论法、读书指导法、案例分析法、参观法、实验法、演示法、实习法、练习法等，思想教育的方法有积极灌输法、制度约束法、平等讨论法、自我教育法、实践锻炼法、说服教育法、感化教育法、环境熏陶法、榜样示范法、激励促进法等。不同的方法具有不同的特点，其运用需要遵循其特点和一定的原则，根据教育内容、教育对象和具体环境的不同而灵活加以实施。在教育教学中做到各种方法的灵活运用就是教育教学技巧。调查中，学生对于教师的讲课技巧评价，有67.8%的人认为做得很好和较好，较差和很差的占4.6%，中等的为27.6%。这一方面说明多数教师能够灵活运用各种教育教学方法，而且取得了应有的实效，得到了学生的接受和认可。但中等、较差和很差的共为32.2%，也说明教师需要在工作中不断加强学习，更加灵活运用各种方法，加强锻炼，提高教育教学的技能技巧，提升自己，使自己的劳动付出能获得更多回报，得到更多学生的认可和好评。

(三) 教师教风值得肯定的原因

大理大学走的是一条跨越式发展道路，合并组建以来，在教学管理方面建立了一系列规章制度，在教风建设方面采取了一系列措施，从而使教师的教风不断好转。总结教风建设，取得上述成绩的原因主要如下：

1. 重视教学改革和教学质量工程建设

首先，学校重视教学改革，每年都会推出一批教学改革研究项目，项目的申报没有学历、职称限制，教师可根据学校要求和自身教学工作实际进行申报。其次，学校鼓励中级职称以上教师，根据自己的专业和特长申报和开出全校性的通识选修课，鼓励高职称教师，申报和开出全校性的讨论课。最后，学校实施教学质量工程建设，包括示范课程建设、精品课程建设、特色专业、重点建设专业、专业综合改革（试点）、卓越医生教育培养（试点）、卓越工程师教育培养计划、教学团队等建设项目。教学改革研究项目和教学质量工程项目，与课堂教育教学工作直接联系在一起。通过教学改革项目的研究和实施，通过教学质量工程项目的建设，真正体现了通过改革促教学，通过科研促教学，通过质量工程建设促教学。随着一批批项目的深入推进和完成，学校教学管理逐步走向规范化，推动了学校教学质量的总体提升，同时也直接促使了教师的教风向好的方向转化。

2. 教学要件要求和教学检查走向常规化

学校对教师上课的基本要求要带齐五大件，即教材、教学大纲、教学计划进程表、教案和教牌（方形，上有教师照片、姓名、职称、所属学院）。实施五大件之初，常有教师要件不全的情况，所属学院为此遭到学校通报点名批评。现在这种状况鲜有出现，说明教师上课带齐五大件已形成习惯。从2014年起，学校为加强三风建设（教风建设、学风建设、工作作风建设），在教风建设方面，学校加强了对教师教学检查的力度，原有校院两级督学检查制度，现在增加了校领导、机关部门、院系领导对教师教学的检查，主要检查教师和学生按时到课情况，检查结果及时在校园网进行通报，发现问题及时处理。通过一年多的检查和整顿，教师上课迟到、随意调课、不按计划上课的现象大大减少，学生上课迟到早退现象也大大减少，总体到课率明显上升。

3. 采取激励措施，加大教学奖励力度

为提高教育教学质量，学校在教学方面采取激励措施，并且不断加大对直接教学的奖励力度，主要有：第一，评选教学名师和学生"我最喜爱的教师"。教学名师的评选不是经常举行，但评选出的教学名师学校给予较高的物质奖励和精神鼓励，学生"我最喜爱的教师"由校团委牵头组织，从2013年起每两年举行一次，每次评选10人，评选出的教师虽然没有物质奖励，但对教师是极大的精神激励。第二，评选教学质量优秀教师。学校每年按照在岗教师15%的比例评选教学质量优秀教师，原来不分档次，每人1000元的奖励，从2014年起，分为特等奖、一等奖、二等奖、三等奖几个档次，奖金从10000元到1000元不等，加大了奖励的力度。第三，学校每年开展讲课或说课比赛，按照学科门类分不同的职称组进行，并按组分不同等次予以奖励。第四，学校还评选过优秀通识选修课，分档次给予不同的奖励。现在，学校还准备启动对必修课的奖励，获奖课程会在课时津贴部分给予提高。物质和精神的激励，促使教师愿意在教育教学工作下更大的功夫和力气，改进教育教学，提高教育教学质量。

4. 齐抓共管，建立各级听课评课制度

教学是教师的立足之本，同时也是衡量一所学校办学质量优劣的不可或缺的一项重要指标。为了推动学校教学工作的向前发展，学校建立了校院两级听课评课制度，在校一级有学校督学听评课制度、学校领导和机关部门领导听课制度，在学院一级有院级督学听评课制度、教学委员会成员听评课制度、学院领导听课制度、教研室主任听课制度、教师之间的听课制度。听评课的实施开展，能够促使教师认真备课，把握好授课讲课的各个环节。教师通过听课，可以看到他人之所长自己之所短，从而学习借鉴他人，取长补短，相互促进。同时教师通过两级督学和学院教学委员会的听课评课，可以更清楚地看到自己在教育教学工作中的所长所短，从而进一步扬长避短，不断加强学习，提高自身素质和技能技巧，努力取得更大成绩。

5. 实施政策优惠，鼓励教师进修访学考研

为了提高教师队伍的教育教学能力，提高教师队伍的整体素质和科研能力，提高青年教师队伍的学历，学校采取了一系列优厚政策和措施，鼓励教师结合自己和学校发展的实际，充实自己。一是鼓励到名校拜名师，鼓励高职称教师外出访学，鼓励中级职称教师外出进修，通过名校名师的指导和熏陶，提高自己的教育教学工作能力和科研工作的能力，对于到帮扶高校（都是 985 和 211 学校）的教师，不仅对教师发放全额工资，同时还发给节假日的福利、津贴和每个学期学期的基本奖励津贴。为了稳定教师队伍，提高教师队伍的整体学历，学校鼓励教师特别是年轻教师报考博士研究生，对于外出读博的教师，在拿到学位以后，学校按照现行引进博士的待遇给予奖励，外出读书期间，学校不再扣减工资待遇。上述优惠政策的出台和实施，大大调动了教师特别是年轻教师访学进修和读研考博的积极性。对于学校提升办学实力进一步向前发展，以及提高学校教师队伍的整体素质，促进学校教师教风的进一步好转奠定了良好的基础。

6. 学校跨越发展促使教师自我提升

大理大学合并组建之初，专科生占了全日制学生一半以上。现在，学校生源定位以本科教育为主，同时积极发展研究生教育和留学生教育，而且成为博士点立项建设单位。学校力争在"十三五"期间，努力成为博士生招生单位，建成药学、民族学等博士点。学校大踏步跨越式向前发展，对教师也就提出了更高要求。合并之初的四所学校，本科院校、专科院校、成人高校、中专学校各一所，教师队伍参差不齐。学校的跨越发展，逼迫着教师队伍向发展的高度标准去看齐，否则就不能适应学校发展的需要，就会有淘汰的危险。从教师自身利益出发，教师队伍总体上有一种紧迫感、危机感，促使教师主动也好被动也罢，都会去加强学习，努力全方位去提升素质，提高教育教学能力和科研水平，不断改进教育教学方法，努力掌握教育教学技巧，使自己能够适应社会和学校发展需要。

三、大理大学教风存在的问题及其分析

（一）教师教风中值得注意的问题

大理大学教师的教风整体上得到了学生的基本肯定，但也并非尽善尽美。问卷第一部分单项选择题 18 题，每题依次都是很好、较好、中等、较差、很差 5 个层级的选项，虽然较差和很差二者之和都没有达到 10%，但很好和较好二者之和占 80% 以上的只有 8 题，80% 以下的占了 11 题（其中 70% 以下有 6 题）。第二部分 10 个单项选择题，主要调查教师在教育教学中不该有的一些现象，四个选项依次是很多、较少、极个别、没有，回答没有在 60% 以上的共有 4 题（其中 80% 以上的只有 1 题）。上述数据说明，学校在加强教育学校管理提高教育教学质量方面，学校在加强对教师的教育和管理方面，教师在加强自我教育自我约束提高自身师德水平和教育教学能力方面，尚有不太令人满意之处，教师教风中的如下主要问题值得引起重视：

1. "只教书不育人"和"重教书轻育人"现象依然存在

育人工作是教师职业的根本。一方面，学生对学校教师队伍教书育人工作给予基本肯定；另一方面，由于应试教育等的影响，学校教师队伍中"重教书轻育人"和"只教书不育人"现象依然存在，不容忽视。根据调查，只有 41.1% 的学生认为教师不存在"重教书轻育人"，有 49.9% 的学生认为教师不存在"只教书不育人"现象。这说明一些教师重视知识的传授，但轻视甚至忽视育人问题，这对教师职业来讲，不是可有可无的小问题，而是原则性的大问题，或者说"重教书轻育人"和"只教书不育人"的教师是不称职、不合格的人民教师。

2. 教师对学生的关心和与学生的交往需要进一步加强

我国台湾忠信教育家高振东说过，爱自己的孩子是人，爱别人的孩子是神。教师职业体现的是人间大爱，从事的就应该是爱别人孩子的工作。教师不仅要爱学生，而且要爱每一个学生，不仅要关心学生的学业成长，而且要关心学生的全面发展。调查中，学生在教师关心学生学业成长、引导帮助学生、公平对待学生等问题总体上给予肯定，但中等、较差、很差三者比例加起来不低，如对学生的学业引导帮助认为中等、较差、很差三者之和为 40.9%，对学生的关心认为中等、较差、很差三者之和为 44.4%，对待学生

的公平程度认为中等、较差、很差三者之和为 30.1%。另外，教师与学生之间的交往，学生认为中等、较差、很差三者之和为 42.9%。上述问题，需要教师在以后的工作中引起注意，有待加强改善。只有这样，教师工作才能得到更多学生的认可，学校的发展也才能更有保障。

3. 教师执行课堂纪律管理课堂秩序问题值得引起重视

教育教学是教师和学生双边双主体的活动，学生需要遵守课堂纪律讲求课堂秩序，教师也需要遵守课堂纪律，同时对教育教学中课堂上出现的问题进行协调和管理。调查中，学生对教师执行课堂纪律管理课堂秩序问题给予总体肯定，但也存在一些值得注意的问题，如教师上课接打电话现象学生认为没有的只占 37.7%，课堂纪律混乱教师不管的现象学生认为没有的只占 38.3%，教师上课迟到现象学生认为没有的只占 47.7%，教师提前下课现象学生认为没有的也只占 57.9%。这些现象和问题的存在，不仅需要引起教师的重视，同时更需要学校提出相关的要求并加大教育和管理的力度。

（二）大理大学教师教风问题原因综合分析

学校教师教风问题的存在，既有社会社会不良因素的负面影响，又有学校体制机制问题的反向激励，还有教师自身存在的一些问题的影响。就社会不良因素而言，市场经济带来的负面因素，"向钱看"现象的存在，应试教育的危害，素质教育的欠缺，社会对学校教育评价的不完善等，都会对学校教师的教风产生影响。从学校和教师方面而言，主要原因如下：

1. 学校跨学发展导致制度稳定性缺乏

大理大学合并组建以来，走的是一条不寻常的跨越式发展的道路。跨越发展意味着改革更新速度快，新政策新措施出台多，其副产品即所带来的问题就是制度缺乏稳定性促使教师处于不断的适应之中，这会加大教师队伍生活和工作压力，使教师队伍对于教育教学中存在的一些问题难于进行更深层次的思考，学校也难于或没有余力提出一些有效的解决办法，去进一步加强管理和解决问题，这对教师队伍整体教风影响较大。学校不可能时时处于非常态的发展状态，在正常情况下，学校的教育教学和管理制度需要相对稳定，制度稳定对于教风的进一步好转会产生积极的作用。

2. 学校行政化程度高致使教师话语权偏轻

中国高校行政化严重，大理大学也不例外。高校行政化积弊较多，特别是在参与学校发展和民主管理方面，教师难有更多的话语权。即使是涉及教学和教师切身利益的一些问题，其所组成机构学校教学委员会、学校职称评审委员会的成员，其中虽有一定比例的专职教师，但委员多是学校领导、机关部门领导和院系领导。在学校行政化前提下，院系领导虽然多数是专业技术人员，但是属于官僚化的专业技术人员，他们更多的是眼光向上，是看机关部门、校领导的脸色行事，在机关与院系、与教师利益不发生冲突的前提下，他们可能站在教学院系一边为教师说话，否则，他们多数会选择沉默不语，因为无论如何，他们的利益不会受到损害。在高校行政化前提下，一旦决策者太本位，院系利益，教师利益难以得到保障，就会极大地损伤教师教书育人的积极性，就会对教师的教风带来更多的负面影响。

3. 学校不重视院系建设且管理统得过死

大理大学从合并组建开始，历来重视机关部门的建设，而忽视院系管理部门的建设，从而形成了"大机关小院系"的格局，机关部门和人员越来越多，院系管理部门虽然机构健全，但人员捉襟见肘。学校管理集权化，任何一个机关部门都可向院系发号施令，安排一些具体工作，在院系管理人员匮乏的情况下，院系处于穷于应付，疲于奔命，能把机关部门安排的工作应付过去不出问题就万事大吉。大理大学是一所综合性大学，下有 16 个学院 57 个本科专业 35 个硕士点，学员之间学科专业差距较大，在集权化管理前提下，院系的教学和管理不可能凸显特色，而过于统一的管理致使决策上难于顾及全面，所布置的特别是具体工作难免事倍功半。另外，在"大机关小院系"前提下，即使下属学院想在教育教学和管理上创出特色，更多的也是心有余而力不足。这一些，会影响院系教育教学和管理的积极性，也会挫伤教师教书育人的积极性，不可能不对教师的教风带来消极的影响。

4. 学校在关注教师利益方面考虑不够周全

大理大学是一所合并组建的综合型大学。一方面，受高校行政化的影响，利益分配具有向机关部门、管理干部和人员倾斜的倾向。在绩效分配问题上，学校官方认为待遇是向教师倾斜，理由是教师绩效工资的平均数高于机关各类人员；教师认为待遇是向机关和管理干部倾斜，理由是教师单个课时的绩效工资低于周边学校或同级同类学校。另一方面，学校跨越式发展，对引进的高学历、高层次人员给予优厚的待遇，同时对获得高层次科研项目的教师予以重奖，但多数在教学一线为学校发展出力献策勤勤恳恳的教师认为学校重科研轻教学，待遇低下，有失落感，从而影响了教育教学工作的积极性。如何平衡管理与教学的关系，处理好科研与教学的关系，是学校建设和具体管理工作中不容忽视的问题。

5. 部分教师职业道德和素养不够高

教师职业道德水平的高低决定着教师工作的态度和责任心，职业素养水平的高低决定着教师工作质量好坏即教育教学水平的高低，以及能否正确对待和处理教育教学中存在和出现的问题。大理大学教师总体职业道德水平较高，职业素养较好。但一些教师职业道德水平不够高和职业素养不够好，教育教学存在"只教书不育人""重教书轻育人"等现象，存在有的教师只爱好学生、过度关注好学生，而不能面对全体学生、不能公平地对待每一个学生的现象，因而就会有随意上下课，对课堂存在的问题不管不顾的现象，甚至存在上课时间随意接打电话的现象等。

6. 部分教师的职业定位和目标不明晰

教师的职业目标是教师对自己职业的定位所要达到的标准和高度计划或规划，它决定着教师的工作积极性和进取心。一些教师只把自己的职业工作看作是获取工资报酬解决自己衣食住行生活问题的基本手段，而不是把职业工作作为一项事业去做，缺乏较为清晰的职业目标。心有多宽舞台就有多大，目标的缺乏视野的狭隘，以及只顾及自身利益眼前利益等，决定了一些教师在工作中不愿过多地付出，特别是不愿做付出多而看不到收获或收获甚微的工作，而培养人的工作要想达到吹糠见米的效果是不可能的，教师对学生的影响更多的是隐形的和长期的。

7. 部分教师面对现实问题采取功利化对策

学校跨越发展，教育教学和管理中存在问题难以避免，解决问题既需要领导层管理层高度重视，尽量减少甚至杜绝决策的失误，也需要全体教职员工正确面对，以主人翁的态度积极处理，不能做旁观者，更不能做只发牢骚的"愤青"。但是，部分教师目光短浅，只顾眼前利益，对于现实问题采取一些较为功利化的对策，如晋升职称时把精力用于申报科研课题和撰写论文，而置教育教学工作于不顾；学校重奖高层次科研项目的立项，则把主要精力用于高层次项目申报，而置其他工作于不顾；课时津贴少就尽量少上课甚至不上课，课时津贴多则尽量多上课而置教育教学质量于不顾；学校搞学生评教，为避免获得差评，对于学生存在的问题不敢批评指出等。教师上述功利化的做法，是以一种消极的态度对待现实问题，同时也是教风不良的具体表现，既不利于问题的解决，还有可能促使问题多样化复杂化，影响学校的健康发展。

四、进一步加强改进大理大学教风建设的建议

（一）加强舆论宣传，营造校内教风建设的良好环境

教学是学校的中心工作，学校的其他一切工作都应该围绕教学中心工作展开。学校领导、机关、后勤等部门应该树立教学先行为教学服务的思想。要利用干部会议、校报、校园网等媒体，在广大干部不和师生员工中，做好舆论宣传工作。强调教学在学校工作中的重要性和先行性，真正形成教书育人、管理育人、服务育人、环境育人、实践育人的良好风气，为促进学校发展，推进教风建设创造一个优良的环境。

（二）优化队伍，建设一支业务精品行优的教师队伍

教师队伍的优劣直接影响学生能培养的质量。多年来，大理大学在引进教师、加强教师队伍建设方面做了大量工作，也取得了较为显著的成绩，如在高级别高层次科研立项方面等。但现实中在一些教师身上，存在重科研轻教育教学的现象，存在忽视对教师职业道德教育的问题。如何处理好教育教学和科研平衡：第一，需要在教育教学方面采取各位倾斜的政策，如职称的评审是否可像科研一样，教育教学成绩优异科研工作偏弱也可晋升高一级的职称、提高课时教学津贴等。第二，校院两级采取各种途径措施，加强对教师进行职业道德的教育和培训。第三，对于极个别在学生中声誉较差、影响较坏，教学质量低下、品行不端的教师给予解聘或分流向其他岗位。

（三）充实院系管理力量，加强日常教学检查和监督

对教师的教育和管理，对教师教育教学工作的检查和监督，重心在院系而不是学校。对教师教育和管理工作到位，对教师教育教学工作监督检查到位。首先，必须要充实院系管理力量，进行学校管理体制改革，建立起"小机关大院系"的管理体制，机关对院系实施宏观管理，院系对教师、对学生实施具体管理。其次，建立完善院系日常教学检查、监督和反馈制度，完善院系教学委员会制度、督学制度，使之工作开展更趋于正常化。最后，加强

和完善院系对教师的教育和管理制度，改变院系对教师的教育和管理乏力和流于形式的状况，使院系对教师的教育管理真正落到实处。

（四）建立制度保障机制，完善对教师教育教学的评价

正确的决策需要科学完善的制度和有力的措施与之匹配，才能发挥积极的作用。加强学校教风建设，要充分利用现有的一些好做法并使之制度化、科学化、经常化。第一，学校建立的学生评教制度，指标体系要更加全面，同时避免对课堂上学生中的问题视而不见不顾不管的"老好人"教师获得好评，避免敢于批评教育学生的教师获得差评的情况。第二，建立校级督学、校级教学委员会对学校教师的教学评价和教风评价制度，定期进行评价和公布。第三，建立院级督学、院级教学委员会对教师的教学评价和教风评价制度，并使之经常化，如可以做到一年一评，一年一总结。通过完善制度建设，加强各级评教，从而促使学校教师的教风得以根本好转。

（五）强科研针对性，定期召开教学和教风建设研讨会

科研和教学是高校的两条腿，二者缺一不可都不能偏废。忽略了任何一个方面，即使另一方面做得再优秀，学校的发展也是畸形的。在科研方面，学校除了注重激励教师申报高层次科研课题的同时，也不能忽视开展对学校现实问题的研究，加强对学校教师问题、教育教学问题、学生问题等的研究。通过对学校现实问题研究，可对学校发展和决策起到直接的参考借鉴。通过对教师教育教学和教风问题的研究，可以对学校的教育教学和教风建设起到直接的推动作用。另外，从学校层次上看，在调查调研的基础上，定期召开学校教育教学和教风建设问题的研讨会，分析教育教学和教师教风存在的问题原因，提出解决的建议对策。

（六）增加教学基本投入，加强教研室的建设

大理大学合并组建以后，学科门类多，相互之间发展不平衡，加之人为的一些因素，致使院系之间教学基本条件差距较大。教研室是课程教学组织最基本的单位，其运转的好坏直接影响到教育教学质量的高低，从另一个角度说是教风好不好的直接表现，所以学校需要统筹协调，增加教学基本投入，加大力度重视教研室的建设。第一，划定教研室基本条件（如办公桌、电脑、打印机、教学图书资料等）配备的标准，使每个教研室都能达到基本标准并力求更好。第二，重视教研室主任的任用。对教研室主任的任用，要

有年龄、学历、职称等方面的条件限制，学校不仅要提出条件，更重要的是在任用中这些条件是否得到坚持和落实。第三，对教研室的建设、活动要有明确的要求，并督促院系认真加以监督、检查，保证教研活动的正常开展并使之起到促进教育教学的作用。

五、结语

关于教师职业，"工程师论"说教师是人类灵魂的工程师，塑造的是人的灵魂；"蜡烛论"说教师是燃烧的蜡烛，奉献自己，照亮别人；"园丁论"说教师是辛勤的园丁。"桶论"说教师要给别人一碗水，自己必须先有一桶水；"长流水论"说教师要给别人一杯水，自己必须是长流水。的确，教师的使命是崇高的、神圣的、伟大的。教师要做好自己的本职工作，需要有严谨的工作作风，需要有良好的教风。学校抓教风建设不是一时之事，而是需要常抓不懈，教风、学风、校风之间相互影响，相互促进，搞好教风建设，对于学校的学风和校风建设，都能发挥积极有力的推动作用。

附件

大理大学教风师德状况调查问卷

亲爱的同学，你好！

结合学校爱狠抓教风工作的实际，我们对大理大学教师的教风和师德状况进行调查，调查工作离不开你的大力帮助和支持。通过调查，目的是从总体上把握教师的教风师德状况，总结经验，克服不足，提出加强改进学校教风建设的意见建议，以期通过对学校教风建设问题的研究，推动学校的学风和校风建设，促进学校的全面和协调发展。希望你根据实际情况，认真回答下列问题，谢谢！

一、你的基本情况

所在学院＿＿＿＿＿＿＿＿＿专业＿＿＿＿＿＿＿＿＿＿年级＿＿＿＿＿
性别＿＿＿＿＿

二、列框单项选择题（一）

题号内容	项目统计百分比				
	A 很好	B 较好	C 中等	D 较差	E 很差
学校教师教风状况	38.5	41.7	18.7	0.8	0.2
学校教师师德状况	40.2	46.3	12.2	1.3	0
教师的职业素质	42.9	42.7	13.9	0.4	0
教师教学总体质量	30.3	46.1	20.8	2.5	0.2
教师育人工作情况	32.4	42.5	22.7	2.1	0.2
教师廉洁自律	39.4	46.1	13.5	1.1	0
教师衣着仪表与职业匹配度	34.7	42.1	19.8	3.2	0.2
教师工作敬业程度	40.4	44.2	13.7	1.7	0
教师工作责任心	41.5	41.7	15.4	1.5	0
教师备课上课的态度	41.3	41.9	14.9	1.9	0
教师上下课时间的执行	32.4	42.9	20.2	3.6	0.8
教师对课堂的管理	22.1	39.6	32.2	5.7	0.4
教师的讲课技巧	23.2	44.6	27.6	4.6	0
教师接受新知识新思想情况	29.7	45.7	20.4	3.8	0.4
教师与学生之间交往	24.2	32.4	34.7	8.2	0.4
教师对学生的学业引导帮助	22.9	36.2	34.3	5.3	1.3
教师对学生的关心	24.0	31.6	36.4	6.9	1.1
教师对待学生公平程度	29.5	40.4	24.6	5.1	0.4

三、列框单项选择题（二）

题号内容	项目统计百分比			
	A 很多	B 较少	C 极个别	D 没有
教师是否有体罚学生的现象	3.4	7.8	9.3	79.6
教师上课是否有接打电话现象	4.0	15.2	43.4	37.5
课堂纪律混乱是否有教师不管现象	8.8	25.1	27.8	38.3
教师是否有"重教书轻育人"现象	10.3	25.3	23.4	41.1
教师是否有"只教书不育人"现象	5.7	22.1	22.3	49.9

续表

题号内容	项目统计百分比			
	A 很多	B 较少	C 极个别	D 没有
教师上课是否存在迟到现象	2.9	17.1	32.6	47.4
教师上课是否存在提前下课现象	2.7	15.8	23.6	57.9
教师上课是否存在无故不到课现象	1.7	7.2	13.9	77.3
教师是否存在随意调课现象	1.5	10.1	18.9	69.5
教师是否存在侮辱学生人格现象	1.7	5.3	12.2	80.8

四、问答题

1. 你认为学生如何配合学校抓好教风建设工作？

2. 你认为学生如何配合学校抓好师德建设建设工作？

衷心感谢你的支持和帮助！

祝你学习快乐！生活幸福！心想事成！

大理大学《中国近现代史纲要》课程 实践教学模式创新探索

——现场教学法

大理大学马克思主义学院　赵善庆　凡丽

一、案例综述

　　滇西地区虽僻处西南边陲，但在近代以来长期的革命斗争历程中遗留下了丰富的红色文化资源，这些资源对于大理大学开展思想政治理论课教学尤其是实践教学具有得天独厚的优势。近年来，大理大学马克思主义学院对利用地方红色资源进行思想政治理论课实践教学进行了积极探索，取得了诸多成绩，如教学效果得到肯定、现场教学不断延伸、经验交流受到好评等。但也存在"实践点"的提炼有待拓展、参与现场教学的学生有待增加、现场教学与课堂教学有待协调等不足。为此，必须在进一步提炼现场教学"实践点"、把现场教学引入课堂教学中、调动学生成为现场教学主体、不断进行实践总结和理论研究等方面采取措施。

　　随着高校思想政治理论课教学方法改革不断深入，其教学效果显著增强，但仍有一些地方不尽如人意。作为一线的思想政治理论课教师，只有继续革新教学方法，才能使思想政治理论课更好地承担起对学生进行系统的马克思主义理论教育的任务，而现场教学法是实现这一目的崭新的尝试。高校思想政治理论课中的现场教学法就是选取和社会现实密切联系的课程教学内容，通过在社会现实环境设置现场教学课堂即现场教学基地，叠加运用实地参观法、情景教学法、案例分析法、专题教学法、背景透视法、情感教学法等多重教学手段，分析、解决问题，完成思想政治理论课教育任务的综合型教学方法。目前，教育管理部门和高校对于思想政治理论课现场教学的关注程度逐渐提高。

在高校思想政治理论课实践教学面临内容枯燥乏味、流于形式、教学方式呆板、较难以被大学生接受等困境之时，思想政治理论课教学方式的改革迫在眉睫。在众多改革探索中，现场教学是当前较为活跃并广泛被推广运用的一种教学方式。思想政治理论课现场教学的过程是以教师和学生的互动交流为特色的，教师在教学中起到主导与引领的作用，学生也在实地切身体验过程中获取相关知识，从而使教学方式更加灵活且教学效果更加高效。近五年来，大理大学中国近现代史纲要教研室充分发挥、利用滇西地区丰厚的红色文化资源优势，将思想政治理论课实践教学课堂搬到红色文化资源现场，以学生骨干宣讲法的推广为契机，形成了独具特色的思想政治理论课实践教学新模式，有效增强了思想政治理论课的针对性、实效性和对学生的感染力、吸引力、亲和力及获得感。

二、案例解析

（一）思路与理念

红色文化资源作为中国共产党领导中国人民在长期的革命斗争和建设实践中形成的历史积淀，蕴含着十分丰富而深刻的思想内涵。充分认识和挖掘红色文化资源的传承基因和教育价值，努力推进红色资源在高校思想政治理论课实践教学中的应用，对于提高思想政治理论课教学的吸引力、感染力和学生的获得感有着十分积极的作用和意义。

实践教学是高校思想政治理论课教学增强针对性和实效性的一种重要方式和环节。实践教学的目的在于帮助学生完成从书本到现实、从理论到实践的跨越，增添书本中难以体现出来的感染力和冲击力，是其魅力所在。《中国近现代史纲要》实践教学就是要引导学生通过对形象生动的历史素材的感知，形成思想上的震动和心灵上的共鸣，从而激发学生振兴中华的历史使命感和责任感。红色资源能够使我们跨越时空界限，深刻感悟历史的发展进程。每一处革命遗址、革命文物及其承载着的革命精神，都以无可辩驳的事实昭示着中国人民英勇奋斗的光辉历史，都是最真实的、最有说服力的教育素材。利用红色文化资源开展《中国近现代史纲要》课程现场教学，让学生在耳闻目睹中受到感染，在亲身经历中得到熏陶，在深刻的思想内涵和信服的事实面前去感知和体验，不但能够调动学生学习的主动性、自觉性，而且能够增强教育教学的吸引力、说服力，切实提高教学实效性。

为加强大学生思想政治教育，创新大学生思想政治理论课实践教学模式，充分利用大理地区的红色文化遗产，将教学内容与红色传承资源相结合，大理大学马克思主义学院《中国近现代史纲要》教研室经过多年的实践探索，创新教学方式，以大理地区丰富的红色文化遗产为载体，诸如祥云县红色传承基地王复生、王德三烈士故居、周保中将军纪念馆、大理州博物馆等，形成了以"学生骨干宣讲法"为主要形式的现场教学模式。

(二) 案例设计与实施

创新高校思想政治理论课实践教学的模式和路径，红色传承教育是最直观、最富成效的载体和手段。同时，作为积累知识、传承文明、传播文化的红色文化资源，是最有活力、最现实的载体，是承载正确历史观、民族观、国家观、文化观的主阵地。近五年来，大理大学马克思主义学院中国近现代史纲要教研室以王复生王德三烈士故居、全国优秀村官普发兴先进事迹陈列室、将军第、边纵八支队遗址等红色文化资源为依托，通过教学科研方面的多重举措，积极做大做好红色文化这篇大文章，积极探索高校思想政治理论课教育教学的改革，取得了诸多成效。

以"学生骨干宣讲法"为主要形式的思想政治理论课现场教学模式，是大理大学中国近现代史纲要教研室为提高实践教学实效性，提高实践教学覆盖面而通过不断实践而探索出的一种新的实践教学方法。目前已经取得教育部择优推广资助项目、大理大学教育教学成果二等奖、高校思想政治工作成果奖等优秀成果。其主要做法是在教师讲解，学生感知的基础上选拔培养对某个知识点领悟较好的优秀学生到相应实践教学点，例如，王德三、王复生烈士故居、周保中将军纪念馆等红色传承教育基地进行参观考察后形成自我感悟并写出宣讲报告后在全体学生中进行宣讲以感染其他学生，使绝大多数同学得到教育。

现场教学活动分两个阶段进行。首先，全体学生骨干在讲解老师的带领下，参观考察红色文化遗产，重温云南波澜壮阔的革命历史，缅怀革命先烈，体验革命英雄的优良家风，使学生在教学中亲身实践和体验整个近现代以来党领导人民实现中华民族伟大复兴而进行的过程，认识革命战争年代的共产党人为理想、为信念，为民族的独立、人民的解放、国家的富强，不惜抛头颅、洒热血，坚定马克思主义和党的领导。其次，参观活动结束后，由《中国近现代史纲要》教研室教师担任指导老师，组织学生分组进行交流讨论，同学们畅谈学习心得，教师对学生的发言进行针对性的点评，对学生心中所存在的理想信念问题进行答疑和疏导，提升认识，做到最大化亲身实践和体验。

通过现场教学活动的开展，不仅深化了同学们对《中国近现代史纲要》课程相关理论知识的理解，而且进一步增强了同学们的爱国心和责任感，增进了同学们对"四个选择"的理解，大大增强了课程教学效果和学生的获得感，有效推进了大学生对党史国史的深度理解和认识。

（三）工作实效与经验

整合和利用大理地方红色传承资源，以培养"骨干学生宣讲员"为切入点，创建固定的实践现场教学链条，精心策划和设计教学，做活"一线三点"，设计"六个一"，突出现场性，指导学生认识中国人民在历史发展进程中怎样选择马克思主义、选择中国共产党、选择社会主义道路、选择改革开放，在党史和国情教育中牢记使命，学习革命先烈的优秀品质，树立坚定的理想，打下烙印、触动灵魂、感动一阵子，管用一辈子。通过"学生自我教育"，不仅在教学理念、思路、手段、组织管理等方面进行探索和创新，而且具有组织起来简便、可操作性强、教学效果好等优点，同时从教学方法论的角度，对实践教学的这种方式、方法改革创新进行了教育教学理论上的概括和总结，形成教学模式的新探索。

应该说，运用红色文化资源来开展高校思想政治理论课的现场教学，既可以引导学生通过对形象生动的历史素材的感知，使其客观辩证地认识国情、认识社会，树立正确的政治方向和人生观、价值观，增强社会责任感和历史使命感。又可以引导学生学以致用，缩短"知""行"之间的距离，以提高思想政治理论课的教学效果。

三、案例点评

（一）典型特征

红色文化资源不仅是促进精神文明建设的利器，同时也为高校思想政治理论课教学提供了最合适的实践基地。红色文化资源承载着中国共产党的历史，彰显着革命前辈的崇高精神，是进行思想政治教育的一种隐性教育资源。将课堂搬到红色文化所在地，既可以让大学生切身体会到革命先烈所生存的恶劣生态环境，感受到革命精神，又能使其理解选择中国共产党、选择社会主义道路的原因所在，还能够从思想道德层面对大学生进行洗礼，从而使其形成正确的世界观、人生观和价值观。

（二）推广价值

经过近五年的探索，具有可推广性。不仅将以学生骨干宣讲法为主导路径的现场教学模式有效的融入我校的《中国近现代史纲要》课的实践教学并普遍实施，而且在其他思想政治理论课程中开始推广。如："毛泽东思想和中国特色社会主义理论体系概论"课、"马克思主义基本原理概论"课、"思想道德修养与法律基础"课等。当前，还可以贯穿于对党的十九大精神和习近平新时代中国特色社会主义思想的学习和实践中，切实做到新时代党的路线、方针和政策入脑入心。通过现场教学这样的有效形式，促使中国共产党的新思想、新战略和新理念内化于心，外化于行。

（三）改进对策

首先，要用好红色文化资源。红色文化资源的选择应该遵循代表性、吸引力、结合性强的原则，做到针对性与实效性相统一、资源多样性与课程需要性相统一。思想政治理论课课程多、内容多，在开展现场教学选择红色文化资源的过程中，特别要加强对当地红色文化资源的研究与挖掘，不仅做到不同的课程选择不同的红色文化资源，而且做到同一红色文化资源运用到不同的课程；不仅做到不同红色文化资源运用到同一课程，而且做到同一红色文化资源运用到同一课程的不同内容。

其次，要用活红色文化资源。红色文化资源要用活，一方面，内容要活，要特别深挖时代感强的鲜活内容，奔着现实问题和活思想、活理论、活生生的人和事去，增强教育内容的魅力、吸引力和公信力。使学生在共鸣中思考、接受。另一方面，要讲活，要把历史人物、历史事件讲鲜活，使其可亲可信、可知可感，使学生愿意听、能还原、有参照，教学就能收到事半功倍的效果。同时，方式要活，要因事而化、因时而进、因势而新，讲求多样化，发挥红色文化现场对人的认知、情感、意志、行为的影响作用，使学生对红色文化资源能够"入眼、入神、入心"。

最后，不断进行实践总结和理论研究。大理大学马克思主义学院利用地方红色资源进行思想政治理论课现场教学仅仅只有几年时间，在实践中还有诸多不足有待完善，比如理论挖掘不够深入、内容开发不够全面、与现实联系不够紧密等，因此，对现场教学经验必须进行总结和研究。具体来说：一是要对现场教学进行制度规范。如制订出台"利用滇西红色资源进行思想政治理论课现场教学大纲""利用滇西红色资源进行思想政治理论课现场教学实施方案"等。二是不断培养现场教学的师资力量。现场教学对讲解者的要求很高，不是所有教师都能讲得了现场课程，因此，要通过教师自己的努力、学校教师培训中心培训、教师之间经验分享、和兄弟院校交流学习、和地方政府主管部门、和地区红色旅游企业及社团等多种渠道不断壮大现场教学师资力量。三是不断进行滇西红色资源与思想政治理论课方面的理论研究。红色文化资源与思想政治理论课的内容之间有相通性，但是又各自拥有独立内涵。利用地方红色资源进行现场教学只是思想政治理论课教学的一种辅助手段，绝不可以用地方红色资源本身代替思想政治理论课教学内容。因此，对于二者内容内在连接的一致性，各自自成体系的独立性等都必须进行深入的理论研究，廓清哪些红色资源的内容能够嵌入思想政治理论课现场教学中，从而使滇西红色资源在思想政治理论课教学中充分发挥作用。